历史四季

盛世与治世

夏之卷

冯敏飞 著

新世界出版社
NEW WORLD PRESS

图书在版编目（CIP）数据

盛世与治世：撩开20个历史盛世的面纱 / 冯敏飞著. -- 北京：新世界出版社，2024.4
（历史四季；2）
ISBN 978-7-5104-7867-3

Ⅰ.①盛… Ⅱ.①冯… Ⅲ.①中国历史—古代史—研究 Ⅳ.①K220.7

中国国家版本馆CIP数据核字(2024)第024688号

盛世与治世：撩开20个历史盛世的面纱

作　　者：冯敏飞
责任编辑：刘　颖
责任校对：宣　慧　张杰楠
责任印制：王宝根
出　　版：新世界出版社
网　　址：http://www.nwp.com.cn
社　　址：北京西城区百万庄大街24号（100037）
发 行 部：(010)6899 5968　(010)6899 8705（传真）
总 编 室：(010)6899 5424　(010)6832 6679（传真）
版 权 部：+8610 6899 6306（电话）nwpcd@sina.com（电邮）
印　　刷：天津旭非印刷有限公司
经　　销：新华书店
开　　本：880mm×1230mm　1/32　尺寸：145mm×210mm
字　　数：226千字　　　　　　 印张：9.125
版　　次：2024年4月第1版　2024年4月第1次印刷
书　　号：ISBN 978-7-5104-7867-3
定　　价：48.00元

版权所有，侵权必究
凡购本社图书，如有缺页、倒页、脱页等印装错误，可随时退换。
客服电话：（010）6899 8638

目录

开篇语　追问历史盛世　…001

　　盛世、治世与中兴　…005

　　先秦时代的盛世　…007

第一章　汉武盛世　…014

　　来龙："文景之治"　…014

　　最大看点："独尊儒术"　…015

　　去脉：皇帝的"自我批评"　…031

第二章　明章之治　…036

　　来龙："光武中兴"　…036

　　最大看点：巩固西域　…038

　　去脉：汉和盛世　…047

第三章　汉和盛世　…048

来龙："明章之治"　…048

最大看点：平定四边　…049

去脉：外戚与宦官之祸　…056

第四章　太康之治　…060

来龙：三国鼎立　…060

最大看点：灿烂的文化　…062

去脉："八王之乱"　…067

第五章　元嘉之治　…072

来龙：再现春秋战国　…072

最大看点：璀璨而悲沉的文化　…075

去脉：子孙大逆不道　…079

第六章　永明之治　…083

来龙："禅让"而来　…083

最大看点：文化昌明　…085

去脉："禅让"而去　…090

第七章　天监之治　…093

来龙：又见"禅让"　…093

最大看点:"文物之盛,独美于兹" …095

去脉:自毁盛世 …099

第八章 开皇之治 …104

来龙:天下来之不"义" …104

最大看点:制度改革创新 …107

去脉:养老鼠咬麻袋 …118

第九章 永徽之治 …122

来龙:"贞观之治" …122

最大看点:疆域创全唐之最 …125

去脉:"武周之治" …129

第十章 武周之治 …131

来龙:"永徽之治" …131

最大看点:四边有惊无险 …135

去脉:"开元盛世" …138

第十一章 开元盛世 …139

来龙:三让天下 …139

最大看点:尊孔崇儒 …142

去脉:"安史之乱" …149

第十二章 **长兴之治** ···156

　　来龙：乱世英雄 ···156

　　最大看点："粗为小康" ···159

　　去脉：亲子、养子与半子 ···165

第十三章 **咸平之治** ···169

　　来龙："烛影斧声" ···169

　　最大看点："以养民务穑为先" ···171

　　去脉："仁宗之治" ···180

第十四章 **仁宗之治** ···182

　　来龙："咸平之治" ···182

　　最大看点：改革与创新 ···183

　　去脉：强扭的瓜 ···197

第十五章 **大定之治** ···200

　　来龙：被迫篡位 ···200

　　最大看点：节用安民 ···201

　　去脉："明昌之治" ···208

第十六章 **明昌之治** ···210

　　来龙："大定之治" ···210

最大看点：加速汉化　…211

去脉："金以儒亡"　…214

第十七章　**乾淳之治**　…220

来龙："建炎中兴"　…220

最大看点：和外安内　…221

去脉：不孝之子　…231

第十八章　**永乐之治**　…234

来龙："靖难之役"　…234

最大看点：郑和下西洋　…237

去脉："仁宣之治"　…242

第十九章　**仁宣之治**　…243

来龙："永乐之治"　…243

最大看点："安民为福"　…245

去脉：第三次宦官时代　…249

第二十章　**隆庆之治**　…252

来龙：皇帝"罢工"　…252

最大看点：除弊安边开海禁　…255

去脉："万历中兴"　…262

小　结　**历史盛世的若干特征**　…263
　　值得肯定的方面　…263
　　令人遗憾的方面　…272
　　历史盛世的现实意义　…280
　　中国历史盛世一览表　…282

开篇语

追问历史盛世

千百年来,中国人有着非常强烈的"盛世情结"。但对于所谓"盛世"往往存在两种极端看法,有些人因推崇它而过度美化,有些人则认为虚构过多而嗤之以鼻。

即使是"康雍乾盛世",也是争议很大。中央民族大学教授、清史专家姚念慈说:"清前期是否出现过'康乾盛世',是一个见仁见智的话题,应该有不同的陈述和不同的标准。"姚念慈还进而认为"有意识地积极营造出一个当时的'盛世',其最初出发点乃是满族统治者的政治需要",而"'盛世'这个词本身带有很浓厚的封建意识的味道和明显颂扬的主观色彩。今天我们论述历史,是否一定要沿用'盛世'这样的字眼,也值得考虑"。① 但国内清史学界执牛耳者、清史编纂委员会主任戴逸持论则截然相反,他宣称:"康雍乾盛世是中国历史上发展程

---

① 姚念慈:《"康乾盛世"与历史意义的采择》,姚念慈2009年10月在庆祝王戎笙先生七十寿辰学术讨论会上的发言稿,参见中国人民大学清史研究所网站。

度最高、最兴旺繁荣的盛世。"①

说实话，对康乾盛世，我也曾长期持否定态度。但"随园在几十年的时间内没有出过一桩刑事案件"②，这件事情改变了我的看法。我知道随园是袁枚在江宁（今江苏南京）的私家园林，清代江南三大名园之一，他还在那里写过著名的《随园诗话》《随园食单》，但我不知随园四面无墙，且几十年不曾失盗。

随园真的无墙而长期无盗吗？

我费了好大一番功夫，才基本弄清原委。随园在袁枚接手之时，"园倾且颓弛……百卉芜谢，春风不能花"，袁枚遂大加修整，"随其丰杀繁瘠，就势取景"。他得意地炫耀造园艺术："山起伏不可以墙，吾露积不垣，如道州城，蒙贼哀怜而已。"③原来，"蒙贼哀怜"系事出有因，有些无奈。袁枚便洒脱些，既然"不可以墙"便索性不墙。但袁枚题为《山居绝句》的诗写道："万重寒翠荡空明，四面红墙筑不成。十丈篱笆千竿竹，山中我自有长城。"这表明他的随园虽然没筑墙，但植有长城似的篱笆，用以防卫，而不是完全敞开。

近来读叶兆言《南京传》，发现这其中还有更深远的社会历史原因。叶兆言在该书中写道：

> 大家不会想到，自孙吴定都南京，经历了东晋和刘宋，已经有过三个王朝的古城南京，它的城墙一直都是以竹篱围城。
>
> 说起来很可笑，那时候整个城市看上去，就仿佛是一座巨

---

① 《盛世兴衰的启迪——著名史学家戴逸答记者问》，《学习时报》第147期。
② 柯平：《都是性灵食色：明清文人生活考》，重庆出版社2006年版。
③ 袁枚：《小仓山房文集·随园三记》。

大的竹寨。①

正如叶兆言所担心的:"一个由竹篱笆围起来的城市,它的安全性显然是可疑的。"②当时的南京城差不多是开放的。后来,朱氏大筑城墙,才不再开放。

袁枚的随园竟然完全对外开放,游人如织,自由往来。袁枚在门联上写道:"放鹤去寻山鸟客,任人来看四时花。"如果是在现代,里外保安不知要配多少。须知道,我们福建历史上有些大户人家不仅得筑墙,还有好些筑成土堡,或方或圆,又高又厚的墙上布有枪眼,跟战争时代的碉堡相差无几。随园植个篱笆就能几十年安然无恙,令我好生羡慕。袁枚的绝招是多设耳目并重点监控有前科的盗贼、恶少。③

袁枚是个很要面子的人。他我行我素,离经叛道,不奉理学也不信佛,在随园办诗歌培训班先后招了50多名女弟子,把一些正人君子与卫道士气坏了,恨不能弃之如履。新任太守刘崇如像他父亲一样"神敏刚劲,终身不失其正",传言他想要驱逐伤风败俗的袁枚,所以人们闻风而来送行。然而,袁枚有靠山,也就是他的世交尹继善,其为两江总督。尹总督"力而止",所以才只闻雷声没见雨。至于袁枚10年后说此事"无风影",王英志认为"乃是维护自己名声"。④不难想象,为维护自己的名声,随园即使遭盗,袁枚恐怕也是不愿承认

---

① 叶兆言:《南京传》,译林出版社2019年版。
② 《南京传》。
③ 《袁枚全集·故江宁县知县前翰林院庶吉士袁君枚传》,"多设耳目、方略,集乡保,询盗贼及诸恶少姓名,出所簿记相质证,使不能隐,则榜其姓名,许三年不犯湔雪之,奸民皆敛迹。"
④ 王英志:《袁枚评传》,南京大学出版社2002年版。

的。孙星衍追记袁枚为官善治的几个事例之后,紧接写道:"迄枚侨居江宁,山无墙垣,数十年盗贼不忍攘其什物者,其得民如此。"①袁枚自言"蒙贼哀怜"那是他的初衷,孙星衍这里说"数十年盗贼不忍攘其什物"则是"盖棺论定"。之所以拿这事做文章,孙星衍是为了突出袁枚为官得民心,连盗贼都被感动,柯平则是要说明:"凭他跟当地一把手尹继善的交情,以及将市县长当下人使唤的骄横,谁敢去惹他啊。"②看来,不墙而不失盗这事确有几分真实可信。

文人招女弟子之风始于明代,以随园女子诗歌培训班影响最大。其学员主要是官吏之妻女,也有普通良家女子,甚至有贫家女子。如汪玉轸,出身商家,10岁父亡,靠女红谋生,嫁无业游民,丈夫却长年外出不归,她独自养5个儿子,却仍然坚持学诗。学者王英志评述:

> 这个时期虽为乾隆盛世后期,社会开始走下坡路,但百足之虫,死而不僵。特别是女弟子所生活的地区乃是太湖流域为中心的江南富庶地区,农业生产、手工业生产水平仍很高,尤其是商品生产的发展,带来城镇经济的繁荣,社会也基本安定,市民生活尚可温饱。这都促进了文化、教育的发达,激发了人们的文化需求。③

袁枚是一面立体镜,如实而生动地照映出了那个时代政治、经济、文化及社会生活的细节。虽然其"氏族非小草",但是到他这一代已经"家徒四壁,日用艰难",出门"受尽饥寒",赴京赶考得靠他人

---

① 《袁枚全集·故江宁县知县前翰林院庶吉士袁君枚传》。
② 《都是性灵食色:明清文人生活考》。
③ 《袁枚评传》。

赞助。这样一个穷酸书生，为官没几年就有如此豪奢的私园，并如此自由地享受，最后寿终正寝，应该能证明那时社会诸多方面都是相对比较好的。

由此，我觉得该正视"盛世"，并开始十年如一日地追寻历史盛世的真相。

盛世、治世与中兴

据中国社会科学院历史研究所所长、博士生导师卜宪群考证，"盛世"一词出自东汉。[①]盛世是历史概念，也是文化概念。

卜宪群指出：

> "盛世"一词虽然出现较晚，但早在"盛世"一词出现前，已有"治""治理""治世"等政治文化概念。不晚于春秋时期，思想家、政治家、史学家已使用这些概念作为国家管理的一种方法或国家治理的理想状态，指称某些历史时期。[②]

治世：对于"治"，《辞海》注释：

> 有秩序，安定。与乱相对。如：大治；治世。《孟子》："之下之生久矣，一治一乱。"

---

① 卜宪群：《与领导干部谈历史》，中共中央党校出版社2020年版。
② 《与领导干部谈历史》。

卜宪群说：做到"治"或"治理"的时期，就是治世。治世与盛世的含义基本一样。"盛世一定是治世，治世则是盛世形成的基础与表现。"①

《辞源》也释"治"与"乱"相对，并进一步解释："特指政治清明安定。"《辞源》还有"治世"词条注释：

（一）治平之世。《荀子》："受时与治世同，而殃祸与治世异，不可以怨天，其道然也。"《礼乐记》："是故治世之音，安以乐，其政和。"（二）犹言治国。《商君书》："治世不一道，便国不必法古。"

"××之治"即"××治世"，中国人早在2000多年前就开始盼治世、盼盛世。

中兴："兴"即兴旺，关键是"中"字。《辞源》释"中兴"："由衰落重新兴盛"，指国家由衰退而复兴，中途振兴，转衰为盛。

我尝试将中国历史上凡有盛世之誉的时期全面梳理了一遍，总共43个，其中被冠以"盛世"的6个、"治世"22个、"中兴"15个。有的叫法较特殊，如"贞观遗风""仁宗盛治"等。有的将两个合并，如"永乐盛世"与"仁宣盛世"并为"永宣盛世"。有的冠名不一，如"太康之治"也称"太康盛世"，"开元盛世"也称"开元之治"。我这里只是大致梳理。

既然有不同之称，在命名者心目中肯定有所偏颇。乍一看，似有高下。最终以"盛世"涵盖"治世"与"中兴"，"盛世"的含金量显

---

① 《与领导干部谈历史》。

然最高。"中兴"是衰退之后的复兴，显然最弱。然而，从实际来看，"贞观之治"在国人的心目中显然最好，而"康乾盛世"则最具争议。

命名方式有不同。一般以帝王庙号命名，如"成康之治"用的是成王与康王的庙号；也有年号与庙号同时用的，如"咸平之治"又称"真宗之治"，"仁宗之治"又称"嘉祐之治"。用年号的，一般一个帝王只用其中一个，也有用两个的，如"庆历、嘉祐之治"。涉及两个帝王一般用每人庙号一个字，"康乾盛世"涵盖康熙、雍正、乾隆3任，所以也称"康雍乾盛世"。

历史上的盛世不是统一组织评选，或者由某位专家学者一次性挑选。相反，盛世数目和名称在不同人眼中结论很不同，众说纷纭。既然连名称都不是统一的，我也就斗胆以一己之见取舍、评判了。

43个盛世由54位帝王创造，其中2人同创的9个，3人共创的一个，33个属单独一人。一般来说，一个盛世指一个或两个帝王整个任期，从继位到驾崩，哪怕其间相当一段时间由他人摄政，或者后期昏庸，也忽略不计。但有例外，如"开元盛世"因为发生"安史之乱"之后不好继续算盛世，"康乾盛世"则因前有"三藩之乱"有人认为不好算，不过也有计算他们在任全期的。

先秦时代的盛世

尧舜盛世

追溯中国历史，一般从"三皇五帝"开始。三皇五帝有多种说法，一般三皇指伏羲、女娲和神农，纯粹是神话人物；五帝指黄帝、颛顼、帝喾、尧、舜。

大约公元前27世纪，黄河、长江中下游地区出现"万国"林立的局面。这"国"实际上只不过是"部落"。其中3个较大部落，一是炎帝的神农部落，大致在今陕西宝鸡一带，因为善于用火被推举为王，因此称"炎帝"，又因为发明农业、中草药及创制陶器而被称为"神农氏"。不过，也有专家学者说神农氏是另一个人。二是有熊部落，大致在今河南新郑一带，首领姬氏。三是九黎部落，大致在黄河中下游以及长江流域一带，酋长叫蚩尤。

蚩尤部落善于制作兵器，生性勇猛，他们联合其他部落入侵炎帝部落。炎帝感到不能抵抗，于是向姬氏求援，联手抗蚩尤，蚩尤被杀。因为姬氏有"土德之瑞"，因名"黄帝"；又因为发明了舟车及"轩冕"（古代官员的车乘和冕服），居轩辕之丘，也称"轩辕帝"。

不久，炎帝与黄帝发生争执，连战3次，黄帝打败了炎帝，成为中原地区各部落的"天子"。随后，黄帝陆续征服东夷、九黎族等，开始步入统一的华夏时代。其间，黄帝实行"分封制"，致力于播种百谷草木发展生产，并开始制衣冠、音律等。

提及"尧舜盛世"，人们首先想到的是"禅让"。尧帝老了，四岳（四方诸侯）推荐他儿子接班，尧却说他儿子不行，应当传位给贤人。于是，大家推荐了一个叫虞舜的流浪汉。虞舜的父亲是个盲人。舜的生母死后，父亲续娶并生了弟弟。弟弟桀骜不驯，父亲却宠爱，而对舜不仅虐待，甚至要将他杀害。父亲要舜上屋顶修谷仓，却在下面放火。舜用两个斗笠，像现代人撑降落伞一样跳下，才死里逃生。父亲又生一计，要舜去挖井。舜一边挖井，一边在侧壁凿一条暗道，以防不测。果不其然，父亲和弟弟突然往井下倒土。他们以为舜被活埋了，没想到他从暗道逃回家，并且像以前一样孝敬父母，友爱兄弟。四岳对尧帝的说辞是：" 他的父母如此心狠，弟弟如此毒恶，舜还能与他们和睦相处，尽孝悌之道，把家治理好，所以也一定能把国家治理好。" 尧帝听了觉得有道理，于是把两个女儿嫁给舜，又命9个儿子与他共事。经过一段试用期，正式让他接过天子之位。后来，舜又把天子之位禅让给禹。

时值洪水滔天，尧问派谁去治理好呢？四岳推荐鲧。传说鲧是天上的神，私自下凡，偷了一种神土息壤，为人类造福。就在他快要成功的时候，天帝发现，大为震怒，派火神祝融下凡，将鲧杀死在羽山，收回息壤，鲧的治水事业功亏一篑。

传说"鲧腹生禹"，即鲧生有一个儿子叫禹——姒文命，四方首领便推荐他接任。禹在益和后稷两人的协助下，视察河道，检讨父亲失败的原因，认为在于错用"堵"的方式。于是他改用"疏"，即疏导河川，把积水导入江河，再引入海洋。更重要的是，他常向人们自责说，"禹伤先人父鲧功之不成受诛"，即父亲是因为争名、争利、争位而受诛的，他绝不重蹈覆辙。在治水工作当中，他不但更讲究方式方法，而且无比敬业，风餐露宿，到"三过家门而不入"的地步。经过13年努力，基本驯服了黄河、长江等9处河患。为此，人们尊称他为"大禹"，舜将天子之位禅让给了他。

大禹即姒文命，寿命长，官命薄，活到100岁，但在位仅8年。

启继承父亲禹的帝位建立夏朝。夏商周断代工程，将中国第一个王朝——夏朝的起讫年代推定为前2070—前1600年。这是目前中国学术界关于夏年代最权威的说法。启作"九韶""九歌"乐舞，"湛浊于酒，渝食于野"，游玩无度。他在位10年，死时不再禅位给有功贤臣，而直接传位给自己的长子太康。从此，中国帝王交班方式变为"世袭制"，"公天下"变成"家天下"。

宣威盛世

关于中华文化的起源，传统上长期的说法是"一元论"，即发祥于黄河流域，然后向大江南北扩散。随着三星堆等重要文物出土研究，著名考古学家苏秉琦提出"满天星斗说"，把中国史前文化划分为六大区系：一是以长城地带为重心、红山文化为代表的北方；二是以关中豫西晋南为中心、仰韶文化为代表的中原；三是以洞庭湖和四川盆地为中心、大溪文化为代表的西南；四是以山东为中心、北辛—大汶口—龙山文化为代表的东方；五是以太湖为中心、良渚文化为代表的东南；六是以鄱阳湖—珠江三角洲一线为主轴、石峡文化为代表的南方地区。[①] 此说打破了传统的"中原中心论"和"黄河中心说"。

在"中原中心论"和"黄河中心说"影响下，夏商周时期的南方沦为"灯下黑"，长期被视为"蛮夷"，楚国宣、威二王开创的"宣威盛世"一直不受重视。

楚文化本身灿烂辉煌，后来汉朝的服饰、舞蹈、音乐、文学、哲学等都直接继承自楚国。楚人虽然被中原视为"蛮夷"，往往又被蛮夷视为"华夏"。

当然，楚国也是人治，遇上明君国富兵强，遇上昏君则内外交困。公元前400年左右，楚国落到举步维艰的地步。从内政来说，存在"大臣太重，封君太众"的问题，出现"上逼主而下虐民"的局面，君王难当，民众也受欺压。从外部来说，特别是在与吴国相争中，穷兵黩武，大伤元气。稍有恢复，内政又乱，忠良颠倒，迫使足智多谋的大臣伍子胥出逃。吴国派伍子胥率军攻楚国，占了都城。幸好越王勾践趁机

---

① 苏秉琦、殷玮璋：《关于考古学文化的区系类型问题》，《文物》1981年第5期。

攻吴国，秦国也出兵帮助，楚国才得以光复。越灭吴后，势盛一时，但与楚通好，秦也友好相处，使楚国重新强盛起来。

各国的改革相继成功，你死我活的竞争更剧烈，内忧外患又严重威胁到楚国。这时，吴起来到楚国。吴起曾在魏国推行改革，政绩卓著。他的军事才能出众，著有《吴起兵法》48章，在秦汉之前与《孙子兵法》《孙膑兵法》齐名。楚悼王排除种种阻挠，予以重用，主持变法。吴起在楚国变法的内容与商鞅在秦国的变法差不多，吴起个人也就难逃商鞅式的下场（不过，商鞅变法在稍后几年）。那些被废爵位的贵族，对吴起产生刻骨仇恨。变法第三年即前381年，发生了惊心动魄的一幕：楚悼王忽然病逝，那些贵族立即发难，封锁消息，设下埋伏，趁吴起拜行入殓大礼时，乱箭齐发。吴起机智地伏在悼王尸体上，反变法的贵族仍然乱箭飞射，难免射到悼王的遗体。那些人射杀吴起不解恨，又将他的尸体拉出去车裂。

太子熊臧获悉此事，隐忍不发以免打草惊蛇，随即顺利即位，是为楚肃王。然后，他扬言要给除吴起的功臣行赏。那些人兴高采烈，纷纷出来争功。葬礼结束后，肃王将这些贵族逐个逮捕。那些人在封地起兵抵抗，被王师逐一击破。依照楚国律法"丽兵于王尸者，罪同谋逆，诛灭三族"，尽诛那70余家封君贵族及其三代。这次变法虽然总共才一年多时间，但收到了立竿见影的效果，楚国迅速恢复强盛，为其后的宣王、威王开创盛世打下了良好基础。

公元前370年，楚肃王死，其弟宣王继位。宣王在位30年，卒后其子威王立。遗憾的是，"宣威盛世"虽是那几百年当中唯一的盛世，却似乎不怎么受重视，资料甚少。其亮点主要是力战争雄。楚宣王继位之初，采取"息兵养民"国策，集中精力忙于国内各方面的改革与发展，对外尽量不介入，以静制动，以不变应万变，让魏、赵、秦、齐、韩等去混战。俟国内社会经济稳定发展后，才开始在国际舞台上大显身手。

西部：楚宣王发动大规模征战，一举攻占巴国南部黔中之地（今重庆涪陵、黔江）。后来楚威王又进军巴国最后一道盐泉，攻占今重庆巫溪、巫山、奉节一带，置为巫郡。随后全线西进，攻占江州及其北的陪都垫江（今重庆合川），并进入云南和四川西南部，彻底解除巴蜀威胁。

北部：楚威王亲自统兵北上伐齐，齐军大败，楚国疆域扩展至泗水之上。鲁、宋、卫等小国见风使舵，由附齐改为附楚。楚国大有统摄北方各国之势。对秦则采取和的战略。

东部：越王攻楚，楚国迅速从北部调回兵力，结果越军大败，越国被灭，全部领土落入楚国囊中。

楚军灭越后，移师北上，又与齐大战，大败齐国。至此，楚国强大到顶峰，其版图囊括了长江中下游以及淮河流域。当时名士苏秦对楚威王赞道："楚，天下之强国也；大王，天下之贤王也……夫以楚之强与大王之贤，天下莫能当也。"[①]

楚国有丰富的铜、锡、铅等矿产资源，采矿与冶炼、铸造技术大发展，生产了大量青铜礼器、武器、生产工具和生活用品。楚国还盛产黄金，是当时唯一使用金币的地方。楚国冶炼钢铁技术高于其他诸侯国，其武器以锋利闻名，其钢矛锋利像蜂毒，轻便如疾风。[②]为此，秦昭王曾在朝堂上叹道："听说楚国钢铁好，造的剑特别锋利，所以士兵也特

---

① 《战国策·楚一》。
② 《荀子·议兵》，"宛钜铁釶，惨如蜂虿；轻利僄遫，卒如飘风。"

别勇敢！"①据统计，春秋时期楚国主动发起的战争有111次，晋国90次，齐国70次，秦国仅44次，由此可见当时楚国的军事实力，也可见楚国的心志。

然而，决定战争胜负的绝不仅是军事实力，还得比谋略等。楚国在这方面就有某些先天不足了。也许可以说：楚人太单纯太善良了！楚威王被田婴骗了，紧接又被张丑骗。可是，与其接班人怀王相比，威王的受骗上当不足挂齿。楚怀王被秦国骗至身死，楚国一败再败，由强转衰，亡国倒计时也开始了。

---

① 《史记》卷79，范雎传，第3册，中华书局1999年版，"秦昭王临朝叹息……曰：'吾闻楚之铁剑利而倡优拙。夫铁剑利则士勇，倡优拙则思虑远。夫以远思而御勇士，吾恐楚之图秦也。'"

第一章
汉武盛世

> **提要**
>
> 汉武帝刘彻当政时期（前141年—前87年），击败匈奴，奠定中华疆域版图；"罢黜百家，独尊儒术"，儒家学说开始取得独尊地位。
>
> 刘彻开创了一种文体"罪己诏"，从此朝政出现危机或遭受天灾之时，有些帝王会发布《罪己诏》，及时公开自省自责，以示诚意，团结臣民。

来龙："文景之治"

汉文帝刘恒、景帝刘启当政时期，从高后八年（前180年）刘恒继位开始，至后元三年（前141年）刘启去世，其间"无为而治"，休养生息，税收为当时世界最低，刑制由野蛮转为较文明，被誉为"文景之治"。

刘彻继位之初,由窦太后摄政。建元六年(前135年)窦太后去世,刘彻亲政。第二年刘彻亲自面试各郡国推荐来的人才时,大谈治国理想,一是立志学尧舜,目标是"成康之治",不用刑罚而"德及鸟兽,教通四海";二是要实现"天人合一",社会与自然和谐,使"星辰不孛,日月不蚀,山陵不崩,川谷不塞",让祥瑞并出,河出图,洛出书;三是要让夷狄臣服,四方来贺。①

最大看点:"独尊儒术"

孔子告诫他的学生子夏,你要努力做君子儒,而不满足于小人儒!② 儒者有大小之分,大者称"君子儒",小者称"小人儒"。对此之解释,历来有些争议。清时学者认为:"君子儒能识大而可大受,小人儒则但务卑近而已。君子小人以广狭异,不以邪正分。"③ 也许可以更简洁、通俗地说:君子儒是有思想的,而小人儒仅通些简单礼仪罢了。

刘邦接受了儒生的建议,尊孔崇儒。前195年他还专程到山东曲阜,以天子祭祀社稷的"太牢"礼祭孔,成为历史上第一个亲临孔庙的君王。

不过,刘邦重的多半是"小人儒",满足于宫廷礼仪,做皇帝的威风,至于国家意识形态方面,还是兼杂"黄老之学"。这种思想统治了

---

① 《汉书》卷6,武帝纪6,第4册,中华书局1999年版,"今朕获奉宗庙,夙兴以求,夜寐以思,若涉渊水,未知所济。猗与伟与!何行而可以章先帝之洪业休德,上参尧舜,下配三王!朕之不敏,不能远德,此子大夫之所睹闻也。贤良明于古今王事之体,受策察问,咸以书对,著之于篇,朕亲览焉。"
② 《论语·雍也》,"子谓子夏曰:'汝为君子儒,无为小人儒!'"
③ 刘宝楠:《论语正义》。

近70年，即从汉开国直至刘彻继位之后一两年。梁启超非常精辟地剖析：当时百家都致力于天下变革，为什么最后独尊儒学一家呢？因为帝王要专制，而先秦儒对此是反对的，而之后儒家是支持的。①

刘邦当年之所以取儒者的帽子尿尿，是因为孔学会阻碍他造反夺权；等到他称帝后，孔学可以帮助他阻止别人造反夺他的权，所以改而尊孔，并特地到曲阜去跪拜。天下大定之后儒学取代黄老学说是不得不然的趋势。何况刘彻当太子时，身边有几位儒门子弟，如他的老师卫绾、王臧等。

立朝70来年了，老一辈的忠臣能臣差不多走光了，人才匮乏问题越来越突出。刘彻继位第二年即建元元年（前140年），诏"举贤良方正能言直谏之士"，名义是皇帝主考，实际由卫绾代为主持。董仲舒埋头苦读，到"三年不窥园"的地步。这时，他觉得时运到了，机不可失，便跳出"园"，先后三次上书应对，提出"大一统""天人感应""独尊儒术"三大理论。董仲舒强调："唯天子受命于天，天下受命于天子，一国则受命于君。"

对于董仲舒的观点，卫绾非常满意，将董仲舒推荐给了刘彻。卫绾还提出，各地推荐来的人才，有赞同申不害、韩非、苏秦、张仪学说的，一律罢黜。申不害、韩非、苏秦、张仪的学说，都是被历史证明的富国强兵思想，不同于儒家。对此建议，刘彻表示同意。

窦太后听说新录用一批儒生，大发雷霆。刘彻还得看些她的脸色，便将卫绾撤职。但同时任用了一批儒者：窦婴为丞相，田蚡为太尉，赵

---

① 梁启超：《饮冰室合集·论中国学术思想变迁之大势》，"当时百家，莫不自思以易天下，何为不一于他而独一于孔……盖前此则孔学可以为之阻力，后此则孔学可以为之奥援也。"

绾为御史大夫,王臧为郎中令,申公为太中大夫,其中窦婴是窦太后堂侄,赵绾是研究《诗经》的学者,申公是赵绾的老师。这样的任免,应该是为了某种平衡吧?

赵绾、王臧为卫绾抱不平,建议刘彻今后自作主张,不必事事请示太后。窦太后听了又动怒:"赵绾和王臧是想当第二个新垣平啊!"新垣平是刘恒时期一个巫师,说是望气能见文帝,因为长安东北有五彩神气,因此得宠。后来有人揭露那是胡说八道,被诛三族。窦太后指责赵绾和王臧也是欺诈,并要求像对新垣平那样治罪。她还派员查了赵绾、王臧以权谋私的证据。刘彻无奈,只好将赵绾、王臧下狱。他们害怕真像新垣平被诛三族,连忙自杀。自此,刘彻也销声匿迹了6年,其间在《史记》中没有他一字记载。

窦婴、田蚡和申公也被免职,改任信奉黄老思想的许昌为相,又达到某种平衡。这样,儒道相对平静了两年。建元三年(前138年),诏选天下博学而有才的人,突出者破格重用,如严助、朱买臣、吾丘寿王、司马相如、东方朔、枚皋、终军。这批人确也都是那个时代的风流人物,但显然跟后世所理解的"儒"大相径庭,没一个典型的儒士。再有一点请注意:这批刘彻亲自选拔的人才,几乎没一个善终,突显出那个"独尊儒术"时代官场生存环境之险恶。

刘彻置"五经博士",这是尊儒的又一重大举措。"五经"指儒家5部主要的经典:《诗经》《尚书》《礼记》《周易》《春秋》,不包括《论语》《孟子》。博士制度秦朝时开设,没限儒家还是法家。刘彻首开历史先河的是,将博士只限于儒家经典,以后历代如此。儒学从此成为国学、官学。有人说这就是"罢黜百家,独尊儒术"的实际意义,但这并不意味着其他学说被禁,只不过没被列入国学、官学而已。

对此，窦太后反应如何？不得而知。也许，她重病在床，根本没听说，或者说刘彻根本不用再看她的脸色行事了。

建元六年（前135年），窦太后去世，刘彻彻底摆脱约束，随即以"坐丧事不办"为由将许昌免职，提拔田蚡为丞相。从此，刘彻像秦始皇那样甩开膀子干他想干的一切，包括崇儒、征战、追求长生不老的仙药。

亲政第二年，刘彻令各郡国"举孝廉"一人。在科举制兴起之前，人才选拔制度为察举制。所谓"察举"，察是从上至下，官方考察；举是从下到上，民众推荐。所谓"孝廉"即"孝顺亲长、廉能正直"之意。不久，又要求各地"举贤良、文学"，刘彻亲自面试。这里"贤良"指品貌端正、道德高尚之人；"文学"一词在当时指精通儒家经典之人，魏晋时期才开始变为我们今天的内涵。元朔元年（前128年），刘彻还特别制定了一条纪律："不举孝，不奉诏，当以不敬论。不察廉，不胜任也，当免。"①当官就是用人，这跟我们现代观念挺接近，但这诏具有强制性，不许你埋没人才。前124年，为博士官置弟子50人，免他们的赋役。这里的"弟子"，大概相当于专家学者的助手吧，也予优待。元封五年（前106年），还令各州、郡荐举茂材、异等可为将相及外交官的优秀人才。从此，"平民政府"转变为"士人政府"。儒生继承了君子的称号，却没有继承到贵族的权威。西汉及以后的王朝距孔子时代的周政理想，不仅没有更接近，反而越来越遥远。

---

① 《汉书》卷6，武帝纪6，第4册。

刘彻"独尊儒术"的真相，有必要从以下三个侧面进一步了解。

一、"春秋决狱"

董仲舒说："霜者天之所以杀也，刑者君之所以罚也。"他亲自编写《春秋决狱》，收录232个经典案例，用《春秋》经义注释刑罚。通俗地说，就是用孔子的思想来对犯罪行为进行分析、定罪，即用《诗》《书》《礼》《易》《乐》《春秋》六经中的内容作为判案的主要依据，法律变成次要的了。凡与儒家经义相悖的法律，以儒家经义为准。换言之，判案着重追究犯罪动机，动机好的一般从轻，甚至免罪；如果动机不好，即使有好的结果也要受到严厉的惩罚，犯罪未遂也要按既遂处罚。但实施情况不一定，刘彻还经常根据自己的意愿制定新的法律，并据此开展打击行动。

见知法：元光五年（前130年），朝廷作"见知法"，规定吏知他人犯罪而不举，以故纵论处。张汤与赵禹编《越宫律》《朝律》等，用法严峻。赵禹曾助推盐铁专卖、告缗算缗，深受刘彻赏识，先后晋为太中大夫、廷尉、御史大夫，权势远在丞相之上。因为用法严酷，后人将他作为酷吏的代表人物之一，实际上他为官清廉俭朴。

腹诽法：元狩四年（前119年），官府发行两种新币，一种"金币"（银与锡合金），再一种是"皮币"（白鹿之皮）。一张皮币规定值钱40万，面值过大，不适合流通，因此只能在王侯宗室之间做礼币，说白了这一招就是明目张胆搜刮贵族们的钱。为此，刘彻向大臣颜异征求意见，希望得到他的支持。颜异如实说："朝贺的苍璧（青玉璧）才值数千，而垫在屁股底下的皮币反而值40万，本末颠倒，太不相称。"刘彻听了非常失望。元狩六年（前117年），有人告颜异别的事，刘彻派张汤受理。张汤与颜异本就有隙,查知曾有客人说政令多不便,颜异没有明确表示反对,而"微反唇",即嘴唇略微动了动,可能想表示赞同。张汤据此定颜异"腹诽"(心中诽谤)罪,处以死刑。颜异被诛后,"公卿大夫多谄谀取容矣",而酷吏办案则有"腹诽之法比",即比照颜异以"腹诽"的罪名加诛。后来在"盐铁会议"上,论及颜异之死,丞相史一方还认为颜异"处其位而非其朝,生乎世而讪其上",死有余辜。

沉命法:由于种种原因,被迫反抗的民众不断增多,多的数千,少的数百。造反者攻打城邑,夺取武库,影响挺大。官府派兵残酷镇压,可是军队一撤,他们聚集又反。为此,刘彻对地方官施加压力,在天汉二年(前99年)颁"沉命法",规定凡二千石以下至小吏察捕不力者,皆处死刑。从此,主管小吏唯恐不能如期破案而招祸,只得努力隐匿当地的反抗情况,反而助长了暴乱。

刘彻时期不仅立法严酷,执法更是残暴,酷吏特别多。西汉正史有传的酷吏总共18人,其中12人是刘彻之臣。刘彻与秦始皇的区别,也许仅在于有没有披"独尊儒术"的外衣。而"罢黜百家,独尊儒术",本身就是文化上的专制。

二、稳定周边

先看征匈奴。

匈奴改变不了劫掠的本性,成了汉王朝的心腹大患。他们明说"汉虽强,犹不能兼并匈奴",大汉君臣恨得咬牙切齿,可又无可奈何。那些学富五车的谋臣,如刘邦的刘敬,吕后的樊哙、季布,刘恒的贾谊、晁错等,几乎没一个主战的。贾谊提出"五饵"之策,是什么锦囊妙计呢?他在朝堂之上正儿八经提出的战略是:对匈奴来降者或使者,用好吃好穿、美女歌舞之类"坏其目""坏其口""坏其耳""坏其腹""坏其心",用现代的话说是用糖衣炮弹去腐蚀他们的斗志。然而,他们也会"以汉制汉",重用汉族降臣,如中行说,他常常劝告单于要保持匈奴传统,不要学汉人那一套。[1]所以,至少是在这一时期,他们没有腐化堕落,软硬不吃,让汉人头疼不已。

刘彻亲政之初,匈奴派人前来请求和亲。刘彻交由大臣讨论。王恢是"大行令",建议拒绝和亲。他说:"过去同匈奴和亲,匈奴老是不守盟约,照样侵犯边界,我们应该发兵打击!"御史大夫韩安国则说:"派兵去千里之外,不易取胜。现在匈奴马草充足,很难控制。我们占了它的地不能算开疆拓土,虏了其民不能算强大。况且强弩之末不能穿鲁缟,狂风到最后连雁毛也卷不起,还是等他们衰竭了再用兵为宜。目前,还是继续和亲为宜。"群臣多数附和韩安国,刘彻只好同意再次和亲,但他心里很不情愿。

元光二年(前133年),王恢再次建议征讨匈奴,刘彻欣然同意。王恢的计谋是,统军30万在马邑(今山西朔州)山谷中设伏,由当地从事外贸的聂壹去给匈奴通报,谎称他已将马邑的长官杀了,请他们乘虚而入。匈奴信以为真,单于亲自率10万骑入境,直奔马邑。不想,他们行至距马邑200来里的地方,只见牛羊遍野不见牧人,觉得异样,便就地攻下一个要塞,从俘虏口中获知了真相,立即撤退,让王恢的伏兵白辛苦一场。

元光二年(前130年)夏,刘彻征万民修整雁门通道,加强战备。

---

[1]《史记》卷94,匈奴传上,6册,"今中国虽阳不取其父兄之妻,亲属益疏则相杀,至到易姓,皆从此类也。且礼义之敝,上下交怨,而室屋之极,生力必屈焉。夫力耕桑以求衣食,筑城郭以自备,故其民急则不习战功,缓则罢于作业。嗟土室之人,顾无喋喋佔佔,冠固何当!"

第二年春，命卫青、李广等4人各率万骑分别出击。卫青一路斩敌首七百级，其余3路军皆败。翌年秋，匈奴分道入侵，一路侵辽西，杀太守；一路侵渔阳、雁门，杀掠300余人。刘彻命卫青等将敌击退，并起用李广为太守。匈奴人畏惧李广，称他为"汉之飞将军"，多年不敢染指他的地盘。

元朔二年（前127年）初，匈奴又入侵上谷、渔阳，杀掠吏民上千。卫青等率军反击，夺取河南地（黄河河套西北部地区）。汉在此设朔方郡，发10万民修复秦时城堡与要塞。第二年，匈奴发生分裂，一部降汉，另一部则入侵代郡，杀太守；侵雁门，杀掠千余人。

元朔五年（前124年）冬，匈奴接连侵扰朔方，刘彻命卫青率6将军、10余万兵反击，出塞六七百里，俘匈奴小王10余人，男女5000余，牲畜无数。刘彻派使者到前线慰问卫青，提拔他为大将军。但匈奴并未收敛，同年末又入侵代郡，杀掠吏民千余。第二年卫青率6将军出定襄，斩敌数千。不久卫青又统6将军出定襄，俘斩万敌，但自身损失也大，一将军败降，另一路全军覆没。次年，匈奴万人入侵上谷。

元狩二年（前121年），刘彻改用霍去病率万骑出陇西击匈奴，历5国，转战6日，过焉支山千余里，杀匈奴两个小王，获大胜。为此，匈奴人哀唱："亡我祁连山，使我六畜不蕃息。失我焉支山，使我妇女无颜色。"焉支山所产红色染料可作为女性化妆品，"胭脂"一词由此而来。

同年夏，汉军再次深入2000余里，又大捷。为此，匈奴单于召回两个小王，要军法严惩。这两个小王怕了，率4万余人叛逃降汉。刘彻命霍去病前去接收，将先后来降的匈奴人就近安置在陇西等5郡。第二年，匈奴又分兵入侵，杀掠千余人。下年夏，刘彻发动更大规模反击，命卫青、霍去病各率5万骑，步兵及民工数十万人，分别从定襄、代郡出塞，向漠北追击。卫青一路出塞千里，斩敌近两万，直至赵信城（今蒙古国杭爱山南麓）而还。霍去病一路出塞2000里，杀敌七万多，封狼居胥山（今蒙古国肯特山）而还。这一仗，总共杀敌八九万，自己损失也在数万人。匈奴远逃，汉军也因马少，未再大举出击。

但没过几年，在元鼎三年（前112年），匈奴与西羌勾结，联手组成10万大军入侵陇西等地。于是，汉与匈奴的拉锯战又几乎年年上演。直到后元二年（前87年）刘彻驾崩，这年冬匈奴还入侵朔方，杀掠吏民，在此不赘述。总之，刘彻出了几口恶气，但并未制服匈奴。

再看通西域。

西域一般指玉门关、阳关以西，葱岭即今帕米尔高原以东，巴尔喀什湖东、南及新疆广大地区，后来也包括现在的青海、西藏，有时还包括亚洲中、西部一些地区。那一带在前5世纪前后形成诸多国家，号称三十六国，实际数量超过五十，或为游牧部落，或为城郭国家，小的只有千余人，最大的乌孙也只有63万人。西汉初，匈奴势力扩展到那一地区，在那里征收重赋，并将其作为侵扰西汉的战略基地——时称"右臂"。为了安定西部边境地区，刘彻开始重视西域。被匈奴逐到阿姆河（今阿富汗与塔吉克斯坦的界河）上、中游地区的大月氏，欲报世仇，刘彻决定联合大月氏夹攻匈奴，"断匈右臂"，于是募人出使西域。

张骞积极应募，于建元三年（前138年）率100余人出发。行至河西走廊，碰上匈奴骑兵，他们全部被俘，押送至王庭（今内蒙古呼和浩特附近）。匈奴单于威逼利诱，张骞坚持"不辱君命""持汉节不失"。一晃10年过去了，监视有所松弛，张骞带随从出逃，但不是回国，而是继续履行使命。这时形势已发生变化，匈奴唆使乌孙进攻月氏，月氏被迫从伊犁河流域继续西迁，落脚于咸海附近的妫水地区。因此，张骞一行向西南进入焉耆，再溯塔里木河西行，过库车、疏勒等地，翻越葱岭，直达大宛（今乌兹别克斯坦费尔干纳盆地）。这一路极为艰难，他们不畏险阻。大宛王热情支持，派出向导和译员，将他们送到康居（今乌兹别克斯坦和塔吉克斯坦境内）。康居王又派人将他们送到大月氏。可是大月氏因为新的国土富沃，距匈奴和乌孙已远，无意复仇，张骞一行空手而归。不料，羌人也成为匈奴的附庸，导致张骞一行又被匈奴扣留一年多。元朔三年（前126年）初，匈奴发生内乱，张骞等再次出逃。同年夏，张骞回到长安，将此行经历与见闻，特别是对葱岭东西、中亚、西亚，以至安息（今伊朗）、印度诸国的位置、特产、人口、城市、兵力等情况做了详细汇报。刘彻非常满意。

经过多年战争，匈奴向西北退却，但仍借助西域的力量继续与汉对抗。于是，刘彻再派张骞出使西域。这次出使目的不同。当时，刘彻想发展与乌孙的关系，嫁过去一位公主，乌孙王却同时娶了一位匈奴新娘，而且给匈奴更隆重的礼节。不过，乌孙与匈奴有旧仇。因此，刘彻派张骞去鼓动他们东归故地，并劝说西域其他各国与汉联合，而不要支持匈奴。元狩四年（前119年），汉武帝提拔张骞为中郎将，率员300多名，携带金币丝帛等财物数千万，牛羊万头。张骞一行到乌孙时，乌孙发生内乱，张骞的使命又泡汤了。不过，此行他分别访问了中亚的大宛、康居、大月氏、大夏等国，带回"汗血宝马"及葡萄、核桃、苜蓿、石榴、胡萝卜和地毯等，也给他们传去铸铁、开渠、凿井等技术和丝织品、金属工具等，拓展出一条连接欧亚两大洲的"丝绸之路"，张骞于元鼎二年（前115年）凯旋，现代称之为伟大的外交家、探险家，"丝绸之路的开拓者"。"丝绸之路"这个概念迟至

19世纪末由德国地理学家李希霍芬创造。"此前无论是处于丝绸之路两端的中国人还是罗马人，都没有意识到这样一条线路的存在，甚至没有注意到对方的存在。"①

鉴于乌孙不肯归附，刘彻在那边境置酒泉、武威二郡，从内地迁民充实，以绝匈奴与西羌的通道。但西羌还是与匈奴狼狈为奸，元鼎五年（前112年），西羌结集10万人攻安故、枹罕（均属陇西），匈奴则攻五原，杀太守。刘彻发兵10万征西羌。匈奴听说乌孙与汉有联系，非常气愤，准备讨伐。乌孙怕了，索性向汉求婚。刘彻同意。后来，乌孙王死，该汉女又依其俗改嫁其子新王。

楼兰，多漂亮的名字！楼兰在今甘肃敦煌以西、阿尔泰山以北、库鲁克山之南，西至尉犁一带，古时扼"丝绸之路"要冲。汉使者通西域时，往来都经过楼兰。楼兰跟乌孙一样骑墙，元封三年（前108年）、征和元年（前92年）分别向汉朝和匈奴各送一位王子做人质。楼兰王死时，消息还没传入汉朝，匈奴抢先将王子送回去继位。刘彻派赵破奴率军讨楼兰，俘其王。楼兰降汉后，又遭匈奴攻击，于是两面称臣。太初四年（前101年），匈奴与楼兰勾结，派骑兵袭击汉使者，想破坏汉的西域通道。刘彻大怒，命大军出击，又俘楼兰王。楼兰王无奈地说："小国在大国间，不两属无以自安，愿徙国人居汉地。"刘彻只好将他放回国，要求他暗中监视匈奴。天汉二年（前99年），汉还命楼兰军出击车师（今新疆吐鲁番），被匈奴救兵所败。后来楼兰使单亲匈奴，成为汉的心腹大患。更过分的是，楼兰王还几次暗杀汉使者。

三看开发"百越"。

---

① ［美］陆威仪著，王兴亮译：《早期中华帝国：秦与汉》，中信出版社2016年版。

直道开通后，秦始皇即开发"百越"——南方两大块蛮荒之地，一是"闽中地"，二是"陆梁地"。元鼎四年（前113年），刘彻遣使南越，明确南越王享受诸侯王待遇，实行汉法。第二年春，南越王的国相吕嘉发动叛乱，杀汉使者及南越王夫妇，立建德为新王。同年秋，刘彻委派两将军率10余万人，分5路出击。战争惨烈，次年火烧番禺（今广州一区）城，俘建德与吕嘉，南越亡。以其地分置南海郡（治所在番禺）等。

元鼎六年（前111年），西南发生叛乱，杀汉使者及犍为太守。刘彻遣将率巴、蜀罪人去镇压，改设牂柯郡。夜郎侯本来依附南越，现在朝汉，被封为夜郎王。相邻见状也纷纷主动臣服，刘彻便在那一带设越嶲等郡。元封二年（前109年），滇王也降汉，汉在那里置益州郡。第二年，武都氐人（古民族）起事，很快被镇压，汉将其分徙酒泉郡。元封六年（前105年），昆明爨人（古民族）起事，杀汉使者十余人，刘彻遣兵讨伐。

元鼎六年（前111年），东越王余善反叛，杀汉将吏，自立为帝，刘彻调兵遣将镇压。元封二年（前109年）秋，汉募天下死罪为兵，从水陆两路出征朝鲜。第二年夏，朝鲜抵挡不住，大臣发动宫廷政变，杀了朝鲜王降汉。汉在那里设四郡：乐浪（今朝鲜平壤）、临屯（今朝鲜咸镜道一带）、玄菟（今辽宁清源）、真番（今朝鲜开城）。

刘彻在位53年，其中50年在打仗，北击匈奴帝国，东并朝鲜，南诛百越，西逾葱岭，征服大宛，奠定中华疆域版图，功不可没。不过，有三点切不可忽略：

一是战争代价太大，很快变得"海内虚耗，人口减半"。

二是皇帝掺杂私心，司马光甚至认为有些战争只不过是刘彻为了破格封侯国舅爷李广利。①

三是成功带有侥幸因素。雷海宗说:"汉武帝时代武功的伟大是显然的,是人人能看到的。但若把内幕揭穿,我们就知道这个伟大时代是建筑在极不健全的基础之上。"为什么这样说呢?因为"战国时代的兵可用,汉时的兵不可用,只有遇到才将率领时才能打胜仗"。②

三、改革币制

"文景之治"时国库钱太多,以致穿钱的绳子生虫,散钱多得无法计算,那真个叫"不差钱"。刘彻旷日战争,大兴土木,疏于农业,很快将"文景之治"留下的财富挥霍一空。

元朔六年(前123年)即刘彻上台第17年,官员报告:"臧钱经用赋税既竭,不足以奉战士。"刘彻意识到财政危机的严重性,不是悬崖勒马,停止意义不大的征战,改行节俭,而是采取一系列改革措施进一步敛财。元狩六年(前119年),他重用一批"兴利之臣",如任命大铁商东郭咸阳、大盐商孔仅为"大农丞",主管全国盐、铁方面的事务;任命大商人桑弘羊为"侍中"(原为散职加官,刘彻时地位上升,超过"侍郎"),负责全国经济工作。同年底,针对富商大贾颁布《算缗令》和《告缗令》,在全国上下开展轰轰烈烈的"算缗告缗运动":

一是凡属工商业主、高利贷者、囤积商等,不论有无市籍,都要据实呈报自己的财产数目,官府从每2缗(1缗合1000钱)抽取1算,即120文(有的说200文)。一般小手工业者从优,每4缗抽取1算。

---

① 《资治通鉴》卷21,汉纪13,第2册,中华书局2019年版,"武帝欲侯宠姬李氏,而使广利将兵伐宛,其意以为非有功不侯,不欲负高帝之约也。"
② 雷海宗:《中国文化与中国的兵》,江苏人民出版社2019年版。

二是除官吏、三老（乡官）和北边骑士以外，凡有轺车（小马车）的，每乘抽取1算；贩运商的轺车，1乘抽取2算；船5丈以上的抽取1算。

三是凡隐瞒不报，或呈报不实的，罚戍边一年，并没收其财产。对于告发隐瞒的，赏给所没收财产的一半。

四是禁止有市籍的商人及其家属占有土地和奴婢，违者没收其全部财产。

这两项法令对那些大富人家显然不利，遭到强烈反对，《史记》载"富豪皆争匿财"。然而，也有一个人与众不同。卜式经营畜牧业，成为豪富。他爱国热情高涨，慨然上书，表示自愿捐家财一半做军费。刘彻大吃一惊，连忙派人去调查，问："欲官乎？"卜式答："臣少牧，不习仕宦，不愿也。"又问："家岂有冤，欲言事乎？"卜式答："臣生与人无分争。式邑人贫者贷之，不善者教顺之，所居人皆从式，式何故见冤于人。"又问："苟如此，子何欲而然？"卜式说："天子诛匈奴，愚以为贤者宜死节于边，有财者宜输委，如此而匈奴可灭也。""输委"指捐献财物。刘彻征询丞相公孙弘的意见。公孙弘认为卜式标新立异，动机不正，不宜鼓励。几年后，财政危机加重，卜式给当地官府捐了20万钱。地方官上报请求表彰，刘彻记起前事，便对卜式特别嘉许，召拜为中郎，赐爵左庶长（第十级爵），田10顷，布告天下。随后七八年间又赐爵关内侯（第十九级爵），进位御史大夫。

刘彻在全国掀起一场声势浩大的"学卜式"运动，不想"天下莫应"。大臣义纵公然认为告缗的人是乱民，予以搜捕。这样，告缗令也难以推行了。刘彻大怒，将义纵处以死刑，重申告缗令，强行实施3年。结果，天下中等以上的商贾之家大都被告发，没收上亿财产及成千上万的奴婢，没收田地更多，不少人因此倾家荡产，国库才重新充盈起来。钱穆认为:"在汉武帝的多项财政税收计划中,如从利害得失方面而言,则算缗与告缗这项措施,最为困扰人民了。"[①]

不仅如此,刘彻还有其他一系列敛财式改革。

卖官:元朔六年(前123年),诏令民可买爵赎罪,并置武功爵,每一级约17万,买到"千夫"级的可以优先为官。这不仅把官场搞乱,还因为买到大夫可以逃兵役,导致可征调的役夫日益减少。

均输与平准:元鼎二年(前115年),开始试行"均输法",5年后在全国实施,民间进贡土特产用不完的不必运送京师,改送中央派驻各地的"均输官",在那里暂存听候调令,多余的就地出卖。与此配套有"平准法",即由官府收储天下百货,价高时出售,价廉时买入。此举后果有二,一是商贾无法与官府匹敌,无法获利。这两项新政说是方便百姓,实际上是官府做生意,与民争利。二是如《盐铁论》所说"令释其所有,责其所无",强迫缴纳百姓所无的土特产,百姓只得将自己所有的贱价卖出,再向商贾高价购入官府所指定的。如此一卖一买,百姓两头吃亏。

追溯富人罪:元鼎三年(前114年),推出"株送法",即追捕"世家子弟和富人骚扰百姓"案,几千人受牵连,但其中愿意上缴财富的可以入补郎官。

卖法:天汉四年(前97年),令死罪赎钱,50万减死一等。

刘彻的旗号是"独尊儒术",而桑弘羊却是个公认的法家,他称赞秦始皇,轻礼孔子,所推行的改革并没有改进民众道德状况,反而使民众变得更热衷于争权夺利了。

---

① 钱穆:《中国经济史》,北京联合出版公司2014年版。

秦始皇统一政权也统一钱币,将原来各国那些五花八门的刀币、布币、蚁鼻钱之类统一为我们现代在文物市场还能常见的铜币——半两钱,并由中央政府统一制造。这种钱圆形方孔,每个重8克(秦制半两约合8克)。刘邦沿用秦代货币制度,黄金与铜钱并行,并仍称半两钱,但"以为秦钱重难用,更令民铸荚钱。"所谓"荚钱",指那钱的形状像榆荚。刘邦"无为而治"固然好,可是把铸币权也下放民间,未免失之过宽。因为铜钱轻重和成色不一,造成混乱,给民众带来诸多不便。

为此,早在惠帝三年(前192年),刘盈就明令禁止民间私自铸钱,中元六年(前144年),刘启又禁止民间私铸货币,只准郡国铸。郡国直属中央,由中央委派官吏管理,初步控制了铸币权。

刘彻上台第二年初就进行货币改革,发行三铢钱。钱上铸有"三铢"二字,因此得名。铢是古代一种重量单位,1/24两为1铢,3铢非常轻。但不久又停用三铢钱,改行半两钱。钱文曰"半两",重12铢。实际上,这种钱秦时就通行,西汉初年所铸钱重量虽陆续减轻,但仍称半两。

元狩五年(前118年),刘彻废除半两钱,发行五铢钱,币重与名称相符。元鼎四年(前113年),刘彻下令取消郡国铸币权,将铸币权控制在中央手中,货币自此稳定下来。

此后,刘彻还进行了多次钱币改革。后期的改革,主要目的是以通货贬值弥补财政亏空。从此直到唐代,五铢钱沿用长达700年。据统计,此后120年共铸造货币280亿万钱。钱穆介绍当时:

> 由于屡改钱币,钱益轻薄而物价日益昂贵。商贾遂囤积货物而逐利,且民间盗铸之风大盛。依法盗铸钱币者死,但盗铸者多而

不能尽诛，五年之间，因盗铸而受死刑者已达数十万人。赦罪者亦有100余万人，数量可谓惊人。①

不过，刘彻也禁地方铸钱，因此民间盗铸钱犯罪总体越来越少，币制逐步走上了正轨，使中国的币制得到空前统一。

去脉：皇帝的"自我批评"

刘彻像秦始皇一样强烈地追求永生，多次搞大规模求仙活动，劳民伤财。直到征和四年（前89年）春赴东莱（今山东龙口）临大海求神山，又上泰山封禅回来，才恍然大悟，叹道："朕过去实在是糊涂啊，竟然被道士骗了。天下怎么可能有仙人呢，尽是胡说八道。节俭饮食，服些良药，不过可以少生病而已。"②

从此，他不再求仙。此举比秦始皇强。秦始皇是至死无悔的，刘彻则发现自己受骗上当，根本原因不在于骗子太坏，而在于身为帝王的自己"愚惑"！清末学者易佩绅评论："自谓狂悖，自谓愚惑，千古之君，罕有自责如是者。"也因此，迄今有人怀疑刘彻此言的真实性。③

不管怎么说，刘彻悔得还多。早在刘彻四处征战、捷报频传的时候，就有大臣徐乐上书，警示"天下诚有土崩之势"。徐乐用陈涉起事比喻"土崩"，用吴楚"七国之乱"比喻"瓦解"，指出"土崩"之

---

① 《中国经济史》。
② 《资治通鉴》卷22，汉纪14，第2册，"向时愚惑，为方士所欺。天下岂有仙人，尽妖妄耳！节食服药，差可少病而已。"
③ 辛德勇：《汉武帝晚年政治取向与司马光的重构》，《清华大学学报·哲学社会科学版》2015年第1期。

祸之所以重于"瓦解",就在于"民困而主不恤,下怨而上不知,俗已乱而政不修",使"民"这一政治统治最广泛的社会基础发生动摇,因此"天下之患,在于土崩,不在于瓦解"。① 当时刘彻年轻气盛,莺歌燕舞,徐乐这话听不进去,当天下跟自己身子骨一样败象丛生,就不能不有"土崩"之忧了。

刘彻之所以能自悔,是因为他有一点与秦始皇不同:刘彻杀自己亲人也太多。最糟的是征和元年(前92年)一个中午,刘彻午睡时梦见几千个手持棍棒的木头人打他,吓醒之后还心跳不已。古人认为言语诅咒能应验于仇敌个人或敌国,包括射偶人(偶人厌胜)和毒蛊等,都是巫术。我们可以从小说中读到:女子又思又恨她那负心郎,便用针扎一个布娃娃。刘彻迷信这一套,认为有人诅咒他,立即派江充追查。江充是"直指绣衣使者",直接受皇帝和朝廷委派缉捕京城匪盗,监察官员和王公贵戚,有调动军队的权力,可以诛杀各地官员,气焰冲天。在这场"巫蛊之祸"当中,江充掘地三尺,又用炮烙之类酷刑逼供,前后冤死数万人。

刘据是刘彻29岁才生的,如掌上明珠。刘据长大后,性情仁慈,行事又谨慎,与刘彻明显不同。刘彻脾气暴躁,因此他对刘据不像自己偶然也表示遗憾。这可吓坏了生刘据的卫皇后及大舅子卫青等人,生怕刘据被废。有一次,刘彻特地对卫青表白一番:

> 汉家庶事草创,加四夷侵陵中国,朕不变更制度,后世无法;不出师征伐,天下不安;为此者不得不劳民。若后世又如朕所为,

---

① 《汉书》卷64上,徐乐传,第6册。

是袭亡秦之迹也。太子敦重好静，必能安天下，不使朕忧。欲求守文之主，安有贤于太子者乎？闻皇后与太子有不安之意，岂有之邪？可以意晓之。①

我非常欣赏前几句，常引用论证改革的必要性。他说朕的改革与征伐都是不得不为之，但你们今后如果还像我这样做，那就可能会重蹈亡秦的覆辙。这话表明，刘彻对他所作所为认识是很清醒的。第二层意思表示相信太子"必能安天下，不使朕忧"，并明确要求将此话转告皇后与太子，请他们安心。然而，随着刘彻病久，江充越发不安。江充是个酷吏，预感刘据接班后他没有好日子，便先下手，趁着率巫师在上林及京城掘地寻找木头人的机会，查到卫皇后和太子刘据的住室，用事先准备好的木头人陷害刘据。当时刘彻在渭河之北的甘泉行宫养病，通联不便，刘据有口难辩，一气之下派人把江充杀了。刘彻听信误报，以为太子谋反，令丞相率兵"平叛"。激战5日，刘据兵败自杀，其3子1女也遇害。

有个为刘邦守陵的小官田千秋斗胆为刘据鸣不平。刘彻事后也意识到太子其实没有反叛的企图，越想越悔，苦于无处诉说，于是召见田千秋，诚挚地说："父子之间，人所难言也，公独明其不然。此高庙神灵使公教我，公当遂为吾辅佐。"② 随即封田千秋为大鸿胪。几个月后，又让田千秋接任丞相，封为"富民侯"。然而，"千秋无他材能术学，又无伐阅功劳，特以一言寤意，数月取宰相，封侯，世未尝有也"。③ 所

---

① 《资治通鉴》卷21，汉纪13，第2册。
② 《汉书》卷66。
③ 《资治通鉴》卷21，汉纪13，第2册。

以,匈奴单于听闻此事,好奇地问汉使者:"是不是汉朝的丞相不用贤才,随便一个男人上书就行?"使者回国如实向刘彻汇报,刘彻反而认为这使者说话不当,要处置他。不过,"富民"二字意味深长,"以明休息,思富养民也"。①田千秋上任后还是办了些实事,如协助展开"巫蛊之祸"平反昭雪等一系列拨乱反正工作。一方面对参与巫蛊案、陷害太子的人进行严惩,不惜恢复已废近百年的夷族之刑,夷江充等人三族。另一方面修建"思子宫",以寄哀思;又在刘据死的湖县(今河南灵宝)修建一座"归来望思"台,期盼其魂来归。在此基础上,刘彻开始对自己进行全面深刻的反思。征和四年(前89年),他采纳田千秋建议罢诸方士求神仙事。

同年桑弘羊建议派兵到轮台(今属新疆)屯田以防匈奴侵扰,刘彻却批示:"今请远田轮台,欲起亭隧,是扰劳天下,非所以忧民也,今朕不忍闻。"刘彻同时强调说:朕执政以来所作所为,太过度了,让天下百姓受苦了,后悔不已。从今以后,凡是可能伤害百姓的事,一律罢停。②刘彻不是嘴上说说,而是彻底整改,重回休养生息的国策。没几天,又诏"当今务在禁苛暴,止擅赋,力本农,修马复令,以补缺",③命赵过指导农民推行"代田法"。刘彻还不顾年老多病下田"亲耕",以示重农。这样,西汉逐步恢复了兴盛与和谐,而避免像强秦一样暴亡。

刘彻此举开创了一种文体——"罪己诏"。从此,当朝政出现危机或遭受天灾之时,有些帝王会发布《罪己诏》,及时公开自省自责。据

---

① 《资治通鉴》卷21,汉纪13,第2册。
② 《资治通鉴》卷21,汉纪13,第2册,"朕即位以来,所为狂悖,使天下愁苦,不可追悔。自今事有伤害百姓,糜费天下者,悉罢之!"
③ 《汉书》卷94,西域传下,第6册。

统计，历史上先后有 90 来位帝王下过罪己诏，不仅发生重大人祸要主动检讨自己的领导责任，连发生不可抗拒的天灾也要深刻反省自己有什么过错让老天爷生气发怒。尽管有些"罪己诏"流于形式，言不由衷，并没有发挥实际作用，但帝王能够公开"自我批评"并上升到"罪"的程度，总比死不认错、死不悔改，反而强求人们颂扬，并对批评者施予"文字狱"的杨广、朱元璋、乾隆等人，要好得多。

刘彻从此脱胎换骨，为下一任改革复兴铺平了道路。

第二章
明章之治

> 提要

从公元57年汉明帝刘庄登帝至88年章帝刘炟去世，汉室恢复了对西域的统治，将儒学系统化，完善历法，引进佛教。

知县、太守之类肯定不会嫉妒帝王，因为身份不可同日而语。会嫉妒帝王的，一般是他的兄弟等皇室成员。

来龙："光武中兴"

汉光武帝刘秀恢复汉室后，对外和平，集中精力于内部，大力解决奴婢和土地兼并等历史遗留问题，农业劳动生产率居历史最高水平，人口达历史高峰，被誉为"光武中兴"。

刘庄太子地位得来不易，立太子之后至继承皇位挺顺利。没想到，登帝之后，他那些兄弟倒要跟他为难。人为什么嫉妒？因为不服。为什么不服？因为嫉妒者认为自己与被嫉妒者差不多，凭什么他能当皇帝我不能？知县、太守之类肯定不会嫉妒帝王，因为身份不可同日而语。会嫉妒帝王的，一般是他的兄弟等皇室成员。当然，那些造反夺权的人另当别论。

刘秀对诸王限制比较严，10个儿子虽然封王但不让他们就国，而且封地很小，没有任何实权。刘秀死后，刘庄即位，诸王才陆续到自己封地去。然而，他们一回去就接二连三给皇帝出难题。

首先跳出来的是刘秀第九个儿子刘荆。他很不安分，又没英雄豪气，爱耍些雕虫小技。刘荆冒充国舅郭况给刘强写信，挑拨离间说他无罪被废很冤枉，应该从自己的封地起兵，像刘邦那样夺天下。刘强是个老实人，一看这信吓坏了，马上呈报刘庄。刘庄倒是大度，不想兄弟残杀，此事不了了之。刘荆不死心，找人看相，竟然说："我貌类先帝。先帝三十得天下，我今亦三十，可起兵未？"[①]这话又把相士吓跑了，跑去报告官府。这回刘荆也害怕了，连忙投案，没想刘庄仍不予追究。但不久刘荆骨头又痒，请巫师用巫术诅咒刘庄，而这巫师也告官了。事不过三，刘荆绝望了，以自杀了结。

刘英是刘秀庶出的儿子，母亲许美人地位较低，但他很小就被封为楚王，封国在刘邦龙兴之地。刘英喜好结交游侠之士，嗜好仍然是"黄老之学"。当时佛教已渗入淮北地区，刘英深受影响，他府内留居僧人、居士。据考证这是中国历史上最早的僧团，刘英则是中国已知最早的佛教信徒。众所周知，佛教主张"四大皆空"，看破红尘。然而，刘英却屡遭红尘误。永平八年（65年），天子诏令各地犯

---

① 《后汉书》卷42，刘荆传，中华书局1999年版。

死罪的人缴纳生绢赎罪，鬼使神差，刘英不知为什么感到心虚，竟然也送去黄绢、白绢30匹。刘庄收到这绢莫名其妙，退了回去，说："你有何罪要悔呢？不要自寻烦恼，拿这些绢资助那些僧侣吧！"更糟的是5年后刘英结交迎纳方士，作金龟玉鹤，刻文字符瑞。符瑞多指帝王受天命的征兆。刘英刻符瑞做什么？有人因此告他谋反。朝廷派人调查，然后参劾刘英招聚奸猾，造作图谶，大逆不道，当处死罪。刘庄不忍杀之，但不得不废刘英王位，贬居丹阳。第二年，刘英到丹阳后自杀。他结交的方士被牵涉致死者上千，还有几千人受牢狱之灾。

淮阳王刘延，刘秀与郭氏第四子。永平十六年（73年）有人告发他与爱姬谢氏招纳奸诈狡猾之人，私作图谶，祭祀鬼神许以诅咒。刘庄派人调查，此事牵连了很多人，他们全被诛杀或流放。也有人请求诛杀刘延，刘庄认为他的罪比刘英轻，特旨加恩，贬为较小的阜陵王，封地只有两个县。

这些宗室谋反无法成功，最主要原因是他们不掌握封地的兵权，所以不可能成气候。再说，封地的国相和官吏都是受皇帝委托监督他们的，跟春秋战国及后来唐时不一样。

最大看点：巩固西域

一、分化匈奴

匈奴分裂为南北两部，南匈奴请求内附和亲，刘秀乐意。北匈奴也请求和亲，刘秀则感到为难。刘庄当时已是太子，发表意见说："如果我们与北匈奴和亲,他们不会畏惧我们,南匈奴也会对我们有二心。"①于是刘秀拒绝了北匈奴。刘庄即位后,同意与北匈奴发展贸易关系。但他们依然经常南下骚扰,逼得刘庄改变刘秀"息兵养民"的国策,重新对匈奴开战。

永平十六年(73年),汉军兵分四路出击北匈奴:一路率酒泉、敦煌、张掖士兵及卢水羌2000骑出酒泉塞,二路率河东北地、西河羌兵及南单于1万骑出高阙塞(今内蒙古自治区杭锦后旗西北),三路率太原等郡及乌桓、鲜卑兵一万余骑出平城塞,四路率武威、陇西、天水及羌兵万骑出居延(今内蒙古自治区额济纳旗)塞。北匈奴闻风而逃。两军在天山相遇,汉军大败北匈奴呼衍王,斩首级千余,追至蒲类海(今新疆巴里坤湖),留军屯伊吾庐城(在今新疆自治区哈密市)。

永平十八年(75年),汉军还京,北匈奴却派2万骑攻车师。汉将耿恭派300骑前往救援,途中遭遇,寡不敌众,全军尽没。北匈奴杀车师王后,转而围攻金蒲城(今新疆自治区吉木萨尔县北)。耿恭亲自登城指挥作战,连败匈奴。这时刘庄去世,救兵不能迅速到达。车师叛汉,与匈奴合兵攻耿恭。刘炟继位后,派张掖、酒泉、敦煌3郡及鄯善7000人增援。援军到达,北匈奴见势而逃,车师复降汉。

东汉不仅不愿与南匈奴联手攻北匈奴,还与北匈奴互市,南匈奴也不满,三方起了矛盾。南匈奴妒心大发。北匈奴王赶着1万余头牛马到中原交易,南匈奴在半路将那些牲口劫走。武威太守孟云建议:要求南匈奴将战俘与战利品归还北匈奴。刘炟召集百官讨论,争议很大。刘炟最后说:"江海所以能成为百川的首领,是因为它们地势低下。现在,

---

① 原文见《资源通鉴》卷44,汉纪36,"今未能出兵而反交通北虏,臣恐南单于将有二心。"

汉与匈奴间的君臣名分已定,我们怎能背信弃义呢?"于是,决定用加倍价将南匈奴所劫的牲口购来,还给北匈奴。同时对南匈奴杀敌擒虏的,按常规论功行赏。

再接下来,北匈奴大难临头。鲜卑族是我国北方阿尔泰语系游牧民族,秦汉时从大兴安岭一带南迁至西拉木伦河流域。西汉时,鲜卑还只是个屈膝于匈奴的小部族。东汉时期,鲜卑族开始强大。建武二十一年(45年),汉辽东太守祭肜大败鲜卑,其首领降汉。不久,鲜卑族另一部落首领到洛阳朝汉,被封为王,与宁城护乌桓校尉同辖鲜卑人。随着北匈奴势力衰弱,鲜卑开始攻打北匈奴。元和三年(85年),鲜卑与南匈奴、丁零及西域各族联手打击北匈奴,迫使北匈奴逃遁。章和元年(87年),鲜卑再次大败北匈奴,杀其单于。同年北匈奴内部大乱,58个部落28万人分别在云中、五原、朔方和北地降汉。不久北匈奴遭饥荒,又有大批人降汉。

二、重整西域

在"以战止战"同时,刘庄也很注重外交,两次派班超出使西域。永平十六年(73年)班超率36名随从到鄯善。鄯善王对班超等人开始还比较友好,没几天突然冷淡起来。班超估计匈奴也派人来了,便找一个侍者追问:"匈奴人在哪?"那侍者只好照实说。班超立即把36人召集起来,边喝酒边说:"我们到这偏远的鬼地方来,目的是立功求富贵。可现在匈奴人来了,鄯善王态度大变。如果他把我们抓了送给匈奴,我们的尸骨都回不了家,该怎么办?"众人一听,纷纷表示愿听从班超安排。这天天刚黑,班超率将士直奔匈奴使者驻地,10人拿鼓,其余人持刀枪弓弩埋伏在门两边,然后顺风纵火,前后鼓噪,声势喧天。

匈奴人乱作一团，3000多人被杀，其余葬身火海。第二天班超请来鄯善王，把匈奴使者的首级给他看，他只好表示归附东汉，并同意把王子送去做人质。

不久，班超到了于阗。当时已有匈奴使者驻于阗，名为监护，实际掌握于阗大权。班超到来，于阗王很冷淡。神巫对于阗王说："为什么要附汉呢？神已经发怒。汉使有騧马，快让他们牵来侍候我！"于阗王派人向班超讨马。班超爽快答应，但要求神巫自己来牵。等神巫到来，班超不由分说，一刀将他杀了，把首级送还于阗王。于阗王吓坏了，当即下令杀匈奴使者，归附东汉。

匈奴人扶持的龟兹王，仗势横行，派兵攻疏勒，另立龟兹人兜题为疏勒王。班超到了疏勒，在90里外落脚，派手下田虑去招降。班超交代说："兜题不是疏勒人，疏勒人肯定不会卖命。如果不降，你可以抓他！"果不其然，兜题见田虑一个人来，根本没降意。田虑乘其不备劫持了他，乘马疾驰而回。这时班超率众进城，将疏勒文武官员集中起来，宣布立原来国王的侄儿忠为王。

元和元年（84年），班超发动疏勒、于阗攻莎车。莎车王暗通疏勒王忠，固守乌即城。班超便另立疏勒王室，将不愿反叛的人调动起来攻叛王忠，相持半年。因为康居派精兵援救莎车，而月氏与康居关系亲密，班超便派人联络月氏王，让他劝说康居王。康居王果然撤了兵，还生俘叛王忠押回疏勒，乌即城向班超投降。章和元年（87年），班超征于阗等国2.5万人，再攻莎车。龟兹王联合温宿等国5万军，援救莎车。班超召集众将商议，说："眼下我们寡不敌众，不如各自散去，于阗军向东，我军向西，天黑分头出发。"龟兹王听说汉军撤兵，亲率1万骑赶到西边拦截班超，另外8000骑到东边狙击于阗军。班超得悉两支敌军分兵而出,便秘密把各部兵力集中起来,连夜奔袭莎车城。莎车措手不及,一片惊乱,四方奔逃。班超歼敌五千多人,缴获大量牲畜财物,莎车王投降,龟兹等国各自撤退。

就这样,东汉逐步恢复了对西域的统治。史书多说班超"出使",30多个人就能降服一个个小国,汉之强可见一斑。

此外,黄河以北大允谷(今青海省贵德县)一带的烧当羌,这时期日趋强盛。中元三年(57年),烧当羌攻陇西,败郡兵,守塞诸羌皆叛。刘庄派张鸿率诸郡兵对应,结果也败。随后又派马武率4万大军,大败烧当羌。然后募兵屯陇右,每人发钱3万。平静了一些年,元和三年(86年),烧当羌又攻陇西,被当地太守击败,酋帅也被俘;随后释放,羌兵溃散。

这时期西南平稳。永平十七年(74年),西南夷哀牢、白狼等百余国朝汉,称臣奉贡。白狼指四川西境一部落,一般指氐羌。当时,白狼王还吟诗3首,歌颂中央政权的统一领导。这诗原为藏语,翻译后被送至洛阳。

此外,还有必要说说当时的文化。

尊孔尊儒

据统计,历史上亲临曲阜祭孔的帝王共11人18次,其中包括刘庄和刘炟。永平十五年(72年),刘庄到山东巡视,特地拜访孔府,祭祀孔子及其72弟子。他还亲登讲堂,给皇太子和诸王说经。元和二年(85年),刘炟到东部巡视,到阙里祭祀,演奏古乐,会见孔家后裔62人。刘炟像当今电视台记者一样向孔僖先生提问:"今天举办这么隆重的活动,你们家族是不是感到很荣耀?"孔僖连忙叩谢皇恩浩荡,万分激动地说:"当然啦!臣听说,圣君明主没有不尊师重道的。如今陛下屈尊光临我们卑微乡里,这是崇敬先师,发扬君王的圣德,不只是微臣家族私有荣耀!"奉迎得恰到好处,刘炟听了大笑道:"如果不是圣人子孙,怎么可能说出这么好的话!"当即提拔孔僖为郎中。

时任东郡(今河南省东北部和山东省西部部分地区)太守是张酺,刘炟为太子时跟张酺学过《尚书》,算是师生关系。如今变君臣关系,二人该怎么见面?既然是双重身份,刘炟就来个双重礼仪。首先刘炟行弟子礼,让张酺当着百官再讲一遍《尚书》,然后才让他行君臣礼,弄个两面光。

经过任城时,刘炟到在野名人郑均家看望。郑均自小喜欢老子。他哥哥当县吏,经常收受别人馈赠,郑均多次劝谏不听。于是,郑均外出打工,赚钱回来给哥哥,说:"财物没了通过劳动可以重新获得,而人的名誉一旦毁了终身难以挽回。"他哥哥很感动,从此变成了一个廉官。郑均推恩好让,善化一方,美名四扬,朝廷多次召他为官他都推辞了。现在刘炟路过,赐他"尚书"称号,俸禄终身。这事传开,人们称他为"白衣尚书"。白衣本指平民,这里指离职去官。后来,人们以"白衣尚书"比喻虽已不做官但领俸禄的人。

这一路,刘炟还到定陶亲耕劝农,到泰山以柴祭告岱宗,到汶上明堂祀五帝并赦天下,最后到东平祭祀献王刘苍。刘苍是刘秀之子,封东平公17年,晋爵为王。他是个美男子,留有须髯,腰带10围,自幼好读经书,雅有智思。朝中修礼乐定制度,常请他主持。现在,刘炟缅怀先辈,伤感不已。他对刘苍儿孙叹道:"朕常思念他啊!现在,我来到他故地,他的房屋还在,人却归天了⋯⋯"说着,泪流满襟。意犹未尽,又用牛、羊、猪三牲祭祀。听说骠骑府吏丁牧、周栩侍奉过刘苍祖孙三代，忠心耿耿，至今不肯离去，刘炟又很感动，立即提拔他们入朝为官。

建初四年（79年），刘炟将当时著名博士、儒生召集到白虎观（在未央宫中），亲自组织讨论五经之同异，历时一旬。会议要求诸位放弃分歧，统一思想，携手并肩为皇上服务。会后命班固将讨论记录整理，汇编成书，名为《白虎通德论》，又称《白虎通义》《白虎通》。这部书系统吸收了阴阳五行和谶纬之学，形成今文经学派的主要论点，是董仲舒以来儒家神秘主义哲学的进一步发展。其主要内容是用董仲舒"无类比附"的手法，将君臣、父子、夫妇之义与天地星辰、阴阳五行等各种自然现象相比附，用以神化封建秩序和等级制度。

刘炟不仅要求自己太子、诸王侯及大臣子弟、功臣子孙学经典，还创办南宫，专门为外戚樊氏（刘秀母家）、郭氏（刘秀后家）、阴氏（刘秀后家）和马氏（刘庄后家）等"四姓小侯"开学，传道解惑。期门（汉皇侍从官）和羽林（汉禁卫军），则必须通晓《孝经》章句。

佛教

佛教于西汉末年传入中国。元寿元年（前2年），博士弟子景卢受大月氏使臣伊存口授《浮屠经》，是佛教传入中国的最早记录。永平七年（64年）某天晚上，刘庄做了一个梦：一位神仙金身有光环绕，轻盈飘荡从远方飞来，降落在殿前。第二天上朝，刘庄把这梦告诉群臣，询问何方神圣。太史傅毅说："听说西方天竺（印度）有位神，号称'佛'，能够飞身于虚幻中，全身放射光芒。皇上梦见的可能是佛吧！"于是，刘庄派使者蔡愔等13人去西域，访求佛道。

3年后蔡愔等人同两位印度僧人迦叶摩腾、竺法兰回洛阳，以白马驮回佛像及经卷。经书内容大致以虚无为宗，贵慈悲不杀，以为人死精神不灭；生时所行善恶皆有报应，所以人贵修炼精神，以至为佛。刘庄听了很感兴趣，要求翻译一部分佛经。刘庄还令在洛阳建造寺院，安置印度名僧，储藏他们带来的经像等物品。这就是洛阳白马寺的来历。

不少地方有白马寺，如安徽桐城、江西抚州、山西晋城等。河南洛阳老城以东 12 公里的白马寺，有中国佛教"祖庭"和"释源"之称，是中国第一座佛教寺院，1961 年被列为第一批全国重点文物保护单位。

章草

有一种汉字书写方式叫"章草"，特点是笔有方圆，横有波折，简率连笔；字字有区别，字字不相连，草体而楷写。关于"章草"的由来有不同说法，基本说法是：汉章帝刘炟喜爱这种书体，要求大臣奏事都用这种字体，所以这种字体也姓"章"。

东汉被推崇为中国历史上"风化最美，儒学最盛"的时代，司马光称："自三代既亡，风化之美，未有若东汉之盛者也。"①这应该主要指东汉前期，这种局面显然与刘秀、刘炟的个人素质不无关系。

刘庄性情有些阴暗，热衷特务政治，高级官员常被辱骂，身边小官则常被殴打。②有次对郎官药崧发火，操起手杖责打，药崧躲到床下了，还喝令出来受打。药崧急中生智，斗胆顶嘴："天子穆穆，诸侯皇皇。哪有皇上，亲自打郎！"不过，刘庄勤政，经常夜二更（21—23 点）才睡，五更（3—5 点）就起床工作。③这样勤勉，有效保证了纲纪整肃、

---

① 《资治通鉴》卷 68，汉纪 60，第 4 册。
② 《资治通鉴》卷 44，汉纪 36，第 3 册，"帝性褊察，好以耳目隐发为明，公卿大臣数被诋毁，近臣尚书以下至见提曳。"
③ 《东观汉记》卷 2，"乙更尽乃寐，先五更起，率常如此。"

吏治谨严。刘炟基本继承刘庄的作风,但对外戚过于放松,这是后话。

刘庄、刘炟继续实行与民休养生息的国策,图谋经济持续快速发展。上林苑是刘彻在秦代一个旧苑址上扩建的宫苑,地跨今长安、咸阳等5县,纵横300里,面积约2460平方公里,既有优美的自然景观,又有华美宫室,为中国皇家园林之最。早在建设之初,就受到"上乏国家之用,下夺农桑之业"的批评。后皇室因不堪重负只得裁撤管理员,把所占池、田陆续发还贫民。东汉初期,上林苑已是一片废墟。元和元年(84年),令各郡国招募那些自己没田而想到别地方垦殖的农民,赐给公田,且免租5年,免算赋3年。元和三年(86年),令常山、魏郡、清河等6郡把闲田分给贫民开垦。遇有天灾,减免税赋更是必不可少,如永平十八年(75年)京师及兖、豫、徐3州大旱,诏不收3州田租、刍稾(一种实物税)。

东汉初鼓励生育。元和三年(85年),刘炟下诏,前令民有产子者减免人头税3年,现在增加一条:所有怀孕的妇女每人赐给胎养谷3斛,并免其夫人头税1年。第二年,刘炟又下诏,孤儿家庭以及养不起孩子的家庭,均由官府供给粮食。在这样鼓励下,东汉人口恢复很快。刘秀在位末年全国人口2100多万,刘庄在位末年不到20年间猛增至3400多万,刘炟时回升到5000多万,差不多是中国历史人口的高峰。

史书描述其时:"天下安平,人无徭役,岁比登稔,百姓殷富,粟斛三十,牛马被野。"[1]"以吏得其人,民乐其业,远近畏服,户口滋殖焉。"[2]

---

[1] 《后汉书》卷2,明帝纪,第7册。
[2] 《资治通鉴》卷45,汉纪37,第3册。

去脉：汉和盛世

汉和帝刘肇当政时期，严查耽误农时扰乱百姓的事件，诏令省减内外厩及凉州诸苑马，并将上林苑、广成囿等皇家园林开放给贫民，允许他们采捕，不收税。邓皇后崇尚节俭，禁绝郡国献珍玩，逢年过节只让供应些纸墨而已。当时天灾不多，但刘肇非常重视，诏贫民有田业而因为贫穷无法自耕的，由官府贷给种粮。太学博士传业以官定为准，以各家章句作为标准答案，结束异说纷争的现象。各方面人才辈出，如大将窦宪、外交家班超、思想家王充、史家班固及改进造纸术的蔡伦等。刑法则"务从宽恕"。大败北匈奴，恢复西域都护府，西域全部归附汉朝。这时期被誉为"汉和盛世"。

第三章

汉和盛世

提要

汉和帝刘肇当政时期（88年—105年），压制外戚势力，灭北匈奴，刑法"务从宽恕"。

"当一种制度未至崩溃时，即有弊窦，人们总认为是人的不好，而不会归咎于制度的。"宦官问题人们归咎东汉的多，可是东汉之后呢？为什么还时不时冒出来？

来龙："明章之治"

东汉开国一路好势头，现在又是一大盛世。

章和二年（88年），刘炟逝世，太子刘肇即位，即汉和帝。糟糕的是刘肇当时才10岁，只好由养母窦太后执政。这个窦皇后，不仅美貌，还是个才女，6岁能书写，端庄优雅，深得宠爱。然而，这窦皇后可不是善人。她自己没有生育，收养了刘肇。她诬太子刘庆的生母宋贵人"挟邪媚道"，逼得宋贵人自杀，废刘庆为清河王，改立刘肇，才当上皇太后。

窦太后临朝后即大谋私利，尊母沘阳公主为长公主，封邑 3000 户，兄窦宪和弟窦笃、窦景都提拔上来掌实权。有道是"举贤不避亲"，如果这些皇亲国戚德才兼备重用未尝不可，问题是他们大都无才无德。大臣郑弘多次"言甚苦切"地上书，揭露"窦宪奸恶，贯天达地，海内疑惑，贤愚疾恶，谓宪何术以迷主上"。其实，窦宪也没什么非凡的迷术，皇上就是庇护加庇护，直至小虎养成大虎无法再庇护。

永元九年（97 年），窦太后崩，还没下葬就有几位大臣上书，要求贬太后尊号，称其不宜与先帝合葬，很多官员附和。刘肇亲手下诏："窦氏虽不遵法度，而太后常自减损……恩不忍离，义不忍亏。案前世上官太后亦无降黜，其勿复议。"① 强行压制异议。

刘肇这话讲得不够到位，幸亏窦太后与皇后邓绥能干，里里外外应付得当，才没出大问题。②

最大看点：平定四边

一、解除匈奴威胁

前一时期，匈奴遇到新敌——鲜卑，现在已是强弩之末。章和二年

---

① 《后汉书》卷 10 上，章德窦皇后传，第 7 册。
② 谢采伯：《密斋笔记》，"后汉止三宗九帝，皆幼冲。一百十八年，政归母后，幸窦邓之贤，内外扶持，无大变故。"

(88年），北匈奴发生饥荒，数千人投奔南部。南匈奴单于请求东汉出兵征北匈奴。刘肇同意。

窦宪以前被压制，刘炟死后才翻身，好像要把前些年的忍气吞声补偿回来似的，越发胆大妄为。窦宪的祖父窦穆和父窦勋均因枉法被杀，其中窦勋案是韩纡审的。现在窦宪报私仇，派人杀韩纡的儿子，拿人头到父亲坟前祭奠。都乡侯刘畅进京吊丧，经常进宫私会太后。窦宪担心刘畅对自己不利，也派人杀他。太后下令调查，查出幕后主使是窦宪，而杀宗室是死罪。窦宪为免一死，抓住朝廷对外用兵的机会请缨赎罪。

这年窦宪、耿秉等发北军、12郡的骑士及羌、胡兵共五万余骑，兵分三路出塞，同击北匈奴。第二年窦宪、耿秉在稽落山（今蒙古国汗呼赫山脉）大败北匈奴，收降二十多万人。他们追击三千余里，凯旋时在燕然山（今蒙古国杭爱山）刻石记功。对于这次大捷，举国欢呼，一般官僚自尚书以下"议欲拜之，伏称万岁"，当时，"万岁"一词任何人可用，还不是皇帝的代名词。军中著名文学家班固作《封燕然山铭》："封神丘兮建隆嵑，熙帝载兮振万世！"班固与窦宪关系亲密，随后还撰有《窦将军北征颂》，对此次北征大加歌颂，不意后来成为祸根。"燕然山"作为立功建业的表征，对后世有长远的影响。

永元二年（90年），北匈奴遣使入汉称臣。南匈奴不满足，请求东汉继续出兵，直灭北匈奴。刘肇同意，派8000骑袭击，斩首八千，生虏数千人，北匈奴单于负伤而逃。第二年窦宪遣兵出居延塞5000余里，在金微山（阿尔泰山）再次大败北匈奴，获空前胜利。北匈奴单于丢下其母，自己逃得无影无踪。

随后，北匈奴的残兵败将数千人在蒲类海自立单于，遣使请降，窦宪接受了。但大臣袁安等主张让南匈奴返回北庭去受降，不应当再接受北匈奴新单于。争论之后，刘肇还是采纳了窦宪的意见。第二年派使者给北匈奴新单于授玺，派中郎将在伊吾持节监护，与对南匈奴一样。

但这时汉室自己一方发生变故。窦宪凯旋，刘肇嘉奖窦宪，授为大将军，位在三公之上，权势炽盛。于是他旧病复发，更加跋扈恣肆，竟然欲谋叛逆，幸好刘肇已初长成人。永元四年（92年），趁窦宪班师回京，年仅14岁的刘肇派大鸿胪持节到郊外迎接，然后亲临北宫，关闭城门，将窦宪的党羽全都逮捕，下狱诛死。同时收回窦宪的大将军印绶，改封冠军侯，要求他回封地。窦宪回封地后，被迫自杀。

因为这次和解主要是窦宪促成的，北匈奴新单于担心双方的和平也出现变数。第二年，北匈奴新单于率众北逃。汉遣一千余骑追击，将他斩杀。永元六年（94年）夏，南匈奴单于师子继位后，有五六百投降的北匈奴人乘夜袭击师子。随后北匈奴15个部落20余万人叛乱，另立北匈奴单于，劫杀官吏百姓，焚烧邮亭和庐帐，准备穿越大漠北去。刘肇命邓鸿代理车骑将军之职，与冯柱、朱徽等率4万兵，再次大败北匈奴，前后杀敌1.7万。北匈奴的残余西逃而去，再也无法威胁中原。这可是了不起的胜利！不过，鲜卑人趁机占据他们的地盘，兼并大量人口，势力开始渐渐壮大起来，同样威胁着中原。永元十六年（104年），远遁的北匈奴曾遣使称臣，请求和亲，修复旧约，遭刘肇拒绝。

南匈奴也不是都令人安心。永元八年（96年），南匈奴王发动叛乱，汉兵追杀，将其余众2万余人迁于安定、北地。

二、瓦解烧当羌

烧当羌首领迷吾不把汉军放在眼里，屡侵陇西边境地区。陇西太守张纡派1000余骑及金城郡兵出击，迷吾抵挡不住，只好请降。张纡受降,设宴毒杀迷吾等人。迷吾死后,其子迷唐继位,很快复兴。迷唐亲率1万骑,攻臣服汉朝的小月氏胡。这时,朝中发生争议,有些官员认为羌与胡互相攻击,对汉有利。原张掖太守邓训等大臣则认为,张纡毒杀迷吾是失信行为,才使羌人各部反叛。应该以恩德相待胡人,使其为我所用。刘肇采纳邓训的观点,并以邓训取代张纡护羌校尉之职。

章和二年(88年),邓训一到任便下令开城门,接纳胡人。邓训一方面招降,迷唐的叔父率本部800户前羌人依附;另一方面率4000骑出塞击迷唐,迷唐逃出大小榆谷(今青海贵德东河曲一带)。第二年春,迷唐准备重返大小榆谷。邓训命6000兵袭击,斩杀1800余人,俘虏2000人,缴获马牛羊3万余头。迷唐遭到毁灭性打击,率残余西逃1000余里。

迷唐恢复实力后,于永元九年(97年)率8000兵犯陇西,杀主官。刘肇命3万汉、羌、胡联军讨伐,大败迷唐,斩俘1000余人。汉军死伤也很惨重,不能再追,于是回师。第二年邓训出悬赏,羌人各部落纷纷归顺。见此情形,迷唐怕成为孤家寡人,也请降。邓训接受迷唐的投降,撤去他的军队,并要他到京城朝觐。迷唐残部不足2000人,物资所剩更少,迁居金城。刘肇要他们回大小榆谷,迷唐则觉得汉人在黄河上造了桥,汉军可以随时袭击,很不放心,不肯回去。永元十二年(100年),迷唐再度叛乱,攻杀抢掠。3万汉军出击,大败迷唐,6000余人投降,烧当羌瓦解。迷唐远逃,几年后病死。他的儿子降汉时,总共才剩几十户了。

三、西域全归附

前几年,大月氏助汉攻车师有功,提出和亲,遭班超拒绝,月氏王便与汉面和心不和。永元二年（90年）夏，大月氏突然命7万兵东越葱岭，攻班超。班超驻军很少，士兵大都恐慌。班超冷静地说："月氏兵虽然多，但他们跋涉数千里，运输不便，有何可忧？只要藏好粮食，坚守不出，不过几十天，敌人便会饿得自己投降。"班超估计他们粮草将尽，一定会派人到龟兹求援，便命设伏。果不其然，伏兵把那求援的使者杀了，送还敌军。他们慌了，只求放他们一条生路。败军回去后，月氏王大为震惊，不得不诚心与汉和好。

永元三年（91年），龟兹、姑墨、温宿等国也附汉，同年底汉室恢复设西域都护府，任命班超为督护，驻节龟兹。至此，西域只剩焉耆、危须（今新疆和硕）、尉犁3国未降。永元六年（94年）秋，班超发龟兹、鄯善等8国联军共7万兵，进攻焉耆、危须、尉犁。大军至尉犁，班超派使者通告："都护此来，只想抚慰三国。你们如果想从善，就派首领来迎接，会得到赏赐，随后我们回军。现在，先赏赐你们国王彩色丝绸500匹。"焉耆王派左将北鞬支送牛酒迎接，班超指责："你掌有大权，你们国王不亲自来迎，是你的罪过。"但还是给北鞬支赠送礼物，放他回去。焉耆王见北鞬支安然无恙，就放心地亲率高官隆重迎接班超。可是，焉耆王一返回，却下令拆掉山口的围桥。班超绕道进焉耆，在距王城20里的地方驻扎下来。然后，宣布宴请3国国王及大臣，焉耆王、尉犁王及北鞬支等30多人信以为真。没想到，宴席才坐定，班超突然变脸，责问："危须王为什么不来？焉耆国相等人为什么逃跑？"立即把他们全部斩杀，传首京师，并纵兵斩杀5000多人，俘获1.5万人，马畜牛羊30多万头，另立焉耆国王。至此，西域50多国全都归附汉朝。

为稳定局势，班超在那里停留了半年才返回。刘肇颁诏说：班超出入西域22年，改立他们的国王，安抚那里的人民，并为我祖先报仇雪耻，而又不需劳驾大军远征，功莫大焉。为此，封班超为定远侯，食邑千户。①

永元十二年（100年），班超已68岁，在西域坚守了31年，上书请求回京。刘肇可能认为他不可或缺吧，许久未批复。他妹妹班昭（即"曹大家"）上书，为班超年老多病求情，刘肇这才批准，并派任尚去接西域都护之职。永元十四年（102年），班超回到洛阳，不日便病逝。赴任前夕，任尚特地向班超讨教。班超说："那里的官吏士兵，本来就不是什么孝子贤孙，都是因犯罪而被迁到塞外的。西域各国则心如鸟兽，叛离容易而笼络难。要无为而治，多宽恕他们的小过。"任尚听了很失望，对亲信说："我以为班超有什么奇术呢，不过如此罢了。"结果只4年时间，西域各国就纷纷反叛，任尚断送了西域和平。后来，任尚还因通敌受贿而被处死。由此可见班超的政治智慧多么杰出。

这时期的"举孝廉"不能不说说。

刘肇很重视人才。永元六年（94年）诏举贤良方正、能直言极谏之士各一人。这里选人才的职能是"极谏"，即臣下对君主尽力规劝，而不是对下督导、检查之类。晁错《举贤良对策》曰："救主之失，补主之过，扬主之美，明主之功，使主内无邪辟之行，外无骞污之名。事君若此，可谓直言极谏之士矣。"第二年刘肇召见公卿，奏议机密事，然后强调："天子不英明，感化流俗没有上策，政事不得民心，上天会谴责的。"于是，决定学祖上"举孝廉"，从中选出能胜任一方官职的30

---

① 《后汉书》卷47，班超传，第8册，"超遂逾葱领，迄度县，出入二十二年，莫不宾从。改立其王，而绥其人。不动中国，不烦戎士，得远夷之和，同异俗之心，而致天诛，蠲宿耻，以报将士之仇。"

人，分别任"郎中"（帝王侍从官的通称）、"典成"（主掌诉讼案件之职）、"长"（诸侯国县令）、"相"（诸侯国郡太守）。

不过，以"举孝廉"为主要途径选拔官吏过分强调道德，很快出现副作用。有个人葬亲后在墓旁挖地洞住着，服孝二十多年，地方官争颂他的孝行，纷纷向朝廷推荐重用。新太守陈蕃凡事较真，得悉他其间生了5个儿子，便责问："你竟然在守孝中有儿女情，岂不是欺世惑众，亵渎鬼神？"陈蕃不仅不予提拔，反而将这伪君子法办。陈蕃这样的官员太少了，导致沽名钓誉者多，真才实学者少。从此，伪君子也越来越多。

章和二年（88年），刘炟病逝，年仅31岁，遗诏后事从简，不起寝庙；同时罢郡国盐铁之禁，允许民众煮盐铸铁，让利于民。刘炟这种情怀，深深地影响了刘肇。93年亲政后的刘肇诏：去年秋麦歉收，恐民众粮食不足。特命各郡国实核，如果特困户应即救济。如果各县官吏落实不力，影响农业生产及农民生活，先拿当地官员问罪。[①]同时，刘肇诏令各省减内外厩及凉州诸苑马，并将上林苑、广成囿等皇家园林开放给贫民，允许他们采捕而不收税。

这时期的刑罚较轻。刘肇任用的廷尉陈宠富有同情心，每次断案都依据经典，而"务从宽恕"。元兴元年（105年），垦田面积达732万多顷，为东汉之最；户籍人口达5325万人。因此，人们将此时期誉为"汉和盛世"，也称"永元之隆"。"和"指刘肇谥号"孝和皇帝"，"不刚不柔曰和"。"永元"是刘肇的年号之一。

[①]《后汉书》卷4，孝帝纪，第7册，"去年秋麦入少，恐民食不足……而豪右得其饶利。诏书实核，欲有以益之，而长吏不能躬亲，反更征召会聚，令失农作，愁扰百姓。若复有犯者，二千石先坐。"

去脉：外戚与宦官之祸

外戚干政在东汉是个严重问题。两汉母族、妻族势力主要有20家：

表3-1 两汉外戚势力

氏族	关系	主要人物
吕氏	汉高帝妻族 汉惠帝母族	吕雉、吕禄、吕产、吕台
薄氏	汉文帝母族	薄姬、薄昭
窦氏	汉文帝妻族 汉景帝母族	窦漪房、窦长君、窦广国、窦婴、窦彭祖
王氏	汉景帝妻族 汉武帝母族	王娡、王信、田蚡
卫氏	汉武帝妻族	卫子夫、卫青、霍去病
史氏	汉宣帝祖母族	史良娣、史高、史丹
李氏	汉武帝妻族	李夫人、李广利、李延年
上官氏	汉昭帝妻族	上官皇后、上官桀、上官安
王氏	汉宣帝母族	王翁须、王接、王商
霍氏	汉宣帝妻族	霍成君、霍光、霍显、霍禹、霍山
许氏	汉宣帝妻族 汉元帝母族 汉成帝妻族	许平君、许广汉、许延寿、许嘉、孝成许皇后
王氏	汉元帝、汉平帝妻族 汉成帝母族	王政君、王凤、王根、王莽、孝平王皇后
傅氏	汉哀帝祖母族、妻族	傅太后（傅昭仪）、傅喜、孝哀傅皇后

（续表）

氏族	关　系	主要人物
丁氏	汉哀帝母族	丁姬、丁明
窦氏	汉章帝妻族	章德窦皇后、窦宪
邓氏	汉和帝妻族	邓绥、邓骘
阎氏	汉安帝妻族	阎姬、阎显
梁氏	汉顺帝妻族 汉桓帝妻族	梁妠、梁商、梁冀、梁女莹
董氏	汉灵帝母族	董太后、董重
何氏	汉灵帝妻族	何皇后、何进

在与皇族、宦官势力斗争中，外戚是没有多少优势的，往往败得最惨。据统计，这20家外戚当中最后能"保族全身，四人而已"。[①]

与此同时，宦官干政也成为一大问题。在永元四年（92年）除窦氏党羽中，郑众等宦官有功，随后郑众被提拔为大长秋，职掌奉宣中宫命，参与政事，也开启了宦官干政之祸端。永元十四年（102年），郑众被封为鄛乡侯，食邑1500户，又开宦官封侯之恶例。虽然郑众没什么恶行，宦官蔡伦还有造纸之功，但宦官干政之害还是日益严重。

元兴元年（105年），年仅27岁的刘肇突然驾崩，"汉和盛世"终结，东汉开始走向黑暗的深渊。刘肇生有许多皇子，但大都夭折，仅剩两个。一个刘胜，患怪病多年，显然不适合。另一个刘隆，出生只有100天，只好勉强立他，于是他成为中国帝王中即位年龄最小的皇帝，邓绥皇后随之升为太后，临朝听政。没想到，第二年刘隆又悄然离世，

[①]《资治通鉴》卷47，汉纪39，第3册。

年仅一岁,成为中国帝王中寿命最短的皇帝,史家称"八月皇帝"或"百日皇帝"。接着,清河孝王刘庆之子刘祜即位,时年也只有13岁,仍由邓太后听政。而刘祜在位19年,32岁时又突然病死。

应当承认邓绥是优秀的。她实际执政16年间,尽管皇帝接二连三暴死,加之"水旱十年"特大天灾,她还是保持了政局的基本稳定。镇压了西羌之乱,而无外患。她不得不重用她的家人,例如她的哥哥邓骘,可是她对外戚总体要求很严。早年邓绥有病,刘肇特许她母亲和兄弟入宫服侍,而且不限留宫日数,邓绥还是不想偏袒私幸。她以窦氏为诫,令宗族闭门静居。事实上,邓骘对自己要求也很严。永初元年(107年),皇帝封他为上蔡侯,食邑一万户,又因迎立安帝之功加3000户。邓骘逃避册封的使者,到宫前上疏辞让。但那时期的外戚与宦官好比翘翘板,这头起来那头下,那头起来这头下。邓氏得势后,宦官李闰等人十分不满。

建光元年(121年),邓绥去世,谥号"和熹",与刘肇合葬于慎陵。由此可见,当时大臣们对邓绥的评价很高,现代人也称她为著名的女政治家。然而,李闰等人出于不可告人的目的,诬邓骘已故弟弟邓悝、邓弘、邓阊与尚书邓访想要废掉安帝而另立刘翼,导致邓氏族人皆被废为庶人,免官,没收资财田宅,有的流放边郡,还有的被逼迫自杀,同年邓骘父子也绝食而死。

所幸大司农朱宠勇敢站出来,脱光上衣,抬着棺材,上书为邓骘鸣冤,他指出邓氏的罪名没有确凿证据,未经审讯,一家7口却全都死于非命,尸骨分散各地,冤魂不能返乡,违背了天意,全国各地因此一片颓丧。安帝一方面将朱宠免官返乡,另一方面也遣使者以中牢礼仪祭祀邓骘,让被流放的邓氏族人返回京师。后来的顺帝也怜悯邓骘无辜,起用邓骘亲属12人都为郎中,并擢升朱宠为太尉。

史上不公之事太多了。所谓邓骘弟弟们谋反,很显然是冤案。朱宠的鸣冤及安帝、顺帝的平反是对的。窦宪最后因谋反罪被杀,我们必须更多地反思历史上那无数的谋反罪。

自刘肇时期开始,外戚与宦官轮流执掌朝政,后果越来越严重。外戚梁冀,不仅在朝中飞扬跋扈,在外也横行霸道。他喜欢兔子,建个兔苑就在洛阳城西圈了几十亩地,一个人不知禁令打死他一只兔子,就有10多个人受牵连被处死。他的家产约30兆缗,相当于当时全国租税的一半。对这样一个恶人怎么办?桓帝只能找宦官唐衡,躲到厕所里密谋。唐衡找4个同伙,设计杀了梁冀及其同伙,举国欢庆。不想,唐衡等5个宦官因功得势后,比梁氏集团有过之而无不及。有时宦官具有拥立皇帝的实力,甚至受封为侯,养子继位,其兄弟、弟子出任地方太守、县令,势力扩大至全国。一般认为夏商周三代以女色招灾,秦以暴虐亡国,西汉因外戚而断绝,东汉则以宦官而倾国。此为中国历史上第一次宦官为祸,唐末为第二次,明末为第三次。

谈及外戚与宦官之祸时,吕思勉说:"当一种制度未至崩溃时,即有弊窦,人们总认为是人的不好,而不会归咎于制度的。"① 比如同是外戚与宦官问题,人们归咎东汉的多。可是,东汉之后呢?宦官问题为什么还时不时冒出来,并且直接害残了大唐与大明?

---

① 吕思勉:《中国通史》,群言出版社2016年版。

第四章
太康之治

> 提要

西晋武帝司马炎当政时期（265年—290年），结束百年分裂，制定了史上第一部儒家法典，"太康文学"兴盛，"天下无事，赋税平均，人咸安其业而乐其事"。

在"公权之要"上存有私心的远不止司马炎一人。

来龙：三国鼎立

三国格局大致呈"品"字形，魏国居北方，蜀国居南方西部，吴国居南方东部。蜀国与吴国结盟，东西呼应，与魏抗衡。

《三国演义》妇孺皆知，虽然那是小说，但反映了一定的历史真实，那战争不是一般地激烈，这里就不赘述了。且说魏景元四年（263年）魏军奇袭成都，孝怀皇帝刘禅投降，蜀国亡。刘禅被掳到魏都洛阳，封为安乐公。某天，有人问刘禅："你不思念蜀国吗？"刘禅反问："我在这里生活好好的，干吗思念蜀国呢？"这话让蜀国的爱国者听了流泪，"乐不思蜀"典故流传至今。蜀国不仅留下这么个文绉绉的成语，还因为刘禅小名"阿斗"，曾经有过诸葛亮这样的名师辅佐，俗人编了一堆歇后语：阿斗当皇帝——软弱无能，阿斗当官——有名无实，阿斗的江山——白送，阿斗式的人物——没能耐，诸葛亮也跟着丢人。

尽管曹操拒绝称帝，史学界只是说他有缺点，但从来没否定他，但在北宋之后他还是被小说、戏曲、民间故事歪曲成一个大奸臣。其实，他堪称富有远见的政治家、卓越的军事家、著名诗人，绝对称得上历史英雄。曹操有25个儿子，几乎个个优秀，孙子辈就糟了。曹操之孙曹叡继位后，虽然在军事、政治和文化方面有所建树，但后期大兴土木，沉湎女色。曹叡的养子曹芳继位后更糟，长年不亲政而沉迷女色，弃讲学，辱儒士，与戏子之类倒是打得火热。公卿大臣忍无可忍，上奏郭太后同意，改立曹髦为帝。曹髦是曹丕之孙，年近20岁，诗文书画水平颇高，对权倾朝野的司马昭十分不满，只可惜心计少了些。景元元年（260年）的一天，他召来3位大臣商议，明说："司马昭之心，路人皆知也。吾不能坐受废辱，今日当与卿自出讨之。"结果，大臣一出门便告密，曹髦率卫兵还没摸着司马昭的门就被杀死。只因还欠人气，司马昭像曹操一样不敢称帝，而新立曹操一个15岁的孙子曹奂。魏咸熙二年（265年），司马昭中风猝死，其子司马炎继承王位。同年底，司马炎重演曹丕当年让汉帝禅位的历史，叫曹奂靠边去，改国号为"晋"，史称"西晋"。

最大看点：灿烂的文化

太康二年（281年），汲郡（今河南省卫辉市西南）有个人盗掘战国时期魏襄王的墓。地方官发现那墓中烧剩的大批竹简，有10万多字，立即上报。司马炎获悉，即命中书监荀勖、中书令和峤等几十位文化界名家释读、整理这批竹简，称之《汲冢书》，整理为《古本竹书纪年》，内容比司马迁《史记》成书时间早200年，弄清了诸多历史谜案。由此，史学很快发展成一门独立的学问。无论汲郡地方官或者司马炎随便哪位的文化意识不强，都不大可能会有如此重大的成就。

当时，盛行一种被后人称许的"太康文学"，其代表人物为一左（左思）、二陆（陆机、陆云兄弟）、二潘（潘岳、潘尼叔侄）、三张（张载、张协、张亢兄弟）。其中尤以左思和陆机最为有名。

文人最喜欢的成语"洛阳纸贵"，说的是太康三年（282年），因洛阳人纷纷抢购，导致纸价飞涨。为什么呢？因为左思的《三都赋》写得太好了，人们纷纷传抄，竟至纸张供不应求。左思出身寒门，其貌不扬，而且口才不好，不善交际，书法、鼓、琴没一样学成，连父亲都常后悔生了这个儿子。左思决心为当时三都——魏、蜀、吴的都城邺、成都、建业写系列赋，苦于资料缺乏，便冒昧向朝廷提出，要求当一名管理图书和著作事务的秘书郎。司马炎同意了，并允许他随意查阅皇宫里的资料。《三都赋》终于写出，又因为作者是无名之辈而遭轻视，陆机在给他弟弟的信中说："听说有个狂徒写《三都赋》，我想那只能给我盖酒坛子！"幸好得到了名家张华等人鼎力推荐，《三都赋》不仅风靡一时，而且在文学史上享有一定地位。

陆机史称"少有奇才，文章冠世"，诗风重藻绘排偶，与其弟陆云被誉为"太康之英",又与潘岳形成"太康诗风",有"潘江陆海"之称。他的《文赋》是中国文学理论发展史上第一篇系统的创作论。陆机还善书法,其《平复帖》是中古代存世最早的名人书法真迹。

其他领域也出现了不少杰出人物。如裴秀创造性运用"一分为十里,一寸为百里"的比例尺,把皇宫中用几十匹绸做成的巨图缩成《地形方丈图》,这是世界地图学史上划时代的创新。皇甫谧一边攻读医书,一边在自己身上做试验,发现不少针灸穴位,著有《针灸甲乙经》。这书广为流传,朝鲜、日本的医生也奉之为必读之书。

同时,政治方面颇有创新。泰始四年(268年)伊始,司马炎颁《泰始律》,分刑名、法例、盗律、贼律、诈伪、请赇、告劾、捕律、系讯、断狱、杂律、户律、擅兴、毁亡、卫宫、水火、厩律、关市、违制与诸侯律20篇,共620条,特点是"峻礼教之防,准五服以制罪"。五服指礼治中为死去的亲属服丧的制度,具体指斩衰、齐衰、大功、小功、缌麻。所谓"准五服以制罪",就是按照"五服"亲属关系远近及尊卑作为定罪量刑的依据。此法被视为中国古代第一部儒家化的法典,与此前令相比,《泰始律》内容有所放宽,特别是对于女性。此法被东晋和南朝所沿用,在中国法律发展史上有着重要的地位。

晋时承继重农抑商的传统,强制"侩卖者,皆当着巾,白帖额,题所侩卖者及姓名,一足着白履,一足着黑履"[①],真不知他们怎么会如此挖空心思羞辱人。但司马炎有志于开创一个"无人不饱暖"的大同社会,经济方面也有诸多改革创新,最重要的经济改革是三法:

占田制:正丁男子占田70亩,女子30亩。所谓"课田",督课耕

---

① 《太平御览·服章部》。

田之意,国家按课田数征收田租。丁男课田50亩,丁女20亩,次丁男25亩,次丁女及老小不课,每亩课田租米8升。

户调制:丁男之户,每年输绢3匹、绵3斤,丁女及次丁男之户减半。

荫客制:限田制,规定官员一品可占田50顷,以下每低一品减田5顷。除官员不课田,不缴户调外,可按官位高低,荫其亲戚,多者及九族,少者三世。

一般认为这些改革独具特色,限制土地兼并,保证税收和徭役,增强国力,只是加剧了整个社会的贵族化倾向。但也有人持否定态度。钱穆认为"晋朝在中国历史上可以说是最坏的朝代"①,钱穆明确说"户调制有名无实",认为这实际上是王莽的"王田制"和曹操"屯田制"的综合体。依据之一是泰始四年(268年),傅玄上疏说:"旧兵持官牛者,官得六分,士得四分;自持私牛者,与官中分。今一朝减持官牛者官得八分,士得二分,持私牛及无牛者官得七分,士得三分,人失其所,必不欢乐。臣愚以为,宜佃兵持官牛者与四分,持私牛者与官中分。"当时,距户调制正式颁布仅有十余年,用今天的话来说,应该还属于"试点"吧?钱穆提出的另一个证明是当时屯田"岁责六十斛",即每人每年缴60斛,此制甚为宽大。再说,"西晋订出户调制不到30年,天下大乱,故有其制而无其实,可能并无推行此制"。②

通过多方努力,西晋经济迅速发展。史籍描述:

> 太康之中,天下书同文,车同轨,牛马被野,余粮栖亩,行

---

① 《中国经济史》。
② 《中国经济史》。

旅草舍，外闾不闭。民相遇者如亲，其匮乏者取资于道路。故于时有"天下无穷人"之谚。虽太平未洽，亦足以明吏奉其法，民乐其生，百代之一时矣。①

因此，"太康之治"又称"太康盛世""太康繁荣"。不过，这段文字显然有夸张之嫌，当时真可能"天下无穷人"吗？

那个时期的亮点，还有值得一说的。

司马炎上台之初，西晋与吴的关系算是友好，即使不友好，那也是吴国恃强凌弱。司马昭去世，吴还遣使来吊唁。司马炎新官上任忙于国内事务，吴国四处挑衅。泰始四年（268年），吴一方面攻交趾，但失败了，郁林、九真都附晋；另一方面攻晋国江夏、襄阳、芍陂，也失败了。

国内稍安定，司马炎开始着手反攻。泰始五年（269年），司马炎任命羊祜为车骑将军、都督荆州诸军事。当时，西晋和孙吴各有一个荆州。西晋的荆州包括今陕西、河南一小部分与湖北北部，吴国的荆州包括今湖北和湖南大部分地区，南北对峙。

羊祜从长计议，一方面大力发展荆州，开办学校，安抚百姓，另一方面与吴国人以诚相待，来降的去留自定，怀柔远人。军队一分为二，一部分戍守，另一部分垦田。当年垦田800余顷。刚来时，军队储粮不足100日，后来积谷可用10年。第二年，吴国在荆州也换上名将陆抗，二人可谓棋逢对手。陆抗到任后，注意到羊祜的举措，认为不可迷信

---

① 《文选》卷49，干宝：《晋纪总论》。

长江天堑，而应认真备战。泰始八年（272年），吴西陵守将献城降晋，陆抗立即围攻西陵。司马炎令羊祜等分别进攻江陵等地，以分散陆抗的主力，救援西陵，但失败了，羊祜被贬。

羊祜认为平吴战争不宜操之过急，相应调整了战略，一方面大力建设水军，另一方面加强政治攻势。每次交战，羊祜都与对方商定时间，不搞突然袭击。巡逻兵抓到吴军两名将领的孩子，羊祜却将孩子送回，后来那两名将领率部来降。行军过吴边境，收田里稻谷充粮，但用绢偿还。吴国军民对羊祜心悦诚服，称他"羊公"。有次陆抗生病了，竟然向羊祜求药。羊祜果然派人把药送来，左右怕其中有诈，陆抗说："羊祜怎么可能用药毒人！"一饮而下，病情果然有所好转。对羊祜信任到如此地步，吴主孙皓听了，感到不安，连忙派人到前线询问。陆抗回答："我如果不讲信义，大家都宣扬羊祜的德威，对我们有什么好处呢？"孙皓认为有道理。两军对垒，谁也不轻易挑起冲突。

泰始九年（274年），陆抗病重，上疏说西陵"虽云易守，亦复易失。若有不守，非但失一郡，则荆州非吴有也"，建议加强西线防御。陆抗死后，由他几个儿子分掌其兵。但晋吴冲突增多起来，当月就有两将降晋。晋攻陷吴枳里城；吴攻晋江夏，失败。年末，又有几名吴将降晋。双方小规模冲突时不时发生。

咸宁二年（276年），司马炎改封羊祜为征南大将军，恢复一切职权。羊祜认为经过7年准备，晋军实力已超过吴军，灭吴的条件和时机已成熟，建议对吴发起总攻。然而，支持的少，反对的多。虽然司马炎本人也支持，但反对者认为当时西北地区的鲜卑还在与晋为敌，晋军不应该两线作战，刚好晋军又在秦、凉地区吃了败仗。羊祜叹息不已："当断不断，天予不取，岂非更事者慨于后时哉！"咸宁四年（278

年），羊祜病重，司马炎特派中书令张华前往看望。羊祜对张华说："吴人暴政已极，伐吴可不战而胜。统一天下而兴文教，晋主可比尧舜，百代难逢之盛事。如果错过良机，孙皓死后，吴人另立明主，晋有百万大军也难越长江，不是遗留后患吗？"并建议由杜预代他统军。羊祜死后，举国皆哀，司马炎着丧服痛哭。

又经过一年准备，咸宁五年（279年），杜预按羊祜生前的军事部署，发20万军，兵分5路，即涂中、江西（今长江下游北岸、淮水以南）、武昌、夏口与江陵，沿长江北岸向吴军发起总攻，第6路则从巴东、益州出发沿江东下，直捣吴国都城建业。东吴在防守上苦心经营多年，不仅在巫峡设置无数锋利的、长达10余丈的铁锥，还在江面狭窄处用粗大的铁链封锁住江面。晋军针锋相对，在船上载无数根数丈长的麻油火炬，硬是将那些铁链烧断。不等第6路军进城，吴帝孙皓便命使者出迎请降。前后仅用4个多月晋军便取得全胜，东吴全部郡、州、县并入晋版图，宣告全国统一，结束了长达近百年的分裂局面。满朝文武欢庆时，司马炎流着泪说："这是羊太傅的功劳啊！"

去脉："八王之乱"

对于司马炎，世人好评如潮。当时大臣说"世谈以陛下比汉文帝"[①]，后世甚至有人认为"晋武帝纯孝性成，三代以下不多得"[②]。然而，纵观千古盛世，我最强烈的遗憾是明君难终。司马炎是明君难终的代表之一。司马炎死前一年，大臣刘颂上疏批评说：当下值得忧虑的事不

---

① 《晋书》卷45，刘毅传，中华书局1999年版，第12册。
② 李慈铭：《越缦堂日记》。

少,如果以后成患,其责还是在于陛下。① 结果不幸被刘颂言中。

有个典故"羊车望幸",说的就是司马炎。司马炎早年可谓爱情、事业两不误,273 年,诏选公卿以下家族的美女充实六宫,未经选美的不许出嫁。第二年又诏取良家及小将吏家的美女 5000 人入宫,弄得"母子号哭于宫中,声闻于外"。② 有位名叫胡芳的美女入宫后,还在下殿号泣,左右慌忙劝道:"别让陛下听到了!"胡芳却回答:"死且不畏,何畏陛下!"③ 由此可见,入宫做嫔妃是多么令人生畏之事。太康元年(280 年)灭吴之后,司马炎就专事享乐了。第二年再从吴国俘虏王公以下家中选美女数千入宫。至此,宫中嫔妃近万名。有人统计,当时全国平均每二百多户就有一户是司马炎的岳父岳母。什么多了都成灾,美女也不例外。这么多美女,先宠幸哪一个?他十分头疼,后来想出一条妙计:坐着羊车,让羊随意走,羊车停在哪他就在哪留宿。妃子为了争宠,也发明一计:插竹枝在门上,再洒上盐水,羊喜欢盐水,羊车就停在她门口。

皇帝宠妃不难理解,不可思议的是司马炎还会鼓励大臣斗富。初期,司马炎鉴于曹魏末期风俗颓废,生活豪奢,特别强调要对广大官民"矫以仁俭"。太医献一件用野鸡头毛织成的毛衣,司马炎命人在殿前烧掉,宣示天下不许再制奇装异服。一灭吴,却陡变奢侈。当时京都洛阳三大富豪,其一是司马炎的舅父、大将军王恺,再是散骑常侍石崇。石崇听说王恺家里用糖水洗锅,就命自家用蜡烛当柴烧,人们纷纷传扬石崇比王恺阔。王恺不服,家门前道路 40 里皆用紫丝编成屏障。石崇

---

① 《资治通鉴》卷 82,晋纪 4,第 5 册。
② 《资治通鉴》卷 80,晋纪 2,第 5 册。
③ 《晋书》卷 31,胡贵嫔传,第 11 册。

就用比紫丝贵重的彩缎，铺设50里屏障。王恺连忙请司马炎帮忙。司马炎不仅不批评阻止，还把宫中一株两尺多高的珊瑚树赐给王恺，让他到众人面前夸耀，让石崇不得不服输。为此，大臣傅咸尖锐批评说："奢侈之费，甚于天灾。"①

石崇为什么能成巨富？原来他当过荆州刺史，除了搜刮民脂民膏，还干过抢劫勾当。外国使臣或商人经过，他派部下敲诈勒索，甚至杀人劫货。那么，司马炎呢？太康三年（282年），司马炎祭祀南郊时，忽然得意地问随从刘毅："你看，朕能跟哪位汉帝相比？"万万没想到，刘毅居然回答："桓帝、灵帝！"司马炎吓了一跳："他们是昏君、亡国之君啊！"刘毅正色说："桓帝、灵帝卖官所得的钱还入国库，陛下卖官得的钱都入了私人腰包，在这方面陛下还不如桓帝、灵帝呢！"司马炎听了好气又好笑，只好打趣说："桓帝、灵帝之时，谁敢这样说话？朕能让你这样说话，总比他们强吧！"这倒是真的，司马炎听到了真话，也说了真话。

司马炎对继承人问题是非常重视的。即位第三年，他才33岁，就立太子司马衷。司马衷的知名度很可能不亚于老爹司马炎，因为他有个故事，知道的人应该更多：后来他当上晋惠帝，有一年饥荒，百姓饿死的很多。司马衷在深宫中听完汇报，困惑不解："百姓没米充饥，为什么不吃肉呢？"人们普遍认为司马衷"甚愚"或"白痴"，也有人从今天的医学概念来说他不能算白痴。不管算不算白痴，他的智商可能真有问题。王夫之认为："惠帝之愚，古今无匹，国因以亡。"②

那么，司马炎妻妾如云，生了18个儿子，存活的也不少，为什么

---

① 《晋书》卷47，傅咸传，第12册。
② 王夫之：《读通鉴论》卷12，中华书局2013年版。

偏偏要立司马衷呢？据说是因为长子司马轨很早就死了，按儒家正统只好立次子；也有人说司马炎是为了将来传位给聪明的孙子司马遹，立司马衷只是权宜之计。更可信的说法是：司马炎早怀疑司马衷的智商有问题，曾进行多次测试，问题是司马衷的妻子贾南风很聪明，每临测试便请老师替他解答，司马炎看了答卷以为儿子的思维正常。这么说，司马炎受了儿媳的骗。而当年娶她，则因为她母亲贿赂了杨皇后的左右。追根溯源，还是司马炎受骗上当。不过，身为父亲，与儿子相处不是一年两年，如此上当受骗，我不大相信。

如果不是司马炎受骗上当，那就是他有意为之了。他唯有一个小10岁的同胞弟弟司马攸，聪明过人，在家里家外深受爱戴。司马昭曾经明说："我现在是替死去的兄长（司马师）代掌相国之位。我去世后，应该由司马攸继承。"司马炎得位后，却一直排挤司马攸，连让司马攸辅佐司马衷的建议也拒绝，更别说废司马衷而改立司马攸。司马炎勒令司马攸离开京城，带病去自己的封国，使司马攸病死于途中。所以说，"皇太子与司马攸争位一事也明显地反映出在本应视为公权之要的下任皇帝选定上，司马炎存有私心；当此后局势一步步陷入外戚专权的深渊时，可以说后续混乱的端倪，已在此时若隐若现"。①

当然，在此"公权之要"大事上存有私心的远不止司马炎一人。司马炎晚年的朝政被皇后杨艳族人所掌控。杨艳是司马衷的生母，否则朝堂很可能是另一种局势。太熙元年（290年），司马炎一死，司马衷继位，就立贾南风为皇后，司马遹为太子；同时任命杨艳之父杨骏为太尉、太傅、大都督，总揽朝政。

---

① ［日］川本芳昭著，余晓潮译：《中华的崩溃与扩大：魏晋南北朝》，广西师范大学出版社2014年版。

假如贾南风跟司马衷一样傻也罢，很可能会有能臣帮他们掌控朝政。问题是贾南风聪明过头，又喜欢弄权。司马衷像是贾南风的秘书，往往是贾南风根据自己意愿起草好诏书，让司马衷抄写而已。杨骏率先站出来反对贾南风专权，贾南风便与司马衷的弟弟司马玮合作，宣布杨骏谋反，杀了他，其位由司马衷的叔祖司马亮接任；并废杀杨太后，灭其三族数千人。仅过了3个月，觉得司马亮碍手碍脚，她又命司马玮以谋反罪杀了司马亮。不日，再以矫诏擅杀大臣的名义杀了司马玮。如果仅此也罢，她起用了几位能人，史称这七八年间"虽暗主在上而朝野安静"①。问题是她自己没生儿子，生怕太子司马遹将来登基于她不利，又废杀司马遹，这引起许多皇族的强烈不满。永康元年（300年），司马遹被害第十天，司马衷的叔祖赵王司马伦，掌握京城禁卫军，假诏废杀贾南风，灭其三族。如果至此罢手，也算是除害，没想司马伦以为大权在握，才半年就踢开司马衷，他自己称帝。这样一来，其他皇室不能容忍，开始"八王之乱"。柏杨评论：

　　八王之乱是一种为敌报仇式的自相屠杀，愚蠢而残酷，姓司马的家族跟狼群没有两样。它促使大一统的晋王朝由瘫痪而崩溃，饱受灾难的五胡民族，趁机挣脱枷锁。②

"八王之乱"一乱16年，盛世成果还能残剩几何？

---

① 《资治通鉴》卷82，晋纪，第5册。
② 柏杨：《中国人史纲》中册，同心出版社2005年版。

第五章

元嘉之治

> **提要**
>
> 南朝宋文帝刘义隆当政时期（424年—453年），四方宾服，玄学、史学、文学、儒学齐驱并驾，"元嘉新历"流传日本。
>
> 总以为将来接自己班的是太子，万一发生不测最可靠的也一定是太子。怎么也想不到事实正好相反。这并不是孤例。

来龙：再现春秋战国

这一时期，中国历史发生了深刻变化。北方混战更严重，先后有前赵、后赵、前燕、前凉、前秦、后秦、后燕、西秦、后凉、南凉（鲜卑）、西凉、北凉、南燕、北燕、夏等15个政权，连同西南巴氏建立的成汉共16国，与东晋长期对峙，史称"五胡十六国"。其实，16国之外还有汉人冉闵的魏、丁零翟氏的魏、氐族杨氏的仇池、鲜卑慕容氏的西燕、鲜卑拓跋氏的代国5个政权。

　　那时候，到处是将军。其中一位将军叫刘裕，小名"寄奴"，有点像少数民族的名字，其实他是地道汉人。他以刘邦弟弟楚王刘交的子孙自居，但到他这一代实在没剩什么可炫耀了。他父亲只是个小吏且早逝，家境贫苦，幼年卖草鞋为生。刘裕后来从军，因英勇善战，屡立大功，从而平步青云。不到20年时间，他率军对内平息战乱；对外致力于北伐，取巴蜀、伐南燕、灭后秦，消灭南方各大割据势力，实现东晋南朝大一统，先后受封相国、宋公，加九锡，位在诸侯王之上。

　　当时的皇帝晋安帝司马德宗，很像东周天子，有名无实，许多将军实际上自立为王，不受君命。更要命的是司马德宗跟司马衷一样智商有问题，据说他连冬、夏的区别都辨不出，夏虫不可语冰！司马德宗的朝政主要由会稽王司马道子主持。大将桓玄杀司马道子，改国号为"楚"，贬司马德宗为平固王。刘裕起兵伐桓玄，桓玄挟司马德宗逃至江陵。后来桓玄被杀，司马德宗复位。没多久桓玄的将军桓振攻江陵，司马德宗被俘，所幸又被刘裕解救。这样，刘裕成为东晋举足轻重的人物。随后北伐屡战屡胜，刘裕在朝中独掌大权，排挤与他不和的大臣，矫诏命以令外地刺史。东晋元熙元年（419年）司马德宗死，一般认为他是被刘裕派人缢死或毒死的。随后刘裕立司马德文为帝。第二年刘裕逼迫司马德文禅让，自己即位，改国号"宋"（史称"刘宋"），为武帝，从此拉开南朝序幕。

　　刘宋初期大致拥有黄河以南广大地区，成为东晋南朝时期疆域最广、实力最强、经济最发达、文化最繁荣的王朝。后期的疆域自潼关以东、黄河以南直至青州，也是当时百年内最大的。

　　刘裕并未忘本，一向清心寡欲。大臣建议朝廷备音乐，他以没有闲暇且不会欣赏为由推掉。地方进献琥珀枕，可他听说琥珀可以疗伤就叫人捣碎分发将士。他平时穿着十分随便，着连齿木屐，普通裙帽，用土屏风、布灯笼、麻绳拂。

刘裕在位期间，除了征战，业绩主要包括：一是整顿吏治，亲信、功臣当中有"骄纵贪侈，不恤政事"的，坚决严惩，绝不手软。规定荆州府置将不得超过两千，吏不过万；州置将不过五百，吏不过五千，减轻百姓负担。二是重用寒士，当时从中央到地方，大权一直掌握在王、谢、庾、桓4大家族手中。刘裕做了改革，唯才是举。三是继续实行"土断"，居民按实际居住地编户籍，除南徐、南兖、南青3州之外，多数侨置郡、县被合并或取消，不再分土著和侨人，对于世家大族隐藏户口的严厉清查，还禁止豪强封山泽、乱收租税，疆域内百姓可以任意樵采捕捞。四是整顿赋役制度，严禁地方官吏滥征租税、徭役，官府需要的物资"与民和市"，照价给钱，不得征调，同时减轻杂税、徭役等。那些因战争征发的奴隶，一律放还。五是大力办学，刘裕识字不多却非常重视教育，《宋书·武帝本纪》中记载他颁布的兴学诏书中说"古之建国，教学为先，弘风训世，莫尚于此"。

刘裕薄命，正式当皇帝第三年即宋永初三年（422年）病死，长子刘义符继位。刘义符时年17岁，颇有英雄少年气概，聪明又有膂力，善骑射又通晓音乐，但自幼娇养失教，耽于声色犬马，继位后根本不把政务放于心上。当时国际形势依然十分严峻，稍不小心就可能被人吞并。顾命大臣谢晦、檀道济、徐羡之、傅亮等文武大臣感到问题严重，几个人一商量，决定另立新君。宋元嘉元年（424年）的一天，徐羡之、檀道济等人带兵入宫将酣睡中的刘义符抓了，收取印玺，以太后的名义废他为营阳王，不久将他斩杀。同时，徐羡之派人将刘裕次子刘义真斩杀，拥立声望好又多有祥瑞之兆的三子刘义隆为帝,改年号为"元嘉"。

最大看点:璀璨而悲沉的文化

刘义隆像他父亲刘裕一样重视文化,使得这个充满血光的时代闪烁着些许智慧之光。

刘义隆直接指挥重点文化工程。《三国志》是西晋陈寿编写的,记载了魏、蜀、吴三国鼎立的历史。陈寿在尊重史实的基础上,以简练、优美的语言描绘出一幅幅肖像图,非常生动,可读性极高,被公认为不仅是一部史学巨著,还是一部文学巨著,但此书存在史料不足的问题。刘义隆认为《三国志》记事过简,元嘉六年(429年)命裴松之补注。裴松之与其父裴骃、其祖裴子野有"史学三裴"之誉。裴松之不负君命,着重补充原书的遗漏,纠正错误;同一事几家记述不同的皆收录备考。对史事和人物有所评论,对陈寿议论不当的加以批评,极大丰富了原书内容。特别是他所引用的原始材料现已大部分失佚,幸而保留在他的注中,因而有非常珍贵的史料价值。裴松之此举开创了作注新例。

刘义隆也直接参与文化活动。元嘉二十三年(446年),刘义隆亲临国子学策试诸生,答问59人。国子学是那个时代的教育管理机关和最高学府,与太学并立。

当时人文最兴盛的自然是儒学。豫章雷次宗,从小入庐山,成为兼通儒佛的学者,但他长期隐退。元嘉十五年(438年),刘义隆特召雷次宗到京,在鸡笼山开馆,聚徒百人教授。刘义隆自己也多次亲临学馆,资给甚丰,又授之官职。雷次宗不受官衔,还归庐山。元嘉二十五年(448年),刘义隆强征雷次宗到京师,在钟山西岩下设招隐馆,专为皇太子和诸王讲授经学。雷次宗仍然坚持不入公门,每次从华林园东门入延贤堂,宁愿多走些路。刘义隆也尊孔。元嘉十九年(442年)诏鲁郡修孔子庙、孔子墓及学舍,并迁5户于孔子墓侧,免租赋种松树600株。

因为重儒学,也就讲"仁政"。元嘉三年(426年),刘义隆委派袁渝等16名大臣分别深入四方各州郡县,巡察吏政和民风,访求百姓隐情,要求各郡县如实地报喜也报忧,并亲临延贤堂听讼。从此每年开展"三讯"活动,即讯群臣、讯群吏、讯万民,犯人三讯定罪才杀之。

与此同时分设玄、史、文、儒四个学馆,这在中国文化史上是一件不可忽视的大事。因为从先秦到晋,文、史、哲不分,"文学"一词包罗各种学术和典籍。四学的设置标志文、史、哲明确分家,并确定玄学以何尚之、史学以何承天、文学以谢元、儒学以雷次宗为教授。玄学研究《老子》《庄子》《周易》,产生于魏晋,且是魏晋时期主要哲学,是道家和儒家融合的哲学。何尚之少时轻薄,及长倒是以操行见称。他曾立宅建康南城外,聚徒讲学,四方名士慕名而来,谓之"南学"。何承天是著名的反佛教无神论思想家。针对佛教"神不灭论",他反驳说:形体和精神是互相依托的,人死神散,形神一致,就好比柴与火之间的关系。薪弊火微,薪尽火灭。谢元博通经史,所撰《安边论》有一定影响。四大馆长都是当时学界巨擘。不过,这让儒家感到不满,几百年后的司马光还怒批:"天下只有儒学,哪里来的四学!"[①]

当时自然科学特别是天文学有了新发展。元嘉十三年(436年),刘义隆诏太史令钱乐之新铸浑仪。浑仪是古代一种天文观测仪器。元嘉二十一年(444年),何承天撰《元嘉新历》,经检验证实比旧历精密,

---

① 《资治通鉴》卷123,宋纪5,第8册,"然则史者儒之一端,文者儒之余事。至于老、庄虚无,固非所以为教也。夫学者所以求道。天下无二道,安有四学哉!"

这一历法使用64年之久，还流传到日本等国。

这一时期的文化璀璨炫目，同时令人感到无比悲伤，因为一颗又一颗灿烂的星星陨落。何承天死于元嘉二十四年（447年），裴松之死于451年。裴松之的舅舅曾经推荐他去做太守，他考虑到风险太大，迟迟不肯动身。不久，那里军阀火并，舅舅死于战乱，他躲过了杀身之祸，可是终究躲不过死神。此外还有陶潜等。然而，更令我感到悲伤的是《后汉书》作者范晔因卷入刘义隆与刘义康之间的纠纷而被杀。同时，还有谢灵运。谢灵运跟世界上所有人一样有缺点。他的缺点是自恃门第高贵，才华横溢但过于高调，自诩"天下文才十斗，曹子建独占八斗，我占一斗，余者天下共分之"。他喜欢到深山老林里探险旅游，从者上百，伐木开径，百姓以为山贼皆惊逃。他遭同僚排挤，调离京城，不久又被招为秘书监，还被指定撰修晋史。但谢灵运看出刘义隆对他只不过"以文义接见"罢了，便辞官归老家，与朋友吟咏酬唱，寄情山水。其间，他认为"湖多害生命"，积极谋求决湖为田，与会稽太守发生矛盾，太守告他有"异志"。刘义隆知道他被诬，未予追究，让他改任临川。但他依然荒废政事，遨游山水。司徒刘义康派人抓他，他那天可能多喝了几杯吧，鬼使神差，居然兴兵拒捕，犯下死罪。刘义隆说来还是爱才，降死一等，将他流放广州。没想到元嘉十年（433年）又有人告发他参与谋反，这回刘义隆不再饶他了。谢灵运很信佛，受死前布施，捐出自己的胡须装饰南海祗洹寺的维摩诘菩萨佛像，并作绝命诗。你信谢灵运会谋反吗？你会因此恨刘义隆吗？我绝不信谢灵运会若愚到那种地步！我恨那些一再告他、实际上是妒他的小人！

与此同时，刘义隆也比较注重民生经济。

元嘉二十四年（447年）诏减免百姓拖欠租债，给孤老残病者每人赐谷5斛。10斗为1斛（斛与"石"相通，南宋后改为5斗为1斛），10升合1斗，1升合2市斤。100斤谷子一般出米80斤，另有10多斤糠。那么5斛谷就是1000斤谷，也即800斤米和100多斤糠。30多年前城市居民定量供应，每位成年人每月大米为28市斤，一年只有336斤。这么算来，刘义隆给孤老残病者赐的谷不仅够养活他本人，还可以养活他个把家里人！值得注意的是：元嘉二十三年（446年）被称为"大有年"；粮食大丰收。但元嘉二十六年（449年）那段时间没大灾也没大丰的记录，刘义隆同样诏遣使深入基层，巡行百姓，访贫问苦，对孤老鳏寡者又给每人发慰问谷5斛。

刘义隆重视水利建设。安徽那个著名的芍陂，继300多年前东汉修治之后，三国曹操亲临合肥令开芍陂屯田，引水浅灌，既可产军粮又可通运漕。元嘉七年（430年）时任豫州刺史的刘义欣又命殷肃修芍陂，可灌良田万余顷。元嘉二十一年（444年），武陵王刘骏命刘秀之修襄阳六门堰，灌良田数千顷。次年，疏浚淮水，开垦湖熟废田千顷。

南京玄武湖古称"桑泊"，原来只是一块沼泽湿地，三国吴王孙权引水入宫才初具湖泊形态。元嘉二十三年（446年），对玄武湖进行了一次大规模疏浚，挖出的湖泥堆成几个小岛，其中最大为蓬莱、方丈、瀛洲3岛，合称"三神山"，或许就是今天玄武湖中梁洲、环洲和樱洲的前身。传说湖中两次出现"黑龙"（很可能是现在的扬子鳄），因而改称现名，现在仍然在为人们造福。史书描述其时：

> 自此区宇晏安，方内无事，三十年间……有市之邑，歌谣舞

蹈，触处成群，盖宋世之极盛也。①

刘义隆在位期间境内政治、经济、文化均得到较大的发展，是东晋南北朝国力最为强盛的时期。

去脉：子孙大逆不道

就刘义隆个人来说，他是个悲剧人物。司马光认为他"文有余而武不足"。②

刘义隆犯的错误是明显的、多方面的，而且是严重的。错误之一是喜欢遥控指挥，草率行事，而又固执己见。"运筹帷幄之中，决胜于千里之外"，这是刘邦的名言。然而，因为战场在百里千里之外，战况瞬息万变，所以《孙子兵法》更早提出："城有所不攻，地有所不争，君命有所不受。"刘义隆过于自信，绝不许"君命有所不受"。不仅对行军食宿有严格要求，就连交战日期和时刻，也得等他从宫里发诏书来下令，难怪北魏要讥他如3岁婴儿。偏偏他又急于灭北魏。在连年征战、国力渐衰、兵力不足的情况下，仍然不顾他人反对，坚持北伐，坚持亲自遥控指挥百里、千里之外的战争细节。这样，有碰巧赢的时候，但更多是让自己的军队处于被动，贻误战机，导致北伐失败，进而使国家遭

---

① 《宋书》卷92，良吏传，中华书局1999年版，第15册，"自此区宇晏安，方内无事，三十年间，氓庶蕃息，奉上供徭，止于岁赋，晨出莫归，自事而已。守宰之职，以六期为断，虽没世不徙，未及襄时，而民有所系，吏无苟得。家给人足，即事虽难，转死沟壑，于时可免。凡百户之乡，有市之邑，歌谣舞蹈，触处成群，盖宋世之极盛也。"
② 司马光：《稽古录》卷14，"文帝勤于为治，子惠庶民，足为承平之良主；而不量其力，横挑强胡，使师徒歼于河南，戎马饮于江津。及其末路，狐疑不决，卒成子祸，岂非文有余而武不足耶？"

受重创,走向衰弱。

更糟的是刘义隆过于宠爱自己的子孙。也出于不信任他人的秉性,刘义隆防范异姓文武大臣,猜忌宗室子弟。这虽然有一定必要,但防人过度,走向另一个极端,让太子拥有庞大的军力。他总以为:将来接自己班的是太子,万一发生不测最可靠的也一定是太子!他怎么也想不到,事实正好相反,谋他命的正是太子!

太子刘劭,本来好读书,但是给宠坏了,为所欲为,干了许多坏事。刘义隆终于看不过意,训斥几次,这就让他受不了。他请"天师"祈求上天,别让刘义隆发现他干的坏事。"天师"搞巫蛊,在玉石上刻刘义隆像,埋到含章殿前,诅咒刘义隆早死。刘义隆知道后一方面追捕"天师"等人,另一方面准备改立太子。在废立太子这种敏感的大事上,刘义隆偏偏优柔寡断,让刘劭得了消息。元嘉三十年(453年)三月十五日夜,月儿应该很圆很明亮吧,刘劭谎称刘义隆诏令,率其私养的勇士两千多人闯宫,将刘义隆杀了。然后,刘劭自立为帝,改元太初。

数百年之后,他还遭人嘲笑,人们说刘义隆好大喜功,仓促北伐,反而让北魏拓跋焘抓住机会,骑兵南下,直抵长江北岸。[①] 幸好有人评价"元嘉之治"四个字,让他得以安息。

刘义隆第三子武陵王、江州刺史刘骏,当时正率江、豫、荆、雍四州军队讨伐西阳巴人,惊闻父皇被兄长杀害并篡位,马上掉转矛头,传檄四方,共讨刘劭,各州郡纷纷响应。同年底刘骏大败刘劭,于新亭(今江苏省南京市南)称帝,随即攻下建康,活捉刘劭,杀刘劭及

---

① 辛弃疾:《永遇乐·京口北固亭怀古》,"千古江山,英雄无觅孙仲谋处。舞榭歌台,风流总被,雨打风吹去。斜阳草树,寻常巷陌,人道寄奴曾住。想当年,金戈铁马,气吞万里如虎。 元嘉草草,封狼居胥,赢得仓皇北顾。四十三年,望中犹记,烽火扬州路。可堪回首,佛狸祠下,一片神鸦社鼓。凭谁问:廉颇老矣,尚能饭否?"

其四子。

可是刘骏也不是什么好人。刘骏很有才华,诗文造诣相当高。他深爱殷贵妃,殷贵妃不幸早逝。他写了一首《伤宣贵妃拟汉武帝李夫人赋》,其中有云:"流律有终,心情无歇。徙倚云日,徘徊风月。"这诗情真意切,字字悱恻缠绵,足令天下文人折服。甚至有人说:他开创了帝王写民歌的先河。可他贪财好色,无以复加。叔父刘义宣的4个女儿养在宫中,个个花容月貌,刘骏不顾她们是堂姊妹,也要一起召幸。刘义宣对此十分痛恨,于是起兵造反。刘骏怕了,打算让位,在别人劝阻下才派兵去镇压。没想刘义宣只是虚张声势,很快溃不成军,连同10个儿子一起被杀。

国库很快被刘骏挥霍一空,他便以赌摴蒲的方式敛财。摴蒲是古代一种博戏,汉代即有,魏晋盛行。以掷骰决胜负,但下官只能输不能赢,输了钱可以升官,与卖官无异。

刘骏自己的生命也很快油尽灯枯。大明八年(464年),35岁的刘骏病逝。他死后,由17岁的长子刘子业继位。

刘子业跟他父亲一样淫乱,竟然将亲姑姑刘英媚封为夫人。他还公然把各王妃、公主集中起来,强令左右侍从奸污她们。他令宫女赤身裸体与他在宫中奔跑嬉戏,有不从者即杀之。有段著名的逸闻就发生在这时,《宋书》记载,山阴公主刘楚玉抱怨:"你我虽然男女有别,但同样托体于父皇。如今,陛下后宫数百人,我却只有驸马一人,不公平到何等地步!"刘子业觉得有理,马上给妹妹配面首30名。"面首"指男妾。

刘子业还滥杀无辜,搞得人心惶惶。登基才一年多,永光元年(465年),几位大臣忍无可忍将刘子业杀了,拥立刘义隆第十一子刘彧为帝。

刘彧本来是个敦厚的人，曾经饱受侄儿皇帝刘子业欺负。刘子业把肥胖的他关进竹笼，封为"猪王"，每顿饭把他衣服剥光，逼他像猪一样用嘴食木槽。刘子业几次要杀他，全赖和他一同被关的弟弟刘休仁设法解救。然而，刘彧一旦登上皇位，性情随之大变，大肆屠杀兄长刘骏的子孙，再把多次救过他命的弟弟刘休仁也杀了，又很快弄得民不聊生，怨声载道。

第六章
永明之治

> **提要**
>
> 南齐武帝萧赜当政时期（482 年—493 年），富国为先，发展教育，优厚鳏寡孤独，"女士富逸"。
>
> 如果仅根据"禅让"的字眼想象那盛世，真会以为那是个充满诗情画意的美好时代。

来龙："禅让"而来

有人说南齐高帝萧道成是"天上掉下来的皇帝"，意指他的皇位是"禅让"来的。这么说挺有趣，但不公道。

萧道成小名"斗将"，其实他出身儒学世家，是萧何 24 世孙。虽然他父亲萧承之是刘宋时期著名武将，但萧道成 13 岁便到建康拜师名士雷次宗，深研《礼经》《左氏春秋》等儒家经典。只不过那个时代更需要"斗将",父亲领兵驻防地改镇豫章,萧道成不得不弃学随父南下,并加入军中。萧道成毕竟有"斗将"的血统,英勇善战,屡立战功,平步青云。因平叛有功,萧道成晋爵为公,迁中领军将军,掌禁卫军,实际上已经形成独掌朝政的局面。永徽四年(476年)升任尚书左仆射(相当于宰相)。

刘义隆之后一代不如一代。第七代刘昱,虽然自幼聪慧,但生性好杀,喜怒无常,无所顾忌。他喜欢亲手杀人,一日不杀就手痒。他常常带着随从晨出晚归,或晚出晨归,路上碰上谁杀谁,跟魔鬼无异。昇明元年(477年)的一天中午,骄阳似火,萧道成袒胸露腹卧在自家堂中休息,刘昱突然到访,他想穿衣都来不及。刘昱笑道:"好大的肚皮啊!"随即命萧道成站着别动,让他在其腹部画一个靶心,张弓引箭就要射。萧道成带着哭腔央求:"老臣无罪啊!"左右连忙也劝说:"陛下箭法太好,一箭就会射死,以后再想射就没了,不如把箭头包起来。"刘昱觉得有理,将箭头用布包起来,才留了萧道成一条性命。没几天,刘昱又一边磨刀一边念叨:"明日杀萧道成。"如此苟活,你想萧道成还能残存几分忠心?

不久,到了七月初七,这是中国传统的情人节。刘昱时年16岁,对于风情似懂非懂,他上床就寝时,杀气腾腾地对侍从杨玉夫说:"我累了先睡下了。你在院子里等着,看到织女渡河马上报告我,误了杀你!"一代又一代人都传说这一夜牛郎织女相会,可是有谁看见过呢?杨玉夫吓坏了,连忙与几个好友商量,连夜将刘昱杀了,然后请萧道成出来收拾局面。刘昱恶贯满盈,天人共愤,太后在诏书中历数他的罪状,废其为苍梧王,史称后废帝,第二天立成王刘准为帝。刘准这年才10岁,只好由萧道成摄政。萧道成不是周公,两年后便自己坐上龙椅,废刘宋皇帝，改国号为"齐"，史称"南齐"。

别看刘准年龄小，早将人间一切看透！他躲到宫中佛殿的佛盖下，可是佛并没能保佑他。他只能泪水涟涟乞求："但愿我下辈子再也别投胎帝王家！"萧道成不相信眼泪。刘宋王朝后30年，皇室骨肉相残。刘裕子孙满堂，刘义隆19个儿子，刘骏28个儿子，刘彧12个儿子，结果除1人早年投降北魏得以幸留外，其余都被自己人杀个精光。

萧道成的皇位是捡来的，但他十分珍惜。他力挽狂澜，摒弃暴政，而修建儒官，精选儒官。禁止宗室占山川，与民争利；减免赋役，安抚流民。他将宫殿、御用仪仗等原来用金、铜制作的器具全用铁器替代，取消衣服上的玉佩、挂饰等，也禁止民间使用各种华丽饰物，不得将金银制成金箔银箔，甚至不准织绣花裙，不准穿锦鞋。他还十分博学，擅长草隶，是中国历史上著名的书法家；在文学上也有一定造诣，还是围棋高手，著有《齐高棋图》两卷。更重要的是他志向高，宣称："使我治天下十年，当使黄金与土同价！"① 他仅要求当政10年，但他命薄，建元四年（482年）病逝，终年56岁，在位仅4年。

太子萧赜，萧道成是满意的。此前6年，萧赜为左卫将军，有一次平叛，朝廷还未决策之时，萧赜看到有利地形，便立即领兵占据以备战，萧道成听说后大喜道："此真我子也！"

最大看点：文化昌明

建元四年（482年）正月，萧道成置国子学，学员200人，并任命中

---

① 《资治通鉴》卷135，齐纪1，第9册。

书令张绪为国子祭酒。这张绪可是个人物。曾有人进献"蜀柳数株,枝条甚长,状若丝缕",萧赜将它栽在灵和殿前,时常赏玩,感叹:"此柳风流可爱,似张绪当年。"那么,张绪到底怎么个"风流"呢?他口不谈钱,偶尔有点钱也随手分发。他终日端坐清谈,可以整天不吃不喝,门生看他饿得不行了才给他弄点吃的。有一次,大臣王俭发现一个地方官举止非常得体,鹤立鸡群,便问:"你和谁共事过?"那人回答:"我十多岁时在张绪身边,耳濡目染。"现在,皇帝正要用这样风姿清雅的人物去引领学子们。但同年萧道成死后,便"以国哀之故,废国子学"。

永明三年(485年)恢复国子学,并用上公礼仪祭奠孔子,而废总明观。总明观是前15年创设,又称"东观",集藏书、研究和教学三种功能于一体,设祭酒,置玄、史、文、儒四科。现在,将总明观的职能合并于国子学,同时诏王俭在家开学士馆,把四科书全都搬到王俭家里,让他以家为馆。这王俭也是个人物。他长于礼学,精通朝仪,无人能比。他每10天到学馆一次,监试学生。他还亲自设计发髻,斜插帻簪,朝野羡慕,互相效仿。王俭常言:"江左风流宰相,唯有谢安。"因此,他自比谢安。萧赜对他非常信赖,选拔官员,只要是他推荐没有不准的。

当时,皇帝不是万能的。纪僧真出身寒微,从小当兵,聪明伶俐,成为萧道成的亲信。萧道成让他模仿自己的手迹,到了以假乱真的地步,常代皇帝"报答书疏"。萧赜即位,纪僧真任中书舍人,负责起草诏令,参与机密,权力不小。纪僧真还很有修养,"容貌言吐,雅有士风",连萧赜都感慨说:"人何必计门户,纪僧真常贵人所不及。"① 然

---

① 《南齐书》卷56,纪僧真传,中华书局1999年版,第16册。

而，世风重门阀，纪僧真未能免俗，忍不住请求说："臣小人，出自本县武吏，邀逢圣时，阶荣至此。为儿婚，得荀昭光女，即时无复所须，唯就陛下乞作士大夫。"皇上您开开恩，赐我一个"士大夫"身份吧！萧赜听了，无奈地笑笑说："这种事朕说了也不算，不信你要去找江斆、谢瀹试试。"江斆出身豪门望族，父子两代皆为驸马。谢瀹也是当时名士，世家子弟。纪僧真奉旨去求见。没想到，屁股没坐热，江斆便对左右说："移吾床让客。"当时床指我们现代的椅子，意思说："你来了，我走！"他不愿与纪僧真这种人平起平坐。纪僧真"丧气而退"，对萧赜叹道："士大夫这种身份，不是天子所能任命的。"①

齐初沿用晋律。永明七年（489年），萧赜命王植根据晋律"削其烦害，录其允衷"，制定齐律，称《永明律》，共1532条，20卷。但当时统治阶层崇尚玄学与佛学，蔑弃礼法，以清谈为高雅，以法理为俗务。虽然《永明律》修成并颁发，因统治层意见不一，还是"事未施行，其文殆灭"。吕思勉批评说："谈玄本不是坏事，以思想论，玄学要比汉代的儒学高明得多"，不过他们"狡黠地讲求趋避之术，养成不负责任之风"。②

萧道成曾命重新校订户籍。萧赜设"校籍官"，强令他们每天每人都要查出几件奸伪案。被认定"却籍"（假冒户籍）者，要充军戍边。一连几年，怨声载道。永明三年（485年）冬，富阳唐寓之聚集四百多人反叛，攻占富阳县城，三吴一带被撤销户籍的人纷纷投奔富阳，很快发展到三万多人。第二年攻陷钱唐，唐寓之称帝封太子，设文武百官。然后，又陷东阳，犯山阴等地。萧赜派数千禁军前往镇压。唐寓之的乌合之众怕骑兵，一触即溃。官军生俘唐寓之，将其斩首，平定了叛乱。

---

① 《南书》卷36，江斆传，中华书局1999年版，第25册，"士大夫故非天子所命。"
② 吕思勉：《中国通史》。

但检籍运动于490年被迫停止,宣布"却籍"无效,允许被发配戍边的人返回,恢复原籍。

永明十一年(493年)萧赜去世前夕,反叛活动又掀高潮。光城地方首领田益宗,本来拥戴萧赜,这年却率4000户投奔北魏。襄阳地方首领雷婆思率千余户附魏。建康僧法智等人率众起事,攻下徐州,不久被镇压。

不过,总体来说,萧赜继承萧道成作风,国家很快出现盛世景象。史书描述:

> 永明之世,十许年中,百姓无鸡鸣犬吠之警,都邑之盛,士女富逸,歌声舞节,袨服华妆,桃花绿水之间,秋月春风之下,盖以百数。①

这段文字富有诗情画意,但显然过于夸张。永明十年(492年),魏遣大臣宋牟访齐。回归后,魏帝问:"江南如何?"宋牟回答说:

> 萧氏父子无大功于天下,既以逆取,不能顺守。政令苛碎,赋役繁重;朝无股肱之臣,野有愁怨之民。其得没身幸矣,非贻厥孙谋之道也。②

朝中无能臣,社会肯定多愁怨之民;社会多愁怨之民,朝中肯定无能臣。这两者互为因果,则肯定多乱局,江山无法传之子孙万代。

---

① 《南齐书》卷53,良政传,第16册。
② 《资治通鉴》卷137,齐纪3,第9册。

还必须略说外部关系。

南齐实际上只是占了大半个现在中国疆域的南方，只不过南北不以长江为界，而大致以淮水为界。北部是北魏，西北部是现在西藏、青海等地。北魏经过一个世纪的发展，正处于"孝文中兴"时期。南齐与北魏有如二虎，所幸能和平共处，所以两国都步入盛世。否则，很可能两败俱伤。

永明五年（487年）初，齐平民桓天生自称桓玄的后人，与雍、司二州地方势力联合起事，占据南阳，然后请魏发兵支持，魏发万余兵。萧赜发几路兵共讨，大破魏军，杀敌数以万计。不久，桓天生再引魏兵攻舞阴，当地太守反击，桓天生受伤而退。桓天生又勾结魏攻舞阴，仍败。第二年魏袭角城，败退。桓天生勾结魏兵攻隔城，被斩四千余人。齐将乘胜攻魏泌阳，十余日不下，只得退兵。至此，双方都感到谁也吃不了谁，只好再次和解。490年初，齐释放魏俘虏两千名，两国重新开始年年互访。

两国与吐谷浑关系也都较好，时常互访。当时，氐族人在今陇南、陕西南、川北之间相继建立武都等政权，齐、魏争相拉拢。建元四年（482年），魏任命杨后起为武都王。第二年齐封氐帅杨炅为沙州刺史、阴平王。永明四年（486年）杨后起死，齐、魏同时任命新氐王杨集始为武都王。杨集始对齐并不友好，永明十年（492年）九月攻齐汉中，损兵折将数千，便降魏。魏封其为汉中郡侯、武兴王。

永明九年（491年），林邑发生政变，范当根自立为王，遣使向齐献金簟等物，齐封其为林邑王。可是第二年范诸农推翻范当根，恢复原政权，齐又封范诸农为林邑王。在南齐皇帝看来，只要肯认我为老大，谁当林邑王无所谓。

去脉:"禅让"而去

纵观历史,禅让而来的政权多短命,大概得来轻易也就珍惜不够之故。

建元四年(482年)萧道成临终之时,特别嘱咐萧赜:一定要吸取晋与刘宋皇室手足相残的教训,爱护同室兄弟。萧道成的遗愿挺美好,可惜他并没能留下相应的好制度,以保障这个美好的遗愿变成美好的现实。

萧赜有23个儿子,长子萧长懋。萧长懋挺优秀,萧道成很喜爱他,很早就让他参与军中事务。萧道成称帝后,即破例封萧长懋为南郡王,食邑2000户。当时还没有嫡孙封王的先例。萧赜继位当年立萧长懋为太子。萧长懋对《孝经》有深研,永明三年(485年)曾在崇正殿讲解,永明五年(487年)又到国子学亲自策试学生对《孝经》的学习情况。他还曾审理囚犯,参与尚书省一些事务。他好佛,专设六疾馆收养穷苦人。但他喜欢奢侈华丽,瞒着萧赜驱使将吏筑造宫城,建得富丽堂皇。他的仪仗队也常常超规,只因没人敢报告,萧赜一直不知。有一次被萧赜偶然发现,他才开始害怕,从此不断受到指责。永明十三年(495年),他比萧赜早3个月病逝。萧赜很痛苦,但不久又偶然发现他的服装玩好也过分,不由大怒,即令将过分的东西全毁除,并把东宫改为崇虚馆。

其他还有哪个儿子适合接班呢?好像没有。最不合适的是四子萧子响,这小子更不像话!永明七年(489年)被任命为荆州刺史后,地方官刘寅、席恭穆联名密报他私制锦绣长袍、红色短袄,并拟将这些东西送到当地地方势力那里换武器。萧赜将信将疑,要求深入调查。萧子响听说钦差要来，连忙召集刘寅等8人盘问，将他们全杀了。这样一来，萧赜更恼怒，随即改任第八子萧子隆为荆州刺史，并委派淮南太守戴僧静率兵讨伐萧子响。戴僧静说："皇子误杀，并非大罪！贸然出动大军，只会造成恐慌，激发不可预料之事端，恕不受旨。"萧赜觉得这话有理，但出于慎重，还是派胡谐之、尹略和茹法亮率几百名武装侍卫前往，捕萧子响身边那些小人，并特别交代："萧子响如果放下武器，回来请罪，还可以宽恕。"中央军抵达后，筑城对垒。萧子响派使者对胡谐之说："天底下哪有儿子反父亲的？我不是想抗拒，只不过一时考虑不周。我愿意回京受罚，你们何必大动干戈？"对方却回答："谁跟你这种逆子说话！"萧子响听了痛哭流涕。他杀牛备酒犒赏中央军，尹略却把美味佳肴倒进江里。萧子响大怒，只得拼死一战，结果尹略战死，胡谐之等人逃走。萧赜又派大将萧顺之讨伐，萧子响不敢恋战，乘小船顺江直赴建康。萧长懋向来忌恨萧子响，这时暗暗要求萧顺之别让萧子响活着回来。途中相遇，萧顺之将萧子响勒死了。后来，萧赜想起萧子响，泪流满面，追贬萧子响为鱼复侯。这段史实，很容易让人将齐武帝萧赜与汉武帝刘彻混淆，千古皇宫大同小异的事太多了。

永明十一年（493年），萧长懋去世，立其长子萧昭业为皇太孙。同年萧赜病逝前夕，诏萧昭业继位，要求百官尽心辅佐。萧昭业非常贪玩，出手阔绰，动辄数十万数百万，不到一年就将"永明之治"积蓄的数亿钱财挥霍得差不多了。萧昭业的堂叔祖、大将军、尚书令萧鸾一再规劝，可他不听。他怀疑萧鸾有篡位之心，与中书令何胤谋杀他。何胤不敢动手，萧昭业又把萧鸾打发出京。萧鸾无奈，只得先下手将萧昭业杀了，自己称帝，即齐明帝。

萧鸾年富力强，在位4年，在政治、经济与军事方面都有所作为，但在萧鸾治下的南齐异常恐怖。萧鸾信奉道教，杀人时也许内心真会有所不安。每当他晚上焚香祷告、呜咽流涕时，侍从就知第二天肯定有大规模流血之事。河东王萧铉是萧道成第十九子。萧鸾政变时诛诸王，萧铉只因为年少逃过一劫。永泰元年（498年）萧鸾病重，对年已19的萧铉不放心，把他连同所剩10个亲王一起杀了，杀完才命人起诉萧铉等人谋反。令人不敢相信的是，萧鸾不仅不批准，反而大加批评，要求重证据云云。等再次呈上起诉报告才批准，以示萧铉罪证确凿，罪该万死，而他是万不得已。

萧鸾临死之时，还嘱咐他的次子萧宝卷：诛杀对手动作要快，不要落到人后。萧宝卷继位后，酷虐比萧鸾有过之而无不及。幸好才4年，他就被宦官所杀；其弟萧宝融接手才一年，便把皇位"禅让"给萧衍，彻底埋葬了南齐。如果仅根据"禅让"的字眼想象那盛世，真会以为那是个充满诗情画意的美好时代。

第七章
天监之治

> 提要

南梁武帝萧衍当政时期（502年—549年），鼓励人才自荐及议政，萧衍本人多才多艺，所创儒释道"三教同源说"影响深远。

帝王中疏于政事的太多了，萧衍是其中一类典型。自毁盛世的帝王不多。刘彻、李隆基毁后还有救，萧衍毁得没救，毁得好彻底。

来龙：又见"禅让"

众所周知，中国历史有"周期率"之说，意指每一个王朝的兴盛衰亡呈周期性，几千年中好多次轮回。南齐与南梁两个周期之间，即两个起始点，高度相似。

想当年，刘宋第七代皇帝刘昱滥杀，结果他自己被侍从杨玉夫杀了，大臣萧道成出来收拾残局，扶持10岁的成王刘准继位。第二年

"禅让"萧道成,两年后萧道成废刘宋,改为"南齐"。仅24年,南齐又出现如此局面。

南齐第六代皇帝萧宝卷是中国历史上最昏庸荒淫的皇帝之一,人称"恶童天子",天怒人怨,文官告退,武将造反。500年,豫州刺史裴叔业举寿阳降北魏,萧宝卷诏崔慧景为平西将军,率水军讨伐寿阳,萧昭业亲自送行。不想,崔慧景却召集部从说:"幼主昏狂,朝廷坏乱,危而不扶,责在今日。欲与诸君共建大功,以安宗社,何如?"众军响应,于是反戈向建康进攻。崔慧景包围宫城,声称奉宣德太后之令,废萧宝卷为吴王。在这千钧一发之时,萧宝卷派密使诏驻防小岘(今安徽含山北)的大将萧懿回军援救,这才转危为安。萧懿与皇室关系密切,他父亲萧顺之是萧道成的族弟。现在平叛立了头功,萧宝卷提拔萧懿为尚书令,增邑2500户。可是没几天,萧宝卷又担心萧懿谋反,将他毒杀。这让萧懿之弟萧衍横生异心。

萧衍一入官就在侍中、尚书令王俭手下。王俭见萧衍很有才华,一路提携。现在为报杀兄之仇,身为雍州刺史的萧衍举兵攻建康。这时,大将王珍国等也反叛,连夜入宫杀了萧宝卷,出迎萧衍。萧衍迎萧宝卷14岁的胞弟萧宝融登帝,萧衍自任大司马,掌管中外军国大事。不久,即天监元年(502年),诏令萧衍进位相国,总摄朝廷一切政务。

萧衍装着迷恋原来宫中的两个美女,对其他一切不在乎的样子。好友沈约、范云知道萧衍的心思,写信给大将夏侯祥,要他逼萧宝融禅位于萧衍。同时,朝野流传"行中水,为天子"的民谣。萧宝融的禅让诏书到了,萧衍还假意谦让。范云带领众臣117人上书称臣,同时让萧宝融下诏以谋反罪诛杀了湘东王萧宝晊、邵陵王萧宝攸、晋熙王萧宝嵩、桂阳王萧宝贞等亲王,真正"谋反"的萧衍这才登基称帝,改国号为

"梁",年号"天监"。

南齐被灭了,萧宝融被贬为巴陵王。不日,萧衍遣亲信郑伯禽送生金给萧宝融。萧宝融说:"杀我不须用金子,有酒就行。"于是萧衍给他饮酒,趁醉将他杀了,然后宣布他暴病而亡,加谥齐和帝,又以皇帝的规格为他举行了隆重的葬礼。

最大看点:"文物之盛,独美于兹"

如果说萧衍不是天才,我不信!人们常说"博学多才",那往往是恭维,博学不难,要多方面有才有成果那是非常之难的。萧衍却实现了这种神话。他出身于世家,是西汉相国萧何25世孙,儒学是基本功,他曾撰有《周易讲疏》《春秋答问》《孔子正言》等二百余卷,可惜大都没流传下来。他不满《汉书》等断代史写法,亲自主持编撰六百卷《通史》,并很不谦虚地宣称:"此书若成,众史可废!"可惜此书到宋朝失传。他还著有《涅萃》等数百卷佛学著作,对道教亦颇有研究,在此基础上,他将儒家的"礼"、道家的"无"和佛教的"因果报应"糅合在一起,创立了"三教同源说",该学说在中国思想史上有极其重要的地位。我们现代还常说"儒释道",将三者相提并论。正如林语堂所说,中国人"得意时信儒,失意时信道,绝望时信佛"。萧衍流传到现代的诗八十多首,包括言情、谈禅悟道、宴游赠答、咏物等内容。现代著名文学评论家郑振铎认为他的"新乐府辞最为娇艳可爱"。他推动了七言诗的发展。他素善钟律,创制准音器,丰富了我国传统器乐的表现力。他还对围棋特别喜爱,棋艺高超。他的书法可以在古代善书帝王中排前几位。

在萧衍影响下,梁朝文化事业大为繁荣,史称:"自江左以来,年逾二百,文物之盛,独美于兹。"① 这一时期人才辈出,灿如繁星。

文学家江淹少时孤贫好学,萧道成闻其才召入官,历仕宋、齐、梁三朝。他创造了两个成语典故:一是"梦笔生花",说江淹被贬浦城县令时,有天梦见神人授他一支闪着五彩的神笔,从此文思如涌,成为一代文章魁首;二是"江郎才尽",说晚年梦见一人对他说道:"我有一支五色彩笔留在你处多年,请还给我吧!"他从怀中取出归还,从此文章日见失色。江淹代表作为《恨赋》《别赋》。

思想家范缜生性耿直,曾任南梁太守,一生坎坷。萧衍以佛教为国教,他却著《神灭论》批驳佛教"人死神不灭"的观点,指出:"形者神之质,神者形之用也。神之于形,犹利之于刃,未闻刃没而利存,岂容形亡而神在哉!"萧子良曾派人去劝说:"以卿才美,何愁当不上中书郎?"范缜笑答:"如果我卖文取官,早已当尚书令了,何止中书郎!"《神灭论》被称为中国思想发展史上具有划时代意义的杰作。

萧统是萧衍长子,中兴二年(502年)即被立为太子,但英年早逝,谥号"昭明",后世称"昭明太子"。赵翼评论:"创业之君兼擅才学,曹魏父子固已旷绝百代。其次则齐梁二朝,亦不可及也……至萧梁父子间,尤为独擅千古。"② 同时,萧统"引纳才学之士,赏爱无倦"。他主持编选最早的汉族诗文总集,选录先秦至南朝梁代八九百年间、一百多个作者、七百余篇各种体裁的文学作品,称《昭明文选》,在中国文学史上有重要价值。

---

① 《南史》卷7,梁本纪,中华书局1999年版,第25册。
② 赵翼:《廿二史札记》卷12。

此外，这一时期杰出文化人物还有：文学理论家刘勰、文学家兼史学家沈约、文学批评家钟嵘、史学家吴均、文学家刘峻、道家医药学家陶弘景、目录学家阮孝绪、史学家萧子显、史学家萧子云等。从文化角度看，萧衍治下绝对是个盛世，而且是不可多得的盛世。

与此同时，民生经济也发展得相当不错。

中兴二年（502年）萧衍上台当年，即将从西晋司马炎时期沿袭下来的户调制废除，改等第征收为按丁征收，这显然更合理些。天监十七年（518年），将征兵驺奴婢的年限改为男66岁、女60岁，免为编户。值得注意的是，"兵驺"即兵家，在诏书中公开将其与"奴婢"相提并论，表明兵家的社会地位继续下降。钱穆认为：

> 梁武帝废除了繁重的杂调，足见体恤民困。即使天监四年大举北伐，王公以下均得缴纳租谷，以助军资，但并不增加平民的租调，十分难得。故梁武帝时代，较诸宋、齐两代的赋役，已轻省多了。①

当时朝廷还修筑了不少水利工程，例如天监九年（510年）初在秦淮河下游修筑的缘淮塘，普通六年（525年）在今江苏宿迁修筑的宿预堰及在济阴修筑的曹公堰，大通二年（528年）在今江苏徐州修筑的寒山堰，等等。这些水利工程是多功能的，或有利于减水灾，或有利于发展漕运，更有利于灌溉农田。如中大通六年（534年）夏侯夔率军

---

① 《中国经济史》。

在营陵筑堰，灌田千余顷，每年收谷百余万石，既充实了军备，又赡济当地穷民，深受好评。王夫之说："梁氏享国五十年，天下且小康焉。"[1] 当时经济较繁荣，应不虚。只是由于战争等因素，萧衍本人最后也被饿死。

萧衍虽然勤政，不论冬夏，总是五更起床办公，但犯的错误也是明显且严重的。《梁律》可以说是比较完备的刑律，但"罔恤民之不存，而忧士之不禄"，即对民众过于严酷，而对官吏几乎没有约束。因此，天监十年（511年）郊祭时，一位老人不惜挡御驾，直接向萧衍进谏：陛下您的法对于百姓太严，而对于权贵太松，这不是长治久安之道。如果能反过来，那就是天下大幸了！[2]

正如那位老人所指责的，萧衍对宗室过度宠爱。萧衍对北魏志在必得，似乎要决一死战，诏王公以下交国租及田谷做军用，命临川王萧宏为主帅。萧宏是萧衍六弟，北上敌境20里就不敢再前进。幸好其他将军勇敢善战，取得一些小胜。第二年萧炳攻徐州，进围淮阳；刘思效在胶水获胜；韦睿在小岘大败魏军，追杀万余人，占合肥。魏发6州10万大军反击。这时，萧宏不仅不敢前进，反而要退兵。徐州刺史昌义之大怒："主张退兵的斩！岂有百万之师出未逢敌，望风遽退？回去有何面目见圣主？"萧宏只好继续不动。魏军听闻，丢红巾唱道："不畏萧娘与吕姥，但畏合肥有韦虎。"韦虎指豫州刺史韦睿。萧娘指萧宏，他貌美而柔懦。吕姥指吕僧珍，他曾说："知难而退，不亦善乎？"晚上暴雨，营中发生"夜惊"，萧宏吓坏了，连夜奔逃。天亮之后，将士们

---

[1]《读通鉴论》卷17。
[2]《隋书》卷25，刑法志，中华书局1999年版，第23册，"陛下为法，急于黎庶，缓于权贵，非长久之术。诚能反是，天下幸甚。"

发现总司令失踪，争相逃命，相互残杀，死伤五万余人。次年魏军出动几十万大战钟离，昌义之率军激战，一日战数十回合。萧衍命韦睿救援，连夜筑长堑为城营，魏军惊呼神奇。魏军大溃，被杀二十余万，被俘五万余。萧衍未以军法处置萧宏。萧宏还窝藏杀人凶手，沉湎声色，直至寿终正寝。

萧综的生母吴淑媛原是萧宝卷的宫人，萧宝卷被杀后，带孕归于萧衍。吴淑媛失宠后，真相才渐渐公开，兄弟们对萧综多少有些排挤，萧衍却一样宠爱，封他为豫章王。普通六年（525年），萧衍令萧综到前线督军，萧综却逃往北魏，改名为萧赞。萧衍盛怒，将吴淑媛废为庶人，除萧综宗室属籍，改其子萧直姓为"悖"，但很快又恢复了萧综的封号，封萧直为永新侯，恢复吴淑媛的封号并加谥号"敬"。萧衍听说萧综有回来之意，便让人送去他小时候穿的衣服。后来北魏内部大乱，逐萧综为僧，后病殁。梁人盗掘萧综的遗骨回来，萧衍仍然视他为儿子，将他附葬在自己陵墓旁边。

去脉：自毁盛世

北魏分裂为东魏与西魏，南梁与东魏关系挺友好。不料，太清元年（547年）伊始蹦出一个烫手山芋：东魏大将侯景因与同僚不和，以河南13州之地降西魏。东魏出兵追杀。侯景感到西魏不可靠，派人与萧衍联系，说要将这13州献给南梁。萧衍一心想统一北方，一叶障目，欣然同意，封他为河南王、大将军，派3万兵前去接应。此前西魏已发兵1万，东下颍川接应，又怕有诈，要求侯景交出军权。侯景不干，立即奔梁。梁派南豫州刺史萧渊明率军攻东魏，萧渊明兵败被俘。东魏厚待萧渊明，将他送还南梁。第二年东魏收复失地，要求与梁恢复友好关系，萧衍同意，即派使者北上访问。

这样一来，侯景觉得南梁也不可靠，走投无路，转而利用萧正德。萧正德是萧宏第三子，萧衍之侄，还曾做萧衍养子，萧统出生后才回本宗，后封西丰县侯。因为太子当不成，萧正德投奔了北魏，第二年又回来了。萧衍菩萨心肠，流着泪训诫他一顿，恢复他的封爵，重用他为将军。现在侯景挑拨，建议萧正德自立为王。萧正德一听，异心又起，高兴地说："今仆为其内，公为其外，何有不济？"他们一拍即合，狼狈为奸，里应外合，举兵占寿阳，然后直围京城。侯景不惜在水源处投毒，城中军民死伤惨重，"臭气熏数里，烂汁满沟洫"。侯景在城郊奉萧正德为帝，自任丞相，继续与各地来援的梁军激战。稍后一些天，百济使者到建康访问，见昔日金碧辉煌的都市变得到处残垣断壁，民不聊生，不禁倚在端门城墙上失声痛哭。侯景觉得丢面子，将其幽禁于庄严寺。

太子萧纲"有诗癖"，但武不能战，政治上没主见，只能作《围城赋》，指责"豺狼"奸臣为招祸之首。问题是：诗此时有什么用？贵为王储，他怎么不能摆平一个奸臣，也没能挑选一些能臣？

太清三年（549年），侯景被打得焦头烂额，又缺粮饷，派人进城向萧衍求和。菩萨心肠的萧衍怀疑有诈，可是萧纲说："如今被围已久，援军又相互牵制，无法出战，姑且议和，再作后图。"萧衍只好同意，任命侯景为大丞相。侯景进宫，萧衍问了一番家常话，要求说："你要忠于朝廷，好好管束部下，不要骚扰百姓。"侯景应允，过后对亲信说："我多年征战疆场，从没胆怯过。这次竟然有点害怕，莫非真是天子威严不容侵犯吗？"但没多久，刚吃饱肚子，士兵休整好，他不仅没有撤兵,反而加强攻势。

湘东王萧绎是萧衍第七子,萧纲之弟,早年因病一眼失明,自称"韬于文士,愧于武夫",前不久曾密诏加授萧绎为侍中、大都督中外诸军事等职,因此他有权统率所有军队。他对议和不满,撤走了援军。这样一来,侯景顺利攻陷台城,囚禁萧衍,贬萧正德为大司马,然后纵兵抢劫。萧衍的菩萨心肠没能感化乱臣贼子,被囚禁130余天后活活饿死,萧纲继位。

西江督护陈霸先等人纷纷起兵讨叛军。萧绎首先发兵灭侄儿河东王萧誉与哥哥邵陵王萧纶,再击退襄阳都督萧詧,再命王僧辩率军东下战侯景。天正元年(552年)侯景死后,萧绎即帝位于江陵。不久,其弟武陵王萧纪也在益州称帝,萧绎又派兵讨萧纪,并请求西魏援助,局势更加混乱。直到太平二年(557年)陈霸先接受15岁的梁敬帝——萧绎第九子萧方智"禅让",改国号为"陈",为梁画上了句号。萧衍之败如同刘奭、王莽,"行仁义而亡国"的现实,再一次与"行仁政者得天下"的理想形成了尖锐的对照。

天监二年(504年),萧衍下了一道惊天动地的圣旨:宣布佛教为国教。他认为人间"道"有96种,唯有佛教才是"正道",其余95种都是"邪道",老子、周公、孔子也不是正道,要求人们"改邪归正"。萧衍信佛信得非常虔诚,真到了走火入魔的地步,声称自己不是皇帝而是佛徒。他根据《大般涅槃经》里的文字,令僧人必须吃素。517年诏令宗庙祭品不准再用猪、牛、羊,只能用麦面、蔬菜。后来他才有所让步:允许用面捏成猪、牛、羊的形状祭祀。

信奉佛教的萧衍确实为民办了一些善事,如在京城置孤独园,"孤幼有归,华发不匮。若终年命,厚加料理"。然而,作为一个帝王,过度崇信某一种宗教,很容易变得利少弊多。大臣郭祖深指出"都下佛寺五百余所,穷极宏丽。僧尼十余万,资产丰沃",而且和尚有白徒(勤杂人员),尼姑有养女,这样算来几近人口半数,为此建议"罢白徒养女","皆使还俗附农",以期"法兴俗盛,国富人殷"。① 对此萧衍不仅不听,还越发走火入魔,以至舍身。"舍身"即舍弃自己的凡身,自作苦行供养佛祖,不过一般可以通过布施财物代替苦行。萧衍虔诚得很,不愿他人代替,先后4次亲自舍身,擅离职守,脱下皇袍,换上僧衣,且不愿返。不是说"国不可一日无君"吗?皇帝不急大臣们急了,苦苦央求,用巨款赎回了他。他最后一次舍身长达37天。柏杨评述:

> 萧衍在政治上的成功,全靠侥幸,是一种被浪潮推涌到浪头上的人物……他极醉心"仁慈""宽厚"的美名,所以皇亲国戚士大夫无论有多大的罪恶,都不予追究。但对于普通平民,他却有狰狞的一面,一个人被认定犯罪时,父母妻子都受到连累。一个人逃亡,全家都被逮捕下狱,无一点宽假。②

两个极端集于一身,史上还是少见。"侯景之乱"之始,如果萧衍不是醉心于舍身,而全力于朝政,是否可以避免错误决策?内外战乱是否可以减少?不必要的牺牲是否可以避免?苏轼说"晋以老庄亡,梁以佛亡",③ 不无道理。

---

① 《南史》卷70,郭祖深传,第26册。
② 《中国人史纲》。
③ 苏轼:《〈居士集〉叙》。

千古帝王中疏于政事的太多了，萧衍是其中一类典型。

史上自毁盛世的帝王不多。刘彻、李隆基毁后还有救，萧衍毁得没救，毁得好彻底。

第八章

开皇之治

提要

隋文帝杨坚当政时期（581年—604年），实现全国大一统，官制、科举方面的创新影响深远，开世界上最早的运河，国库充盈。

为什么周公在历史上那么吃香，因为中国帝制时代太需要了。在同时代的欧洲就不一定了，因为君主的女儿甚至女婿也可以继承大位，需要他人代劳的可能性大为减少。

来龙：天下来之不"义"

说实话，我以前对隋朝抱有偏见。因为那个隋炀帝杨广坏得出奇，掩盖了杨坚之好。

有人说，东魏、西魏"两个皇帝，一对傀儡"。东魏皇帝想骑马出去散散心，马上有人阻止说："天子莫走马，大将军怒。"大将军指高欢。有一次，这皇帝同高欢长子高澄喝酒，说话时自称"朕"，高澄当即怒骂"朕！朕！狗脚朕！"，随手让人给了这"狗脚朕"三拳。不久，这"狗脚朕"被高欢另一个儿子高洋直接废掉，高洋改国号"齐"，即"北齐"。

太平二年（557年），西魏的"狗脚朕"也被大臣宇文泰的儿子宇文觉废掉，后者改国号为"周"，史称"北周"。当时宇文觉才10岁，一切由他堂兄宇文护操纵。宇文护希望能当周公，所以取国号为"周"。宇文觉不满宇文护专权，想杀他，反而被他先发制人，废黜而死。宇文护又改立宇文泰的庶子宇文毓为帝。宇文毓已20多岁，表面柔弱，其实聪明有主见，不肯处处听命，而是步步要权。3年后宇文护感觉到了威胁，又将他毒死，改立宇文泰第四子宇文邕为帝，即历史上颇有名的"北周武帝"。宇文邕当时17岁，懂得韬光养晦，与宇文护"和谐"相处了12年。建德元年（572年），宇文邕羽翼已丰，突然杀掉宇文护，自己亲政。

宇文邕下令毁掉关东数百年来官私所造一切佛塔，融刮佛像，焚烧经典；寺庙尽赐王公，充为第宅；释子灭300万，复为军民，还归编户。此为中国历史上第二次禁佛。当时有人称赞："帝独运远略罢之（指灭佛），强国富民之上策。"[①] 宇文邕还干了一件更大的事：统一北方。北周和北齐经常发生战争，双方互有胜负，谁也吃不了谁。北周通过灭佛等一系列改革国力大增，而北齐却依然腐败不堪。北齐后主高纬是历史上有名的昏君，连说话的底气都没有，大臣奏事他连头都不大敢抬，但生活却极为奢侈，百姓送他绰号"无愁天子"。他像春秋时那个宠鹤的卫懿公，将他宠爱的狗、马、鹰、鸡都封了官。宇文邕瞅准时

---

① 《广弘明集》卷7。

机,于建德四年（575年）亲率6万大军向北齐发起进攻。第三年,北周将北齐灭亡,统一了北方。这在中国历史上具有十分重要的意义,因为它结束了北方自东、西魏分裂以来近半个世纪的割据局面,为隋统一全国奠定了基础。

宇文邕对子女要求很严,但也许太严。大成元年（579年）平突厥定江南前夕,宇文邕突然病死,太子宇文赟继位。宇文赟居然对着宇文邕的棺材大骂:"你死得太晚了!"这不肖之子,葬礼都没心思办,转身忙于召嫔宫女排队检阅,稍漂亮些的都纳入自己后宫,连后妈、太妃级的美女都不放过,很快把天下搞得一团糟。幸好老天有眼,宇文赟在位不到两年就病死了,由他儿子宇文阐继位。宇文阐年仅8岁,不用说也明白又面临什么问题了。走笔至此,我忽然明白为什么周公在历史上那么吃香了,因为中国帝制时代太需要周公了!在同时代的欧洲就不一定了,因为他们君主的女儿甚至女婿也可以继承大位,选择面大大扩增,需要他人代劳的可能性大为减少。

宇文阐的"周公"叫杨坚。杨坚颇有来头。当时关陇军事贵族集团横空出世,创造出4个王朝,即西魏、北周、隋、唐。其发端是盛极一时的西魏"八大柱国",即宇文泰（李世民外曾祖父）、李虎（李渊祖父）、李弼（李密曾祖父）、独孤信（杨坚岳父,李渊外祖父）等。陈寅恪说他们有两大特征:一是能融合汉与其他少数民族为一体,二是"入则为相,出则为将"。杨坚不是"八大柱国"成员,但他父亲杨忠是北周开国元勋,封"随国公";他本人14岁就步入仕途,袭父爵,娶独孤信之女为妻,女儿则是宇文赟的皇后。即使如此,他离皇位仍然相当遥远。只因为宇文赟死得太快,新皇帝宇文阐又太小,急需一个周公。

摄政者常有，周公不常有。不到一年即大定元年（581年），宇文阐宣布"禅让"。杨坚三让而受天命，穿一身黄袍登帝位，改国号为"隋"。国号来源于其父"随国公"，只因嫌"随"字有个走字底不吉利，改为"隋"。从此，中国帝王都以"黄袍"为"皇袍"。

清朝史家赵翼不无轻蔑地说："古来得天下之易，未有如隋文帝者。"① 我想，杨坚得天下固然异常之易，但是不义。他显然不如周公和霍光，而更像王莽，区别只不过是王莽失败，而杨坚成功得到历史认可。

最大看点：制度改革创新

一、官制

杨坚一上任就着手对官制进行改革。北周的官僚体制依《周礼》制定，名目多而乱。杨坚参照汉魏体制，在中央设三师、三公、五省、六部。三师是荣誉称号，没有实权，授给有功的文武官。三公是顾问性机构，没有实权，不直接参与政务，也不常设。

执掌政务实权的是五省，即内侍省、秘书省、门下省、内史省和尚书省。内侍省是宫廷宦官机构，管理宫中事务；秘书省掌管书籍历法，事务较少；门下省掌出纳帝命，相礼仪；内史省掌民政；尚书省设吏部、礼部、兵部、刑部、民部、工部等6部24司。

真正具有现代政府职能的是门下省、内史省和尚书省，且互相牵制，避免丞相一人专权，而把权力归集于皇帝。开皇十五年（595年）

---

① 赵翼：《廿二史札记》。

还规定文武官以4年为一任，任满由新官替代。

开皇三年（583年）罢诸郡为州，将地方行政机构由过去的3级制改为州、县2级制，减少一层。同时将一些郡县合并。开皇九年（589年）置乡正里长，以5里为1乡，100家为1里。开皇十四年（594年）规定州县佐吏3年一任，不得重任。官吏的任用权一概由吏部掌握，禁止地方官就地录用。改变"民少官多、十羊九牧"的局面，不仅节省了国家开支，还提高了行政效率，有利于中央集权统治。

杨坚这一整套规模庞大、组织完备的官僚机构，开创了中国帝制时代政治体制的新阶段，一直沿袭到清朝。

二、科举

最了不起、影响最大的改革，还要数杨坚开创的科举制度，即通过考试，按成绩优劣选拔任用人才。隋朝的科举包括秀才、明经、进士等10科，各科考试内容不同，选拔官吏的类型也不同。如进士科，以考诗赋为主，选择"文才秀美"的人才。魏晋南北朝时期以门第为标准选官，只有高门大族才有资格参选。科举制度唯才是举，平民也可以入仕。这种制度一直实行到清朝末年，难以计数的下层才子由此进入统治阶层，影响不可估量。据统计，南宋初登科进士中，56.3%来自前三代无人为官的家庭，不久后这一比例还升至57.9%，明清两代总体也占47.5%。

三、法制

秦朝制定了残酷的刑律，从汉到魏晋南北朝基本相承。开皇元年（581年）杨坚一上任，即命高颎等人"权衡轻重，务求平允，废除酷刑，疏而不失"，在旧律基础上制定新律。开皇三年（583年），《开皇律》颁布实施。

《开皇律》共12篇500条，可谓"简明宽平"，一是删去死罪81条，流罪154条，徒、杖罪1000余条，比《北齐律》减少近一半；二是死刑种类只留斩、绞两种，废除车裂、枭首等；三是废除前代酷刑如宫刑、鞭刑等，改以笞、杖、徒、流、死五刑为基本的刑罚；四是对流刑的距离、徒刑的年限及附加刑的数额减轻。

《开皇律》设"十恶"之条。十恶即谋反、谋大逆、谋叛、恶逆、不道、大不敬、不孝、不睦、不义、内乱10种最严重的犯罪行为，危害皇权，违反礼教，被单列出来，并规定"大逆、谋反、叛者，父子兄弟皆斩，家口没官"，不得赦免。"十恶"之条被历代王朝承袭，直到清末颁布《大清新刑律》才废除，存在一千三百余年之久。

此后杨坚还进行了一系列司法改革。开皇十二年（592年），杨坚认为各地执法多有差错，对同样的罪判决不同，为此要求各州对于人命关天的死刑判决不可专断，一律报呈大理寺复审。596年又强调：死刑案必须经过3奏才能执行。

杨坚后期出现了严刑峻法现象。开皇十五年（595年）规定盗边粮1升以上即处斩，家产没收。"边粮"即边防用粮。第二年规定：九品以上官员之妻与五品以上官员之妾，夫亡不得改嫁。开皇十七年（597年）规定：盗1钱以上者处死刑，3人共盗一瓜事发即死。这条法律太恐怖，以致人们外出都要早睡晚起，生怕被误会。因为社会反应太强烈，很快废止。江南民间喜欢造大船，亲朋好友在船上相聚。杨坚怕人们利用大船聚众图谋不轨，598年底便规定凡民间3丈以上的大船一律充公。同年出台的一条法律更好笑：凡有畜养猫鬼、蛊毒、厌媚、野道

第八章 ｜ 开皇之治

的人家，一律流放边远之地。畜养猫鬼是古代一种妖术，传说半夜祭它可以诅咒杀人。蛊毒即五月五日取百虫，大者如蛇，小者如虱，放入瓮中让它们互相吞食，一年后开瓮留下来的虫可以用来杀人。厌媚即"厌魅"，把一种偶像埋在附近隐蔽地方就可以杀人，这种巫术后传入日本。野道即邪道，也是一种巫术。禁巫术是对的，但处以流放显然过严。

四、兵制

开皇九年（589年）统一完南方，杨坚即罢民间兵仗，休养生息。次年全面改革府兵制，指示："凡是军人，可悉属州县，垦田籍账，一与民同。军府统领，宜依旧式。"[①] 过去府兵及其家室、土地自成系统，不入民籍，不归州县管理，致使军人易于包庇本家，隐匿户口，不纳租税。现在让军人的户籍与农民一样编入州县，其土地也编入户籍，归州县管理。除府兵自身外，其余家口仍应纳税。军役范围之内的职责，仍归军府管。这样"兵归于农，兵农合一"的制度沿用至唐朝。

说来令人不可思议，杨坚在制度文化、法制文化和科举文化方面敢为人先，领潮千年，而在其他文化方面却显得保守。开皇三年，杨坚要求广泛收集散落民间的书籍，每献书1卷奖赏绢1匹。开皇十三年（593年）禁止私藏纬候、图谶，以遏止巫术泛滥，这是必要的。然而，同年诏令民间有撰集国史、臧否人物（评论人物好坏）的一律禁绝，这就大倒退了。孔子私著《春秋》，不正是为着用自己的观念评点历史，"微言大义"，想让此后千万年那些乱臣贼子望而生畏，弃恶从善，改

[①]《隋书》卷2，高祖纪上，第23册。

行礼乐吗？不让个人评述历史，用现在的话来说，也算"文字狱"吧！

在儒家看来，"德音"才是"乐"，或者叫"雅乐"。春秋时期郑国、卫国一带流行的音乐叫"郑声"，那是俗乐。杨坚深谙此道。所以，面对胡乐占统治地位的局面，杨坚于开皇九年，下诏"制礼作乐，今也其时"，重用牛弘，而排万宝常。礼部尚书牛弘有"大雅君子"之称，主修雅乐。万宝常虽有"知音"之名，但身轻言微。开皇十三年，牛弘等人请求重新使用旋宫法演奏，杨坚不同意，要求只用黄钟一宫。于是，牛弘等人重新上奏，附和杨坚的圣意，请求把前代的金石乐器之类全部销毁。牛弘等人又创作武舞，用来表现隋朝的功德；规定在举行郊祭、庙祭时只使用黄钟一宫。随着老乐师死去，黄钟律调以外都失传了。第二年雅乐修成，诏行新乐，禁行民间音乐。万宝常在太常寺听了新乐，黯然泪下，叹道："这新乐淫厉而哀，恐怕天下不久将尽啊！"后来快饿死之时，万宝常将自己的著作《乐谱》64卷全都焚毁，边焚边泣道："留它何用！"

杨坚对民间文化也不放松。开皇元年解禁民间流行的散乐，但仍禁杂戏。开皇三年还禁止上元节燃灯游戏，理由是那"角牴之戏"演出"人戴兽面，男为女服，倡优杂技，诡状异形"。"角牴之戏"就是"角抵戏"，汉代泛称乐舞杂技为"角抵戏"，与"百戏"为同一概念。

杨坚还有一功不可忽略，这就是统一南方。

南陈是南朝最后建立的小国。陈霸先在位7年间，政治较清明，百姓富裕，国势较强。历史对他"篡位"的评价与对王莽有天壤之别，王夫之认为他不仅有功而且伟大。[①] 萧氏小皇帝绝无左右时局的能力。陈

[①] 《读通鉴论》卷18，"陈高非忠于萧氏，而保中国之遗民，延数十年以待隋之一统，则功亦伟矣哉！"

霸先要是愚忠于萧氏，最终逃不出与萧梁王朝共亡的下场，而对百姓来说这将是又一场浩劫。所以，陈霸先实际上是受命于危难之际，既是民情所需，也为时局所迫。所谓"成王败寇"即是如此。

陈霸先的遗憾是没能统一南方，而他的子孙一代不如一代。陈氏没干成的事业，轮到杨坚干。开皇元年，杨坚正式登台，很快便部署吴州总管镇广陵、庐州总管镇庐江，对南陈虎视眈眈。不过，这时北周与南陈尚处于"友好"阶段。这年南陈遣使访北周。江南距西北遥远得很，南陈使者到达北周都城长安的时候，北周已"寿终正寝"，可杨坚还是让南陈使者会见了已被废尚未被杀的宇文阐。同样由于路途遥远，这使者返程也许还没回到南陈国都，这年南陈便攻江北，隋反攻。但这只是试探，双方很快恢复友好，隋遣使访陈。

第二年陈宣帝陈顼死，又发生宫廷政变。始兴王陈叔陵夺皇位，竟然趁着哭灵的机会持刀砍杀太子陈叔宝。幸好得母后与奶娘相救，陈叔宝才捡回一条命，并登上皇位。然而，陈叔宝并不懂得珍惜，而是利用这侥幸捡来的生命与权力尽情享乐。想当年陈霸先生活非常简朴，常膳不过数品，私宴用瓦器、蚌盘、肴核，后宫无金翠之饰，不设女乐，陈叔宝却走向另一个极端。陈叔宝算个诗人吧，他对于诗的爱好胜过江山。刚巧有位叫张丽华的贵妃艺貌双绝。据说张丽华所居的望仙三阁，每当微风吹过，香飘数十里。而张丽华于阁上梳妆，有时临轩独坐，有时倚栏遥望，远望如仙子临凡。陈叔宝沉湎于其中。

也许正因为看到陈叔宝在自毁江山，杨坚等待着更便宜的时机；或许，杨坚见此情形不急，先忙别的，总之他先跟陈叔宝继续"友好"着，年年互访，有时一年互访两三次。开皇五年（585年），陈攻隋和州，杨坚派兵将他们击退，并不大举反攻，后两三年照常互访。

进入开皇七年（587年），局势不一样了。这年杨坚一面在扬州阳渎开山通漕为攻陈做准备，一面继续遣使者回访陈。灭西梁后，在永安（今四川奉节）开始造大小船只，为南征做最后准备。第二年一面继续派使者访陈，一面下诏书，揭露陈叔宝20恶，并将此诏印刷30万份，广泛散发江南，为攻陈造势。有人劝阻：兵行宜密，不可张扬。杨坚笑道："如果他怕了，能改过，我又求什么呢？我要替天行道，代天而诛，何必秘而不宣？"当年发兵多达51.8万，分8路同时对陈发起进攻。

陈叔宝获悉隋军临江，还不以为然。朝中大臣居然说："长江天堑，古以为限，隔断南北，隋军难道能够飞渡？那些边将想立功想疯了，故意夸大敌情！"陈叔宝深信不疑。于是，君臣上下继续狎妓纵酒，赏花赋诗，隋兵渡江如入无人之境。直到兵临城下，陈叔宝这才开始紧张，但他仍不肯逃，说："锋刃之下，未同儿戏，朕自有计。"他的妙计是与张丽华、孔贵妃3个人捆在一起，深藏井下。

隋军将他们从井里提上来时，张丽华的胭脂蹭在井口，后人因此把这井叫"胭脂井"，留给人无限感慨。陈叔宝的知名度显然比陈霸先还高，只因为那首《玉树后庭花》：

> 丽宇芳林对高阁，新装艳质本倾城；
> 映户凝娇乍不进，出帷含态笑相迎。
> 妖姬脸似花含露，玉树流光照后庭；
> 花开花落不长久，落红满地归寂中。

最后一句因为《乐府诗集》等史籍没记录，疑为后人臆加，但不影响人们的评价，"后庭花"成为亡国或者说"亡国之音"的代名词。

最著名的是杜牧那句:"商女不知亡国恨,隔江犹唱后庭花。"

稍早,还有个西梁(后梁),是西魏扶持下的小朝廷,都江陵,占据荆州一带300里,先后做西魏、北周和隋的附庸。隋与西梁比较友好,不时互访。但开皇七年西梁平安王王岩等居然驱男女十万余口投奔南陈,杨坚大怒,即废后梁。

这是一件了不起的大事!东汉灭亡以来,中华大地陷入长达3个半世纪的战乱,当时塞外内附30万人,入塞匈奴数十万人,羯族和其他进入中原的19族有100多万人,而汉族人口不足汉时一半。

此外,杨坚解除了北方的威胁。袭扰北方的匈奴被驱走,北魏也被驱走,可又来了"突厥"。南北朝时期,突厥人由叶尼塞河南迁高昌的北山(今新疆博格达山),又迁阿尔泰山,后往中亚。5世纪中归附柔然,徙于金山(今阿尔泰山)南麓。因金山形似战盔"兜鍪",所以俗称"突厥"。其后,势力逐渐强盛。梁太清六年(552年),突厥大败柔然,以漠北为中心在鄂尔浑河流域建立政权。

突厥时常南侵。开皇元年(581年)杨坚即位之初,突厥还比较友好,当年访隋。随后突厥发生内讧,一分为四。建德七年(578年),北周灭齐,齐将高宝宁不降。高宝宁有自己的实力,能号召契丹、靺鞨和高句丽,所以还想为北周复仇,与隋对抗。这一年,突厥与高宝宁联手侵扰隋。

开皇二年(582年),隋军分别在鸡头山和河北山击败突厥。突厥联手高宝宁发兵40万,攻入长城。隋军击退入侵者。突厥分兵攻武威、延安等地,掠尽六畜回了塞北。

第二年,突厥又入侵。杨坚宣布大举讨伐突厥,分兵8路出塞。同时由幽州总管阴寿率步骑数万,出卢龙塞猛攻高宝宁。高宝宁弃城而逃。阴寿留一部分将士镇守，自己率大军班师。没几天，高宝宁招引契丹和靺鞨等反攻。高宝宁的流窜战术让阴寿深感头痛，于是阴寿使出离间计，派人四处散布官府以重金悬拿高宝宁的消息。一个月后，高宝宁被部下所杀。

突厥内讧，其中一部向隋请降。从此与隋转和，不时派使者互访与和亲。杨坚对突厥采取和亲政策，目的不是和解而是分化。开皇十九年（599年），当另一部突厥准备进攻的时候，和亲一部及时向隋通报。突厥内部发生武装冲突，和亲一方战不过另外两方，就投奔隋。隋厚待他们，并出兵援助。第二年又出击，大败敌军。仁寿二年（602年），突厥一部南侵，隋军重拳反击，那一部从此远遁漠北。随后突厥内部又大乱，十余部降归亲隋的一部，不归降的败走吐谷浑。这样，突厥基本统一于隋。

突厥称臣内附时，称颂杨坚为"圣人莫缘可汗"。可汗是阿尔泰语系民族对首领的称呼，这就是说杨坚直接兼任突厥君主，开中华天子兼异族首领的先河。

吐谷浑本为辽东鲜卑慕容部的一支，晋咸和四年（329年）立国建朝。晋元熙二年（420年）前后，吐谷浑兼并氐羌数千里，居浇河，可汗受刘宋封为河南王，又受魏封为西平王。杨坚登帝，吐谷浑进攻凉州。隋将出击，俘斩万计，可汗率亲兵远遁，众人受降。第二年，吐谷浑入侵临洮、廓州等地，隋军将他们击退。开皇四年（584年），隋将又大败吐谷浑，杀男女万余口而还。但从此双方关系转为友好。开皇十一年（591年），吐谷浑遣使入隋表示称藩，敬献土特产，请求赐给美女充实后宫。杨坚给他们礼遇，但美女舍不得。开皇十五年（595年），吐谷浑又入隋奉献。第二年杨坚终于同意和亲，将一位公主嫁了过去。

隋的外患主要是北方游牧民族。因此，加修长城是一项重要防务。长城始建于春秋战国时代，东西绵延上万里。杨坚上台没两个月就征发劳役筑长城。开皇五年，工程规模扩大，发丁3万，东至黄河，西至绥州，绵延700里；开皇七年，又发丁10万。2010年，鄂尔多斯博物馆长城调查小组通过察看航空影像、地形，使用全球卫星定位系统（GPS），查阅文史资料，分析卫星照片及专家论证，确认鄂前旗上海庙境内有一处隋长城遗址，共3段，墙体为堆筑土墙，不坚固，泛白色，呈鱼脊状凸起，宽3~6米，残高0.5~1米，均在明长城以北90~200米处，长约6.8公里。长城沿途区域多为草原戈壁和灌木丛沙滩及盐碱地带。

但杨坚的统治引起不少百姓反抗。长期以来江南士族享受特殊待遇，而南迁的北方寒门庶族则饱受冷遇。杨坚平江南后，改变"南尊北卑"势态，让宰相苏威撰写《五教》，要求江南百姓不分男女老幼熟读背诵。所谓"五教"即父义、母慈、兄友、弟恭、子孝的儒家纲常伦理，也就是说把南方人看成不识礼仪的野蛮人，强加常识教育。江南士民感到受侮，大规模抗议。开皇十年（590年），越州高智慧、婺州汪文进、苏州沈玄憎相继起兵造反，自立为帝。同时，乐安的蔡道、泉州的王国庆等人也举兵反隋，各自号称大都督。这些叛军有的多达数万人，实力弱的也有数千。他们相互声援，连破州县，杀朝廷官吏。杨坚派杨素率军镇压，很快将乱局缩小在泉州。王国庆认为海路艰难，官军多为北方人，不善于驾船航海，未加防备。杨素却出其不意直抵泉州，吓得王国庆弃城而逃。杨素又暗中派人拉拢王国庆，说除掉高智慧可以立功赎罪。王国庆随即出卖盟友。历经数百战，叛军几个月后被镇压。

同年，番禺王仲宣起事，各州跟随，引兵围广州。杨坚派冼夫人率兵镇压。冼夫人嫁当地太守，喜欢结交英雄豪杰，善武功，多次参与平乱，后率岭南民众归隋，被封为谯国夫人。这时她年近70，但宝刀未老，很快平息了这次反叛。李佛子原是李贲的部将。梁大同十二年（546年），陈霸先败李贲，李佛子率3万人逃往哀牢。李贲死后，李佛子追随李天宝立国。李天宝死后，李佛子继领部众，越南史称"后李南帝"。仁寿二年（602年），李佛子据守龙编（今越南河内东），杨坚派瓜州刺史刘方统领27营前往征讨，击败李佛子。李佛子率军投降，被缚送长安，与其他将领一同被斩首。李佛子起事头尾长达32年。越南人为纪念李佛子，在当地建祠，追称他为"英烈仁孝钦明圣武皇帝"。

此外，大运河也值得一说。

一说大运河，人们很自然想到北京至杭州的人工河，其实还有一条"隋唐大运河"，比京杭大运河更早。为统一南方，杨坚认真备战，从今淮安至扬州开山阳渎，整治取直，中间不再绕道射阳湖。后来开通济渠，从今洛阳西郊引谷、洛二水入黄河，东段自荥阳汜水镇东北引黄河水，循汴水（原淮河支流），经商丘、宿县、泗县入淮通济渠。大业四年（608年）又开永济渠，引黄河支流沁水入今卫河至天津，继溯永定河通今北京。大业六年（610年）开江南运河，由今镇江引水经无锡、苏州、嘉兴至杭州通钱塘江。这样，形成以洛阳为中心，由永济渠、通济渠、山阳渎和江南运河连接而成，西接大兴，南通余杭，北通涿郡，全长两千七百余公里的大运河。这是世界上开凿最早、规模最大的运河，成为中国古代南北交通的大动脉，在历史上发挥过巨大作用。这项浩大工程杨坚时期开工，延续到杨广时期才完成。

杨坚生长于寺庙，素衣素食，称帝后保持着节俭习惯。他食不重肉,不用金玉饰品,宫中的妃妾不做美饰,并要求太子和官员们节俭。统治者节俭是百姓之福。杨坚上任时,全国人口400万户,他死时增至890万户,这个数字直到唐朝李隆基时才再次达到。人多不是贫穷的借口。开皇十二年(592年),官员报告说府藏都满,粮食布帛没地方堆放,杨坚下令建新库。没多久,官员又汇报说新库也堆满了,杨坚便下令:那就藏富于民,不再建国库,免除全年租赋。史书描述其时:

> 平徭赋,仓廪实,法令行,君子咸乐其生,小人各安其业,强无凌弱,众不暴寡,人物殷阜,朝野欢娱。二十年间,天下无事,区宇之内晏如也。①

去脉:养老鼠咬麻袋

作为君主,杨坚总体是相当成功的。专家学者评价:

> 隋朝消灭了其前人的过时的和无效率的制度,创造了一个中央集权帝国的结构,在长期政治分裂的各地区发展了共同的文化意识,这一切同样了不起。人们在研究其后伟大的中华帝国的结构和生活的任何方面时,不能不在各个方面看到隋朝的成就,它的成就肯定是中国历史中最引人注目的成就之一。②

---

① 《隋书》。
② [英]崔瑞德、[英]鲁惟一编,中国社会科学院译:《剑桥中国辽西夏金元史》,中国社会科学出版社1990年版。

坦白说，我并不怎么推崇杨坚。我认为他很像秦始皇，像秦始皇一样统一中国，像秦始皇一样创千年制度，像秦始皇一样暴虐，像秦始皇一样大兴土木……甚至像秦始皇一样大起大落，像秦始皇一样败在儿子手上……

倒不是虎父犬子，相反，杨坚、杨广可以说是虎父龙子。隋亡的根源恐怕得追溯到女人——独孤皇后，可以说"成也萧何，败也萧何"。如果没有独孤皇后，杨坚很可能进入不了北周的权贵阶层；如果没有独孤皇后，杨坚很可能当不了北周皇帝的岳父；如果没有独孤皇后，杨坚很可能早被宇文氏杀了；如果没有独孤皇后，杨坚很可能摄不了北周之政；如果没有独孤皇后，杨坚很可能没有那一系列政治、经济、文化的英明决策……

有一件小事足见独孤皇后对于杨坚的影响力。杨坚命杨素监造仁寿宫，没想到这工程"役使严急，丁夫多死，疲屯颠仆，推填坑坎，覆以土石，因而筑为平地。死者以万数"。[①] 杨坚派高颎前去视察，高颎如实汇报："颇伤绮丽，大损人丁。"杨坚听了很不高兴，决定亲临仁寿宫。到实地一看，果然见宫殿奢华无比，大骂说："杨素殚民力为离宫，为吾结怨天下！"杨素怕了，经人指点求见独孤皇后，说："帝王自古有离宫别馆。今天下太平，造此一宫，何足损费？"第二天杨坚斥责杨素的时候，独孤皇后当场为杨素辩护："公知吾夫妇老，无以自娱，盛饰此宫，岂非忠孝？"如此一来，杨素不但没获罪，反而获赏钱 100 万、锦绢 3000 段，从此更得信任。

杨坚不无自豪地声称他有避免太子之争的法宝："此前帝王妻妾太

---

① 《资治通鉴》卷 178，隋纪 2，第 11 册。

多，儿子们不是同母所生，所以才会有争执。我5个儿子都是一母所生，亲同手足，肯定不会发生自相残杀的悲剧！"杨坚看到人性中重亲情的一面，却忽略了权力对于人性消融的一面，他高兴得太早了！

太子本来是长子杨勇。杨勇为人宽厚，优礼士人，但是好色。这对帝王来说不是太大问题，但杨坚却不能容忍。也许正因为没有独孤皇后就非常可能没有作为帝王的杨坚，所以他身为天子依然怕老婆，一夫一妻居然保持42年。57岁那年，杨坚有一次"外遇"。独孤皇后大怒，一气之下杀了那个"小三"——宫女尉迟氏。杨坚当然很生气，于是离家出走。经大臣调解，独孤皇后主动请罪，并做出实质性让步，允许杨坚有一个固定的姬妾陈嫔。如此父母，怎能容忍儿子好色？

杨勇的太子妃为元氏，另立云氏为昭训（即妾）。元妃生性温婉贤淑，端庄有礼，云昭训却活泼乖巧，相貌俏丽，楚楚动人。在这两者当中，后者可能更为可爱。但在帝王看来，以"母仪天下"的标准衡量，显然要选前者。杨勇因此失宠。开皇二十年（600年），经独孤皇后提议，杨素声援，杨坚同意，改立好儿子杨广为太子。

平心而论，杨广更为优秀。他能文能武，屡立战功。率军灭陈朝时，对那里的国库分毫不取。他是个一流的诗人。很多人知道唐代张若虚写有《春江花月夜》，其实杨广早以《春江花月夜》为题写过：

暮江平不动，春花满正开。

流波将月去，潮水带星来。

四句两联，有贯珠之妙。丽而不艳，柔而不淫。此外，杨广的《江都宫乐歌》形式上十分接近七律，可谓七律之祖。杨广时代藏书量居历代之首，大兴城和洛阳建有藏书殿，藏书总数达 37 万卷，可惜这些图书后来大都毁于战火。然而，这么个文质彬彬的杨广却背上了弑父奸母的罪名。

仁寿四年（604 年），杨广与杨素谋反，杨坚知道后大怒。杨广又调戏陈夫人，杨坚马上派人召回杨勇，要复他为太子。这时，杨广派人杀了杨坚，自己登基，成为隋朝末代皇帝，后来被他的宠臣宇文化及所杀。

我忽然想起家乡一句俚语："养老鼠咬麻袋。"这话生动形象，通俗易懂，用不着我再解释。宇文赟养鼠——臣下杨坚，杨坚也养鼠——儿子杨广，杨广仍然是养鼠之辈——臣下宇文化及，整段历史可以概括成一部养鼠史。这是专制的必然，其实皇族是专制最直接的受害者。宇文化及命人勒死了那个曾经雄心勃勃的杨广，也就吊销了隋朝那个难得的盛世。

第九章
永徽之治

> **提要**
>
> 唐高宗李治当政时期（649年—683年），安定四边，疆域创唐之最，社会稳定，人丁兴旺。《永徽律疏》被誉为中华法系的代表，文化发达，初现大唐气象。后世称为"永徽之治"。
>
> 陈硕真与武则天在京郊感业寺结为姐妹的传说不可信，但几十年后武则天称帝，很难说没受到过陈硕真的影响。

来龙："贞观之治"

唐太宗李世民在位期间，以人为本，参政议政蔚然成风，经济繁荣，犯罪率低，文化多元，具有世界主义色彩，被誉为"贞观之治"。

贞观六年（632年），秘书少监虞世南进呈《圣德论》，歌颂李世民的功德，没想到拍错了马屁。李世民说："《圣德论》把我比成上古的圣君,我实在不敢当,何况你只是看到朕当政的开始,朕能不能明智到最后还不一定,离盖棺论定还早呢。"①李世民这话够明智,但不幸被言中,明君难终定律再次发挥作用。魏徵一死,时间稍久,李世民就变得跟杨广差不多了。他固执地征高句丽,劳民伤财,后来才后悔:"假如魏徵还在,应当不至于如此。"甚至有人说李世民"及时薨逝使他免于重蹈上一位入侵朝鲜半岛的皇帝隋炀帝的覆辙""在中国他最被称道的原因与其说是他在位时的表现,不如说是因为唐朝之后的历史"。②这话有深意。只因为乐于纳谏的帝王太少了,矮个里挑高个,李世民就成了纳谏的先进典型。

或许因为自己以太子之争起家的缘故吧,李世民很重视太子的培养。14个儿子当中,他最喜欢长子李承乾和四子李泰。

李承乾出生在太极宫承乾殿,李世民用此殿给儿子起名,显然寄予某种厚望。李承乾还在襁褓中就被封为恒山王,稍懂事就有儒学大师陆德明为师,8岁被立为太子。12岁的时候李世民要求他"听讼",培养他的执政能力。14岁开始,李世民外出时让他以太子身份留在京城监国,实习执政。李承乾不负厚望,深得好评。

然而,天妒英才。贞观十三年(639年),李承乾脚出了毛病,怎么也治不好,走起来一拐一拐,大为有损形象。于是他变得自卑,索性破罐破摔,沉湎于吃喝玩乐,甚至派人暗杀劝谏他的重臣(未遂)。即使如此,贞观十六年(642年),李世民还命魏徵为太子太师,以示无

---

① 《资治通鉴》卷194,唐纪10,第12册,"卿论太高。朕何敢拟上古,但比近世差胜耳。然卿适睹其始,未知其终。若朕能慎终如始,则论当可传;如或不然,恐徒使后世笑卿也!"
② [美]陆威仪著,张晓东、冯世明译:《世界性的帝国:唐朝》,中信出版社2016年版。

废太子之意。

同时，李世民对李泰"宠冠诸王"。李泰聪敏绝伦，爱好文学和美术，曾主持编写《括地志》。本来他心静如水，寄情文艺。因为李承乾已破相，加之父皇宠爱，他便觉得一旦改立太子，非他莫属。而李承乾也看出些端倪，感到太子之位岌岌可危，决定先下手为强。贞观十七年（643年），李承乾企图谋杀李泰，结果失败。他没有悬崖勒马，而是变本加厉，又联手汉王李元昌、侯君集等人政变逼宫。阴谋又流产，这次不可再原谅。李世民一怒之下废李承乾为庶人，流放黔州，于次年死在流放地；赐李元昌自尽，侯君集等人处斩。

直到这时，李世民在改立太子问题上还犹豫不决。李泰以为机会终于等到，连忙说如果立他为太子，那么将来他死之时会杀了自己儿子，传位给九弟李治。李世民听信，头脑一热，马上答应。谏议大夫褚遂良毫不客气批评说："发生这种夺嫡闹剧，正是陛下您过分宠爱造成的。李泰说将来杀子让弟是不可信的。"褚遂良和长孙无忌力荐李治，李世民同意。随后，以长孙无忌为太子太师，加强对李治的培养。而李泰被贬为顺阳王，以后没几年就死了。

贞观十九年（645年），李世民亲征高句丽，太子监国。第二年李世民还长安，以健康为由继续将军国大事委以李治处理，锻炼他的执政能力。贞观二十二年（648年），李世民作《帝范》12篇给李治，这是他一生经验的总结，充满哲理。他还在其中明确说：他一旦归天，这就是遗嘱。

贞观二十三年（649年），李世民去世，李治继位。

最大看点：疆域创全唐之最

李治统治时期，大唐称得上是国泰民安。他先罢高句丽之战，后设安东都护府。基本平定吐蕃和突厥的叛乱，疆域之广创全唐之最。

一、设置安东都护府

贞观二十三年（649年），李世民逝世，尸骨未寒，李治继位头一件事就罢高句丽之战。高句丽之战打得太惨，李世民自己也有悔意，只是不肯服输，硬撑着，这可苦了将士和百姓。李治和他的大臣知道形势严峻，所以迫不及待停止了这场战争。平静两年，高句丽入唐朝贡。

好景不长。永徽六年（655年），高句丽与百济、靺鞨联手侵新罗，新罗向唐求救，李治只好发兵击高句丽，新仇旧恨一起算账。显庆三年（658年），薛仁贵率军进击高句丽，大获全胜，随后又一次次加大打击力度。总章元年（668年）围平壤月余，终于破城，高句丽王与百济王均被生擒，高句丽宣告灭亡，朝鲜半岛的三国时代结束。从此，中国与朝鲜半岛之间再没有战争。

唐在平壤设安东都护府，辖辽东半岛、朝鲜半岛北部、吉林西北地区和朝鲜半岛西南的百济旧地，包括今乌苏里江以东和黑龙江下游西岸及库页岛。

二、平定突厥

李世民统治后期，随着突厥内部分裂势力大衰，双方关系总体比较融洽，互访、和亲、入贡。贞观二十三年（649年），唐在突厥设11州，分别隶属云中、定襄都护府。

永徽二年（651年），双方关系开始恶化，西突厥扰延州，杀数千民，唐军3万及回纥5万骑兵联手反击。西突厥的处月部杀唐使者。第二年唐与回纥联军大破西突厥，生擒处月部首领，斩首九千级。永徽六年（655年）再击西突厥，遣使册封西突厥一部可汗，但被另一部可汗所阻。此后两年又两次击西突厥。龙朔二年（662年），西突厥依附吐蕃，其中一部扰庭州，当地刺史战死。

咸亨二年（671年），关系有所好转，委任其一部为都督，安定那里的民众。调露二年（679年），又发生激烈冲突，西突厥勾结吐蕃侵安西。朝议出兵反击，有"儒将之雄"之誉的礼部尚书兼大将军裴行俭表示异议，因为波斯王去世，要派裴行俭送波斯王儿子回去继位，路经西突厥，可以相机行事。裴行俭路经西州（哈拉和卓古城），召集当地酋长及弟子近万，说是打猎，实则暗中西进，趁其不备偷袭西突厥，生擒其头目。然后让波斯新王自行回国，留官员驻安西，筑碎叶城（今吉尔吉斯斯坦国托克马克，李白出生地），巩固势力。

同年突厥二部叛唐，拥立新可汗，24州响应。唐遣将镇压失败，被杀唐军不可计数。他们接着扰定州，当地官员只好用"空城计"。他们还勾结奚、契丹扰营州，被当地官兵击退。裴行俭率30多万军反击，第二年在黑山（今内蒙古巴林右旗小罕山）大破突厥，可汗被自己部下所杀，残余逃往保狼山，裴行俭引兵归。此后，突厥余众仍多次扰云州、定州和岚州等地。

三、平定吐蕃

唐与吐蕃曾是友好的，不然不会有著名的文成公主。李治继位不久封吐蕃王为驸马都尉、西海郡王。第二年吐蕃王死，改立其孙。显庆三年（658年），吐蕃新王又来请婚。然而，和亲换来的和平不能持久。显庆五年（660年），吐蕃嫉妒吐谷浑附唐，出兵击吐谷浑，这不是削大唐的面子吗？不仅如此，龙朔二年（662年），大唐击西突厥，吐蕃却接受西突厥依附。第二年吐蕃又大举进攻吐谷浑，吐谷浑人纷纷逃到凉州避难，请求迁居内地。在这种情况下，李治只好出兵，一方面防吐蕃入侵，一方面援助吐谷浑。麟德二年（665年）吐蕃遣使来，请求与吐谷浑和亲，并请求吐谷浑划给他们一块土地，李治予以拒绝。

咸亨元年（670年），吐蕃疯狂攻占唐18州，又与于阗联手袭龟兹，李治命薛仁贵、郭待封率军反击。薛仁贵将辎重留在大非岭（青海湖之南），率轻锐日夜兼程，攻敌不备，进屯乌海。郭待封不采纳薛仁贵战略，仍然负重而行，结果遇吐蕃20万大军，大败。等薛仁贵退回大非川，吐蕃聚集40万大军猛攻，薛仁贵也大败，只得议和。咸亨三年（672年），唐遣使与吐蕃互访。

上元二年（675年），吐蕃遣使者请和，并请求与吐谷浑修好，被李治拒绝。同年吐蕃扰鄯州，次年多次扰鄯、廓等州，随后又扰扶州等地。仪凤三年（678年），李治命18万大军与吐蕃在青海大战，可是唐军一部分深入被围，主将被俘，另一部竟然不救，大败而归。李治召众臣议对策，有的主张和亲，有的主张严守，有的主张增兵出击，议而不决。

调露元年（679年）吐蕃王去世，文成公主遣使来告丧，并为新王请婚。李治派人去吊唁。不想吐蕃新王更疯狂，次年大举扰河源。唐将黑齿常之率部将吐蕃击退，并针对该地偏远、运输不畅的薄弱环节，置烽燧七十余所，开屯田五千余顷，每年收粮五百余万石。这样，河源防线变得牢不可破。吐蕃将侵扰方向改为西域。西域因为有安西都护强力护卫，吐蕃无计可施，又改向剑南，在当地羌族的协助下，攻占了安戎（今属甘肃）。吐蕃至此占据诸羌之地万余平方公里，为吐蕃最盛时期。于是，吐蕃再次把兵力转向河源，率3万兵屯田于良非川，与黑齿常之对抗。开耀元年（681年），李治命黑齿常之率精骑万余趁夜突袭吐蕃兵营，斩首两千级，缴获羊、马数万，吐蕃粮仓等尽数被烧毁。次年吐蕃还想攻河源，唐将娄师德出击，八战八捷。

一般说这一时期的大唐版图东起朝鲜半岛，西临咸海，北至贝加尔湖……为唐代之最，其外交和军事力量超越"贞观之治"。

此外，李治时期还有一些可圈可点的事。

上元元年（674年），李治将皇帝的名称改为"天皇"，皇后为"天后"，但这一改变在我国没沿袭下来。

李治命长孙无忌及刑部尚书等人修订《唐律》，于永徽二年（651年）完成，分12篇502条。随后创造性地在律条后面加了注疏，并称《永徽律疏》，又称《唐律疏义》。这部法在唐代一直没有更改，并对宋、明、清的律法产生了深远影响，还影响了东亚及东南亚多国。专家认为《永徽律疏》实现了礼与法的完美结合，使得汉代开始的"春秋决狱"正式废止，是我国法制史上的典范，被誉为中华法系的代表。

李治封禅泰山后，兴犹未尽，还想遍封五岳。永淳元年（682年）诏令在嵩山南新建奉天宫。监察御史李善感毫不客气批评道："陛下广造宫室，劳役不休，天下莫不失望啊！"大臣们听了目瞪口呆。近二十年来，朝野没什么人直言进谏。李善感这番话，大家觉得是个好兆头，称之为"凤鸣朝阳"。①这件事还给编进了《幼学琼林》，将李善感作为文官先进典型推荐给小朋友们。

唐朝以诗赋取士，此是公论，但具体什么时候开始在科举当中将诗赋列入考试内容，尚存诸多争论。有的认为始自李隆基时代，有的认为始于武则天时代，也有认为始于更早的隋朝。

大名鼎鼎的王勃为"初唐四杰"之首。麟德二年（665年）王勃参加科考，写的是《寒梧栖凤赋》。这是一篇典型的限韵之作，以"孤清夜月"为韵。现代学者认为这是中国最早的限韵之作，也有人认为这不是他在考场上写的。但还有佐证：王勃在《上吏部裴侍郎启》一文中写道："伏见铨耀之次，每以诗赋为先。"这样看来，王勃时代以诗赋取士应该是无可争辩的。

这一时期地震、水灾、风灾、饥馑、牛疫等天灾较多，但人口从贞观年间的不满300万户增加到380万户。李治不仅维持社会稳定，还创造了"盛世"，这不能不让我平添一分敬意。

去脉："武周之治"

武周皇帝时期（683年—705年），册立突厥默啜为立功报国可汗，转战为和。与吐蕃时战时和。西北其他地区及西南地区较平静。对内设"登闻鼓"与"肺石"，鼓励百姓控诉不良官吏。政局稳定后惩治臭名

---

① 《新唐书》卷105，韩瑗传，中华书局1999年版，第36册，"自瑗与遂良相继死，内外以言为讳将二十年。帝造奉天宫，御史李善感始上疏极言，时人喜之，谓为'凤鸣朝阳'。"

昭著的酷吏，组织对大要案调查复审，恐怖的气氛开始松弛。在洛阳殿上亲自策试，开"殿试"之先河，首创"武举"，重视各种人才。经济仍然繁荣，工商业发达。这时期被誉为"武周之治"。

第十章

武周之治

> 提要

武则天称帝期间（690年—705年），乱上而不乱下，重用人才，无外患之忧，经济、文化持续发展。

从骆宾王和陈子昂等人的际遇看，武则天这人对知识分子还是挺有肚量的。

来龙："永徽之治"

弘道元年（683年）李治逝世，遗诏太子李显即位，但军国大事的裁决仍在武后。登基仅3个月李显便被废，武则天改立李旦。李旦则被软禁，仍由武则天实际掌政。

在中国封建历史上，要做任何一件破天荒的事都异常艰难，何况是做女皇，而且武则天的起点那么低。李治的国舅代表声望显赫的关陇集团，王皇后及受宠爱的萧淑妃等也都有贵族血统，武则天则是并州（今山西省太原市）一个木材商的女儿。唐王朝的嫔妃分19级，武则天的"才人"是倒数第4级，而同级别共有9人，能够从这其中胜出，就已经不容易了。李世民死时她被迫削发为尼，且已26岁，99%的人处此境地都得绝望。可她不绝望，还攀上了年轻的李治。李治死时她已经59岁，虽然几乎已攀到了权力的顶峰，却还想腾飞入云当天子。

柏杨说武则天"后来对李治厌恶入骨，但她能控制自己，没有谋杀他，这是她绝顶聪明的地方"。① 李治死了，她仍然能控制自己，小不忍则乱大谋。嗣圣元年（684年），李显将美艳的太子妃韦氏立为皇后，并将国丈韦玄贞从一名蜀地小吏提拔为豫州刺史。后来李显又要将韦玄贞提拔为侍中。侍中本来只是少府属下宫官群中直接供皇帝指派的散职，后来地位渐高，魏晋以后往往成为事实上的宰相。顾命大臣裴炎担心韦氏势力坐大，当即表示反对。李显生气了，斥责道："我就是把天下让给韦玄贞也没什么不可，何况一个侍中！"裴炎只好告到武则天那里。武则天大怒，立即命裴炎带兵入宫，废李显为庐陵王，将韦玄贞流放到钦州。这时，距李显登基仅3个月。

废李显的同时，武则天改立四子李旦为帝，并将他软禁，不得参与朝政，一切政务仍由武则天做主。她一方面继续削弱李族势力，另一方面继续壮大武族势力。她派员到巴州禁所，令前几年已因谋逆罪废为庶人的二皇子李贤自尽。将宗亲武承嗣提拔为礼部尚书，参与国政。推出一系列改革，易旗帜为金色，八品以下服色由青改碧，改东都为神都，并立武氏7庙，封其5代祖为王，立5代祀堂于文水（今属山西，武则

---

① 《中国人史纲》中册。

天老家)。

这些变化引起朝野关注,李氏人人自危。徐敬业(李敬业)等人以挽救李显为名,在扬州起兵,十来天发展到十万之众。诗人骆宾王毅然参加起义,被任命为艺文令,拟《代李敬业传檄天下文》。这篇檄文的前半部分列数武则天"杀姊屠兄,弑君鸩母"等罪行,后半部分号召大家响应起义。檄文是发布天下的,武则天自然能看到。当读到"请观今日之域中,竟是谁家之天下"等语时,她连忙问:这文章是谁写的?当她得知这篇文章出自骆宾王之手时,十分惋惜地说:"此人有如此才华,却没能招到朝廷来用,这是宰相的过错啊!"武则天如此重视人才,连政敌都赞赏。武则天问裴炎,怎么平息这场叛乱。裴炎居然说:"如果太后还政于皇帝,徐敬业不讨自平。"武则天听了很不高兴,立刻翻脸不认人。武承嗣指使人告裴炎通徐敬业,立即将其下狱,后连同为裴炎申辩的一并问斩。武则天派李孝逸等率三十万兵去讨伐,斩首七千,徐敬业本人也被其部下所杀。

垂拱二年(686年),政局基本被掌控了,武则天做出一个姿态:下诏归政于李旦。李旦不是傻瓜,连忙竭力推辞,武则天便重新心安理得地代行皇帝职权。武承嗣指使人在一块白石上凿文:"圣母临人,方昌帝业。"说是从洛河中得来,献于上。武则天大喜,命其石为"宝图",为自己加号"圣母神皇"。六月作神皇三玺,又改"宝图"为"天授圣图",洛水为"永昌洛水",祭祀规格高于江、淮、河、济四渎,并改嵩山为神岳。但这时更多亲王开始抵抗。琅邪王李冲、越王李贞先后在博州、豫州起兵,但李冲七日败死,李贞后来也兵败自杀。随后,她迫使多位王公与公主自杀,其亲党皆诛。然后,武则天追尊其父为周忠孝太皇,母亲为忠孝太后。

著名诗人陈子昂生性耿直,曾因其文"历抵群公"被排挤,但不改其志。李治死时议迁梓宫归葬乾陵,陈子昂谏阻。武则天看了,叹其有才,授"麟台正字"之职。麟台即原来的秘书省,武则天改其名。正字与校书郎同掌校雠典籍,订正讹误。总之,只不过区区文职人员而已,谈不上什么官。永昌元年(689年),武则天问当今为政之要,陈子昂即上书,辞婉意切地建议:"宜缓刑崇德,息兵革,省赋役,抚慰宗室,各使自安。"显然太书生气,武则天置之不理。她又杀汝南王李炜等宗室12人,不久又除唐亲属籍。中书侍郎宗秦客制作了12个新字,包括"照""天""地""日""月""星""君""臣""载""初""年""正",即所谓则天文字。武则天又自己造了一个"曌"字作为名字,既表示"日月当空,普照天下",又表示空大于日月。本来,她乳名"武二囡",李世民赐名"武媚",民间称"武媚娘",在感业寺她的法名叫"明空",现在她自称"武曌"。

又历经7年精心谋划,天时、地利、人和一样不缺了。天授元年(690年)九月初三,关中耆老九百余人自发赶到洛阳叩拜宫门,说是"请革命,改帝氏为武"。值班官员傅游艺连忙上表。武则天深知"禅让"规矩,须三劝才行,所以不允,但是将傅游艺从七品御史擢升为正五品给事中。初八日,又有耆老、四方蛮夷、道士、和尚一千二百余人诣阙,请神皇登正位,武则天仍未许。初九,远近百姓、四夷酋长、沙门道士、文武百官、李唐宗室五万余人"守阙固请"。这时李旦也上表自请赐武姓,武则天这才登宫城正南的则天门,宣布"建大周之统历,革旧唐之遗号。在宥天下,咸与惟新",[①] 为其前无古人,后无来者的惊

---

① 《全唐文·大周受命颂》。

天之举画上了一个圆满的句号。

最大看点：四边有惊无险

唐于贞观四年（630年）与显庆二年（657年）两次大败突厥，但永淳元年（682年）西突厥又叛。次年春开始，突厥先后扰定州等地。唐军及时反击，但不一定都有胜算，嗣圣元年（684年）一战失利，死5000余人。垂拱三年（687年）扰昌平，被唐著名大将黑齿常之率军击退。同年又扰朔州，黑齿常之等追击40余里，突厥逃往漠北。同年中郎将爨宝璧妒黑齿常之的战功，请求穷追突厥。武则天命爨宝璧与黑齿常之协同作战，爨宝璧却想独占军功，擅自率精兵1.3万先出塞2000余里，致使全军覆没。武则天怒杀爨宝璧。长寿二年（693年），突厥可汗病卒，其弟默啜篡位。默啜为巩固汗位，转而讨好中原。证圣元年（695年），默啜遣使请降，武则天授其大将军、归国公。第二年契丹叛唐，突厥帮助唐击溃了契丹，武则天册立默啜为立功报国可汗。神功元年（697年），默啜请求给他6州的突厥降户以及单于都护府之地，并求谷种、缯帛、农器、铁等物，武则天基本都同意了，随后突厥国力大大增强。

圣历元年（698年），武则天命内侄武延秀前往迎娶默啜之女为妃，见面后默啜却变了卦，说："我女儿要嫁的是李氏，怎么来个武氏？武氏难道会是天子吗？"他将武延秀拘留，扬言要帮李氏复唐，并发兵袭击河北道等地。武则天调兵遣将反击，战事不太顺利。默啜回到漠北，拥兵40万，占地万里，笼络西北诸民族，重新与中原对立。直到长安三年（703年）默啜遣使入唐，表示愿意和亲，献马千匹及方物。武则天盛情款待来使，赐予重赏。第二年默啜放回武延秀。

唐与吐蕃仍处于时战时和状态，与和突厥的关系有些相似，不过吐蕃的国势正处于上升时期。韦待价累立边功，在李治死后升任吏部尚书，营建乾陵。乾陵修完，又加官晋爵。永昌元年（689年），武则天命他统领讨吐蕃，不想大败，唐军死伤惨重。武则天大怒，不得不将他除名，流放绣州。如意元年（692年）二月，吐蕃、党项部落万余人内附于唐，分置于十州。天册万岁元年（695年），吐蕃扰临洮，唐军反击又失败。但吐蕃想和，第二年遣使入唐，请求和亲，请撤4镇兵，并求分享一些地方。武则天表示可以考虑。圣历二年（699年）吐蕃发生内乱，大将率所部千余人来降。第二年吐蕃又扰凉州，六战皆败。长安二年（702年）遣使请和，但又扰茂州。第二年遣使献马千匹、金两千两求婚，不久吐蕃又起内乱，直到几年后才遣使入贡。

契丹在大唐的庇护下，近百年来休养生息，得到长足发展。为了鼓励他们永远效忠，大唐给契丹王赐名"李尽忠"。没想到，万岁登封元年（696年），契丹发生饥荒，营州都督赵文翙不但不予赈给，反而多次侵侮契丹部属，李尽忠趁机组织反唐，陷营州，斩赵文翙。武则天大怒，将李尽忠改名"李尽灭"，叛将孙万荣改名"孙万斩"，并亲命侄子武三思率师讨伐，却三战三败。直到李尽忠病亡，叛乱才镇压下去，但从此开启了东北各少数民族与中原王朝长达两百多年的战乱。

西北其他地区较平静。如意元年（692年）初，于阗王去世，唐立其子为新王。这年唐大败吐蕃，收复被占的龟兹、于阗、疏勒、碎叶4镇，并在龟兹设安西都护府。长安二年（702年），在庭州（今新疆吉木萨尔）设北庭都护府。垂拱元年（685年），铁勒部族起事，但很快败散。延载元年（694年），"永昌蛮酋薰期帅部落二十余万户内附"。

东北部地区较平静。长寿二年（693年），新罗王崩，武则天遣使立其子理洪为王。长安三年（703年），理洪又死，武则天遣使立其弟为王，没发生意外。延载元年（694年），室韦族反叛，很快被平息。

西南地区有些反叛事件发生。垂拱元年（685年），广州僚人起事；垂拱元年（687年），岭南俚户起事，杀交趾都护；长寿三年（694年），岭南僚人起事；长安三年（703年），始安僚人起事，都很快被平息。神功元年（697年），昆明（古民族，非今昆明）来降，唐设窦州安置。

此外，还得说一说当时的诗人。

唐朝诗人如群星璀璨，天河里随便一捞都可以捞到一颗亮晶晶的星星。这次捞到的是陈子昂。陈子昂的那首《登幽州台歌》，将人生之孤独写到了极致。不过，他在历史上产生实际作用的不是诗，而是谏文。

吐蕃跟中原汉族政权的关系时好时坏。武则天征发梁州等地的百姓，从雅州开出一条大路，准备出击西羌，讨伐吐蕃。

陈子昂生性耿直，听闻这道战争令之后，马上进谏说：国家"务在养人，不在广地"，"无罪戮之，其怨必甚"，"自古国亡家败，未尝不由黩兵"。[①]这些直言不讳的话让武则天感到振聋发聩。比《孙子兵法》更久远的《司马法》指出："国虽大，好战必亡。天下虽安，忘战必危。"武则天于是中止了这场战争。她没有为难陈子昂，随后还提拔他为右拾遗。这是一种议政官员，意思是捡起皇帝的遗漏（政策失误），

---

① 《全唐文·谏雅州讨生羌书》，"雅州边羌，自国初以来未尝为盗。今一旦无罪戮之，其怨必甚；且惧诛灭，必蜂起为盗……盖以陛下务在养人，不在广地也。今山东饥，关、陇弊，而徇贪夫之议，谋动甲兵，兴大役。自古国亡家败，未尝不由黩兵。愿陛下熟计之。"

相当于现代的监察官,正八品官职。后来他被奸人陷害冤死狱中,又另当别论了。

然而,武则天贪战功之心并未就此泯灭。第二年,她又令大将韦待价率兵讨伐吐蕃,结果大败,狼狈退回。武则天大怒,将韦待价流放绣州,并斩了他的副职。由此可见陈子昂的先见之明。

去脉:"开元盛世"

唐玄宗李隆基在位期间(公元712—755年),突厥接连发生严重内乱,彻底衰落,北边稍安。与吐蕃、奚、契丹重陷年复一年战争,但总体上不影响时局稳定。改变"重京官,轻外官"的积习,政简刑轻。李隆基诏命僧尼还俗,不得新建佛寺,禁铸造佛像,禁传抄佛经,对于官员和僧尼的交往也加禁止。对道教则推崇有加,在玄元皇帝庙设"崇玄学",诏令学习《道德经》等。追谥孔子为"文宣王",追赠其弟子为公、侯、伯。各地办学成为一种制度。李白进京,入职翰林。国家呈现出一派"盛唐气象",被誉为"开元盛世"。

第十一章
开元盛世

> **提要**
>
> 唐玄宗李隆基在位期间（712年—755年），唐朝文化多元，涌现了李白、杜甫等大文豪，"海内富安，行者虽万里不持寸兵"，人口数量创大唐之最，史称"开元盛世"。

来龙：三让天下

李隆基继位时距武则天退位并去世仅7年，距"永徽之治"结束不到30年，何况武则天时期也有盛世之誉，但虽有太平之世，却无太平宫廷。

想当年落难之时，李显先后被软禁于均州、房州，只有妃子韦氏陪伴，度日如年。每当听说武则天派使臣来，李显就吓得想自杀。韦氏总是安慰他："不一定是赐死啊，何必如此惊恐！"在韦氏劝慰下，李显坚持活了下来。后来重登帝位，便立韦氏为后，并重用她的父亲等人。没想到，韦后和安乐公主却一心弄权，并背着李显淫乱。

唐隆元年（710年），韦后和安乐公主干脆将李显毒杀，韦后没有亲生儿子，改立虽是李显幼子但生母不详的李重茂为皇帝。李重茂时年16岁，没当过太子，只好由韦后临朝称制。韦后母女只高兴了19天，武则天的女儿太平公主和李旦第三子李隆基又发动政变，率兵入宫，杀韦后、安乐公主及众多韦氏党人，重新立李旦为帝，李隆基为皇太子。

李旦这人很有意思！与那些提着脑袋不择手段抢着当皇帝的人相反，他一再推让，一让母亲武则天，二让皇兄李显，连二连三，还要让儿子李隆基。太平公主发动宫廷政变，实指望当第二个武则天，也有一批人支持她。现在皇位让李旦坐，太子让李隆基当，她什么也没捞到，也是"猫儿翻桌为狗作"，心理很不平衡。李旦看似木讷，其实不傻，看出他们两个在暗暗较劲，于是采取不偏不倚的态度。每逢宰相奏事，他总要先问："你与太平公主商量过吗？"再问："你与太子商量过吗？"得知公主和太子的意见后，他才做决定。有趣的是，他用的年号叫"太极"，在实际执政当中也是打太极拳。接着一个年号叫"延和"，是不是借此希望他们两个的和睦能延续到永远？

太极元年（712年），天象出现异常。当时人们认为：彗星出现预示除旧布新。帝座及前星有灾，李旦却认为这是个好时机，借口"传德避灾"，把皇位让给了李隆基。因为太突然，太平公主等人表示反对，李隆基急忙入宫觐见谢辞。李旦坚定地说："你诛凶定乱，能安我宗庙社稷。现在天从人愿，不必谦让！"

太平公主不肯善罢甘休，请李旦传位后继续"自总大政"，想让李隆基当傀儡。李旦拒绝了她的建议，表示自己只过问军国大政，尤其是三品以上高官的任命和重大刑狱。同年初举行正式传位大典，李旦被尊为太上皇，李隆基即位，即唐玄宗。李旦每5天一次在太极殿接受群臣朝贺，李隆基则每天在武德殿上朝。

李旦由于"宽厚恭谨，安恬好让"，所以在接二连三的宫廷之变当中安然无恙。[①] 然而，一遇权力和金钱之争，亲情就变得微不足道，亲人甚至可能变为必欲杀之而后快、不共戴天之仇敌。李旦早看透了这一点，所以视权力像定时炸弹一样，被人塞到手心里也一再撇之。让出权力之后，他再不用担惊受怕，可以静心练他喜爱的草书、隶书了。

换个角度来看，李旦让位给李隆基也十分英明！

太平公主是武则天和李治之女，李旦的妹妹，李隆基的姑姑，身份特殊。李隆基虽然占有皇位，可是7个丞相中有5个是太平公主的门生，文武大臣大半依附她，包括左、右羽林将军，在外几乎只闻有公主不闻有太子。所以，太平公主和她的支持者一直在暗暗谋求废帝，准备以羽林兵从北面、南衙兵从南面起兵，并争取让李旦派李隆基戍边，这几乎是"玄武门事变"的重演。

李隆基觉得戍边是废帝的前兆。一旦被废，只有死路一条。于是，第二年预定出发戍边前一个月，李隆基突然先发制人：与高力士等人设计诱杀左、右羽林将军和宰相等。太平公主闻讯逃入南山佛寺，躲了3天才返回。李旦出面替太平公主说情，李隆基不肯宽恕她，太平公主只得自缢，她3个儿子都被处死，其夫的坟墓则被铲平。李旦被软禁，3年后病死。

太平公主死后，宫中似乎真太平了！与前几十年相比，难得如

[①]《资治通鉴》卷280，唐纪24，第13册，"相王宽厚恭谨，安恬好让，故经武、韦之世，竟免于难。"

此平静。

后来，宫中反叛之事只发生了一件：武惠妃之女的驸马杨洄举报太子瑛、鄂王瑶、光王琚3人想谋害寿王瑁及惠妃。李隆基震怒，想废太子。中书令张九龄以独孤皇后等人废太子失误的历史教训加以劝谏，李隆基忍了。开元二十五年（737年），武惠妃派人召三王入宫，说宫中有贼，请他们帮忙，同时告诉李隆基："太子要谋反了，穿铁甲进宫来了！"李隆基派人查看，发现果然如此，于是下决心废三王为庶人，不久又都赐死。人们说这是武惠妃为争宠制造的冤案，为三王惋惜不已，后来三人得到平反。

然而，李隆基还是栽在内部反叛上，此是后话。

最大看点：尊孔崇儒

李隆基不仅算是个文化人，还堪称艺术家。李隆基认为雅俗之乐混在一起不好，便置左右教坊，选乐工数百，由李隆基亲自在梨园（禁苑中）教法曲，称"皇帝梨园弟子"。梨园弟子指李隆基培训的歌伶舞伎，后来泛指戏剧演员，现代还常用。所谓法曲指歌舞大曲中的一部分，是隋唐宫宴乐的重要形式。它的曲调和所用乐器方面接近汉族的清乐系统，比较优雅。此外选伎女置"宜春院"。李隆基下朝之后，经常教太常乐工子弟演奏丝竹，如果其中一个人弹错，他马上就能听出来并加以纠正，水平不亚于现代交响乐团的指挥。他创编有《色俱腾》等92首羯鼓曲。著名的《霓裳羽衣舞》，有人说是李隆基根据印度《婆罗门曲》改编，也有人说是他根据月宫神仙托梦创作。他自己能演奏多种乐器，琵琶、二胡、笛子、羯鼓无一不通。李隆基还擅长书法，特别是

"八分"和"章草",秀美多姿,在唐代书法史上有一定地位。他传世书迹很多,最著名的是《鹡鸰颂》等。《鹡鸰颂》起笔与收笔少藏锋,挺拔别致,具有唐代典型风格,现在台北"故宫博物院"收藏。

在那个满街诗人的时代,李隆基也是个诗人。《全唐诗》收录他64首诗作,其中《经鲁祭孔子而叹之》入选《唐诗三百首》,全诗如下:

> 夫子何为者,栖栖一代中。
> 地犹鄹氏邑,宅即鲁王宫。
> 叹凤嗟身否,伤麟怨道穷。
> 今看两楹奠,当与梦时同。

这是725年李隆基封禅泰山后到曲阜祭孔时所作,感叹孔子生前际遇,难怪他要让孔子当王。这诗用了不少典故,现代人不太好懂,大意是:孔夫子一生奔波,究竟何所求?这宅曾想毁掉,如今扩建为宫。孔子曾叹凤凰不至,见麒麟伤心绝望。我今瞻仰两楹并祭奠,与在梦中所见一样。清时大才子纪晓岚评价这诗:"只以唱叹,取神最妙。"

更重要的是李隆基对于当时文化的影响。他也尊孔崇儒,但与众不同。开元二十七年(739年),他追谥孔子为"文宣王"。原先祭祀先圣先师,周公南向,孔子东向。从此,孔子南向,被王者之服,并追赠其弟子为公、侯、伯,如颜渊为兖公、仲弓为薛侯等。从此之后宋、元、明、清历代,无不奉孔子为"文宣王"。孔子在天之灵有知,我想肯定会生气。他一生追求君君臣臣之类的礼制,最愤怒的是乱臣贼子犯上,他怎么愿让一个虚职毁了一生清白?

唐诗三大家李白、杜甫和白居易中,前两个都生活在李隆基时代,李白只比李隆基小 16 岁。李白喜欢诗，喜欢酒，喜欢游山玩水，但他跟常人一样最喜欢的是当官。他千里迢迢进京，实指望能成为皇帝的左膀右臂。他太有才了，也是幸运的，42 岁那年一到京城，就得到自号"四明狂客"的秘书监、83 岁的贺知章赏识，被推荐给李隆基。李隆基对李白赞赏不已，很快在金銮殿召见他。当李白步上台阶时，李隆基屈尊走上前迎接。两人谈得很投机，李隆基又亲手调一碗羹给他吃，马上任命他为翰林。翰林分两种，一种可以成为翰林学士，为皇帝起草诏书；另一种专门为皇帝贵妃写诗。李白的角色显然是后一种，这与他的性格及期许相差太大，才一年多时间他便离开了。关于他离京的原因有诸多猜测，我想是双方期望值差异太大的问题。但更重要的问题是：幸好历史上少一个"李宰相"，而留给我们一个"诗仙"。虽然这很可能不是李隆基的本意，也很可能不是李白的理想。

杜甫比李隆基小 27 岁。李隆基当皇帝那年杜甫才出生。"开元盛世"结束时，杜甫也只有 29 岁。杜甫没能让李隆基知遇，但他亲历了李隆基治下的辉煌与动荡。他曾写一首题为《忆昔》的长诗，追述"开元盛世"长安城里热闹非凡的景象，至今常被人们作为史实诵读，特别是以下几行：

忆昔开元全盛日，小邑犹藏万家室。
稻米流脂粟米白，公私仓廪俱丰实。
九州道路无豺虎，远行不劳吉日出。
齐纨鲁缟车班班，男耕女桑不相失。
宫中圣人奏云门，天下朋友皆胶漆。

但杜甫所写更多的是忧国忧民,"三吏"和"三别"更为人所知,这同样是李隆基的"政绩"。当然,这也不是统治者所期望的。

这时期的大诗人还有孟浩然、王维等。令人感慨的是:孟浩然跟李白一样怀才不遇,李隆基也爱读孟浩然的诗,但读到其中一句"不才明主弃"时,李隆基感到很委屈,怨道:"卿不求仕,而朕未尝弃卿,奈何诬我?"①于是朝廷没用孟浩然,他隐居鹿门山,成为著名山水田园诗人。王维进士出身,在李隆基手上屡屡升迁,是他自己辞职归隐,成为"诗佛"。那时候的诗人像杨柳枝,随遇而安,随处成荫。

白居易在李隆基死后10年才出生,本来两人没什么瓜葛。可是有一天,白居易与友人王质夫等到马嵬驿附近的仙游寺游览,谈及李隆基与杨贵妃,王质夫鼓动说:"乐天深于诗,多于情者也,试为歌之,何如?"白居易于是写下了《长恨歌》:

在天愿作比翼鸟,在地愿为连理枝。
天长地久有时尽,此恨绵绵无绝期。

读此诗,总有一种余音绕梁的感觉,心潮久不能静。有人不无羡慕地说:自古以来的诗人成名没有如此之速且广的,白居易只要写《长恨歌》就足够不朽了,不能说没沾李隆基的光。②

---

① 《新唐书》卷230,孟浩然传。
② [清]赵翼:《瓯北诗话》卷4,"古来诗人,及身得名,未有如是之速且广者。盖其得名,在《长恨歌》一篇。其事本易传,以易传之事,为绝妙之词,有声有情,可歌可泣,文人学士既叹为不可及,妇人女子亦喜闻而乐诵之。是以不胫而走,传遍天下。又有《琵琶行》一首助之。此即全无集,而二诗已自不朽,况又有三千八百四十首之工且多哉!"

第十一章 | 开元盛世 145

此外，还有些"小事"值得一提。

李隆基治下可谓政简刑轻。开元十八年（730年）全国判死罪仅24人，比整整100年前李世民当政时全国死囚29人还少。开元二十五年（737年）全国死刑犯多一些，也只有58人。为此，大理少卿徐峤上表："大理狱院向来杀气太盛，鸟雀不栖，如今有喜鹊到树上筑巢了！"于是，百官以"几致刑措"欢呼。"几致刑措"是汉文帝刘恒时期说的，意思是刑具几乎搁置不用。这话显然夸张，但即使挤掉水分，那时的社会治安仍然让人羡慕。

我困惑：究竟是好的政治促进好的社会治安，还是好的社会治安促进好的政治，这有点像鸡跟鸡蛋的关系，难理因果。李隆基在司法方面也"无为"，有新律也在此之后。开元二十五年（737年），李隆基才命李林甫等人删辑历来旧格式律令及敕，总共7026条，全删1324条，修改2180条，保留3594条。又撰《格式律令事类》40卷，以类相从，便于阅览。仅从法律条文上看，也少很多。

李隆基也好面子，不喜欢在京城看到乞丐，影响盛世形象。但他不是将乞丐一赶了之，而是妥善安置。开元十九年（731年）开始陆续在京城设悲田坊、养病坊，以恤贫养老，并安排官员专职负责。有人上奏说"悲田养病"是佛教的事，不应该由官府管，李隆基拒纳。开元二十二年（734年）京城开始禁丐，乞儿均令养病坊收管，但养病坊仍分摊至诸寺，"悲田"款则由官方以本钱收息方式供给。

帝王的御苑，除亭台楼阁，花草树木，鸟兽宠物，还会搞上一两块"试验田"。李隆基在苑中种麦，带着太子亲自下田收割，借以教导："这是要祭祀宗庙的麦子，不敢不亲种亲收。通过亲种亲收，可以略知稼穑之艰辛。"李隆基将麦子分赐群臣，说："派人下去视察农田情况，往往还不明实情。现在亲自种了，才体会真切。"

开元二十一年（733年）关中久雨，谷价飞涨，李隆基召京兆尹裴耀卿来问计。裴耀卿如实汇报：关中事关帝业所兴，但地狭谷少，不得不往外取粮。以前所需禄米不多，每年运一二十万石就够。现在禄米需要得多了，增运数倍仍不能供给。如果将所征之粮集中到东都，由东都转运关中。只要关中经常保持数年储蓄，就不怕水灾旱灾。但南方人不习惯黄河漕运，粮食运到河边久停不再进。为此，建议在汴河入黄河处置一大仓，让南方船到那里卸粮，然后由官方雇船载入河、洛。河、洛到关中，难点在三门（今三门峡）。建议在三门东、西各置一仓作为中转，水险则止，水通则行。如果想迅速些，还可以另辟山路。粮食到河、渭之滨，那里有汉、隋时代的旧仓可以修复利用，再向前就方便了。李隆基觉得有道理，改任裴耀卿掌江淮、河南漕运。短短3年时间，运米700万斛，节约陆运车资30万缗。有人建议将节余出来的钱上缴朝廷，裴耀卿说："这是河漕转运的盈余，怎能作个人邀宠之用！"于是，他建议将此钱留作"籴米基金"。当时西北数十州多驻重兵，当地营田、地租不能足供，便由官府议价购买民粮，即"和籴"，以保证军需。开元二十五年，粮食丰收，李隆基又担心谷贱伤农，便要求按市价加十之二三，和籴东西粟各数百万斛，都是用"籴米基金"。从此，李隆基再不用担心粮食多少和谷价高低问题，农民安心享受丰收成果。

对于天灾，李隆基注重事先从制度上准备预案。开元二十九年（741年）改赈饥法。以前诸州遇有饥馑，要先奏报朝廷然后开仓赈给。因道路遥远，难以及时救助。现在事先授权给州县官与采访使，遇有饥馑可先开仓赈济，然后奏闻。采访使是唐初于各道设的按察使，掌管检查刑狱和监察州县官吏，全称"采访处置使"。

开元十一年（723年），李隆基亲自编纂《广济方》，颁示天下，令诸州各置医学博士2人。天宝五年（746年）又发补充通知说："我所撰的《广济方》应当要求各郡县选择其中最常用、最重要的，写在大木板上，树立在村坊要道边让大家看。同时，要求各采访使经常加以检查，不要让字迹脱落，造成差错，误人性命。"①看来，李隆基心挺细的。这也许算中国最早的"科普"宣传吧？这让人不由对李隆基增添一分敬意。

宰相杨国忠多次汇报说全国各州县殷富，仓库积粟帛动辄万计，帑藏充裕，古今罕见。李隆基听了乐滋滋，天宝八载（749年）带群臣参观国库，分享成就感，并赐奖金。天宝十三载（754年）全国计郡321个，县1538个，乡1.6829万个，民906.9154万户，5288.488万口，为唐代之最，有学者估计唐人口占当时世界总人口的1/3。

李隆基迎来了大唐全盛时节，不论政治、经济、军事，还是文化、艺术、宗教等方面，中国历史都登上了一个巅峰时代，人们称之为"盛唐气象"。

与周边虽无大战，小战难断。开元十八年（730年）吐蕃遣使求和。李隆基与大臣商议说："这十几年，吐蕃请和每次都用敌国礼，根本没有诚意。你们看这次如何？"大臣说："以前是因为他们可汗年幼，才15岁，不知道什么礼，那些边将作怪，想以此激怒陛下。打仗只有军人和奸臣得利，不是国家之福。兵备不解，日费千金，边关受累太久了！陛下如果派使者去吐蕃探视公主，与他们订约，让他们称臣，永息

---

① ［北宋］宋敏求编：《唐大诏令集》卷114，"《广济方》中逐要者，于大板上件录，当村坊要路榜示。仍委采访使勾当，无令脱错。"

边患，岂非御敌之长策？"①李隆基采纳了这一建议。从此，吐蕃重新称臣纳贡，以外甥礼舅。金城公主派使者入唐求《诗经》《春秋》和《礼记》，与唐贸易，并在赤岭（今青海省湟源县日月山）立界碑。

当时河西节度使崔希逸向吐蕃边将建议："我们两国通好，如今亲如一家，何必还设那么多防，妨碍百姓耕牧，撤了吧？"对方同意，于是杀一条白狗盟誓，撤去双方守备。后来，吐蕃在西边攻勃律（克什米尔东部拉达克地区印度河流域上游地区的古国），勃律求助于唐，李隆基要求吐蕃罢兵。吐蕃不听，攻破勃律，李隆基很生气。这时，崔希逸部下进京奏事，想立战功，便建议说现在吐蕃东边无备，是出击最佳时机。李隆基听了，有些动心，便命一员大将随往，要求见机行事。可那大将一到就说是诏令出击。崔希逸不得已出征，深入两千多里，斩敌两千余，果然大胜。于是，吐蕃说大唐无信，双方重陷年复一年的战争。

去脉："安史之乱"

天宝十三载（754年），大唐在经济、疆域、人丁及社会治安等方面都达到了巅峰状态，天宝十四载（755年）四月还诏免本年租庸，李隆基很可能处于一种睥睨千古的高傲状态。哪料，这年十一月便爆发"安史之乱"，大唐国势急转直下。

---

① 《资治通鉴》卷213，唐纪29，第13册，"赞普当开元初，年尚幼稚，安能为此书？殆边将诈为之，欲以激怒陛下耳。夫边境有事，则将吏得以因缘盗匿官物，妄述功状以取勋爵，此皆奸臣之利，非国家之福也。兵连不解，日费千金，河西、陇右由兹困弊。陛下诚命一使往视公主，因与赞普面相约结，使之稽颡称臣，永息边患，岂非御夷狄之长策乎？"

安禄山怎么挤入官场的?

李隆基颇重视干部队伍建设。开元四年（716年），有人密报本年选的县令太滥，很多不符条件。新授县令入朝谢恩时，李隆基突然要求当面复试，出一道《安民策》作为文题，复试结果真的很糟，李隆基便将成绩最好的由小县令提拔为大县令，其余200人还复旧官，45人被勒令回家继续学习，负责这次铨选的吏部官员则降级外调。后来，李隆基还将员官3铨改为10铨。铨意为衡量轻重，古代称量才授官，选拔官吏。

李隆基用人也很有原则。来俊臣是武则天大搞特务政治的总头目，臭名昭著。对于类似他这样的23人，李隆基诏令将活着的流放岭南，死了的子孙永不录用。

可是，李隆基却偏偏重用了安禄山。

安禄山一直随母在突厥地区做生意。30岁时步入军旅，敢冲敢杀，平步青云。开元二十四年（736年），安禄山在讨伐契丹一战中惨遭失败，有御史建议问斩。宰相张九龄还说："禄山失律丧师，于法不可不诛。且臣观其貌有反相，不杀必为后患。"李隆基却批评他："卿勿以王夷甫识石勒，枉害忠良。"[①] 这有个典故：石勒14岁时在洛阳当小贩，"倚啸上东门"，一副英雄气概。太尉王夷甫看了，觉得他将来很可能会为患天下，便派人去抓，他闻风而逃。他后来果然造反，自称赵王，而后杀刘曜称帝，建立后赵政权，算16国中最强的。李隆基并不信张九龄的识人之能，如果他当时听了张九龄的话，安禄山就不可能咸鱼翻身，李隆基个人以及整个唐朝的历史很可能都得改写。当然，也可能正是这话激了李隆基，他偏不信，偏不杀——试试看谁有

---

① 《资治通鉴》卷214，唐纪30。

眼光！

安禄山特别肥胖，腹垂过膝，自称腹重300斤，走路都不方便，跳起胡旋舞却"其疾如风"；看上去呆头呆脑，其实狡黠异常。直到开元二十九年（741年）安禄山还只是平卢兵马使，即节度使府的武职小官，但他善于贿赂到他地盘检查工作的钦差大臣，让他们一个个为他说好话，成功引起李隆基的重视，被提拔为营州都督。第二年又飙升为节度使。

从此，安禄山在贪边功拼政绩的同时，十分注重密切同李隆基的关系。天宝二年（743年），安禄山进京汇报工作时说："去年营州蝗灾，臣焚香祝天，即有群鸟从北来，食虫立尽。"阿谀奉承之功力非常人可及。李隆基听了很高兴，命人记入史册。

安禄山怎么拥有军政大权的？

李隆基也很重视军队建设。当时实行"府兵制"，与均田制相适应，在各地设若干军府，府兵从所在州县的农民中挑选，20岁入役，60岁免役，平时在家生产，农闲时训练。军府只是管理府兵的户籍和训练，统领权在上一级的卫将军手中，战时指挥权在皇帝选派的元帅手中。这样，军府、地方州县官、16个卫和行军大元帅互相制约，没有人能够单独控制军队。李隆基不时进行一些改革，开元元年（713年）诏令关中12卫的士兵改为25岁入役，50岁退役。开元八年（720年）重申这一改革。自李治以来，沿边戍兵60余万。开元十年（722年），朝廷认为四边没什么强敌了，减20余万还农。同时将府兵改为募兵，也即职业兵，史称"兵农之分"，这是一次历史性的改革。以前兵没有还期，开元十六年（728年）改为5年轮休一次，每年有一批回家。李隆基的这一改革减轻了百姓负担，也体恤了兵士。

"节度"意为节制调度。开元二十五年（737年）之后的二十来年是唐朝最难堪的时期，不得不四面作战：北有突骑施和阿布思，东北有契丹、奚，西有吐蕃，南有南诏，逼得李隆基在四边集结大量兵力，增加巨额军费，并增大军队权限。北方逐渐形成平卢、范阳、河东、朔方、陇右、河西、安西、伊西北庭8个节度使区，加上剑南、岭南共10镇，成为固定军区。节度使常以1人兼统2～3镇，多者4镇，威权极重。所统州县官吏虽由中央任命，而实际听命于节镇。

开元二十一年（733年）又设15道"采访使"，要求采访使"准刺史例入奏"。开元末年，采访使的权限扩大为"许其专停刺史务，废置由己"，随后采访使与节度使逐渐归一，也即政权与军权合二为一，形成尾大不掉的局面。

安禄山是平卢节度使兼范阳节度使，权力已经够大了。平卢节度使驻营州（今辽西一带），处于东北前线。范阳节度使驻范阳（今北京），属10镇节度使中兵力最大。这还不够，天宝九载（750年），李隆基赐安禄山东平郡王爵，开唐将封王之先河。又让他兼任河北道采访处置使。河北道辖黄河之北，东并海，南临河，西距太行、常山，北通渝关（今山海关）、蓟门（今居庸关），统辖24州和安东督护府，为今河南黄河以北及山东、河北之地，包括今河北大部、河南、山西、北京、天津一部分。天宝元年（742年），安禄山控制的3镇总兵力约19万，占当时边兵的40%，占全国兵力的1/3，随后又增加到20多万。稍后的宰相杜佑评论："禄山称兵内侮，未必素蓄凶谋，是故地逼则势凝，力侔则乱起，事理不得不然也。"[①] 换句话说，拥有如此巨大的

---

① 杜佑：《通典·兵典》。

实力如果不谋反，那就是安禄山太傻了！

安禄山怎么找到反叛借口的？

其实，李隆基曾经是个"色戒哥"。开元二年（714年），朝廷按惯例为皇帝选婚，派官员到民间搜寻美女。民间自然会有议论，有些是怨言。李隆基听到后，立即将后宫减编，除皇后外，原来九嫔改为六仪，27世妇中仅保留美人4个、才人7个，撤销婕妤一职及八十一御女中采女等内官。遣返的妃嫔宫女用牛车载送回籍，让她们与父母团聚。这表明他本质上是把江山看得重于美人的。他宠爱过赵丽妃、武惠妃。武惠妃死后，有一段时间"上悼念不已，后宫数千，无当意者"①。这说明他对她有真情。就是在这种心灵空虚之时，杨玉环即后来的杨贵妃出现了。

中国古代四大美女之一杨玉环，本来是李隆基的儿媳妇，这时已经结婚五年。此前他们没见过吗？不可能。我想可能的原因是：他们那样的家庭两人见面不可能很多，李隆基这时候开始将心思从武惠妃那里转移出来，杨玉环的舞又特别好，偶然一见翩翩起舞的她，闪出火花，立即像油田失火一样中天而烧。问题是：她是自己儿媳妇啊！老天就这么爱跟情种过意不去！然而，大火烧起来，还能顾及什么该烧什么不该烧吗？李隆基无法扑灭他心田之火，只好大胆去爱：先让她出家，然后从道观将她迎入后宫，娶的就不是儿媳妇而是女道士了。

天宝四载（745年），杨玉环被册封为贵妃，开始登上历史舞台。安禄山不失时机，千方百计高攀。天宝六载（747年），安禄山兼御史

---

① 《资治通鉴》卷215，唐纪31。

大夫,有了更多进京上朝的机会。李隆基开玩笑问他肚子这么大尽装什么,他回答:"别无他物,只有赤心!"马屁功夫令人望尘莫及。杨贵妃比安禄山小18岁,他却拜她为干娘。李隆基与杨贵妃坐一起,安禄山先拜杨贵妃后拜李隆基,说:"胡人先母后父。"就这样,安禄山也讨得杨贵妃欢心。第二年还获赐实封及铁券。唐朝封户有虚实之别,封国无疆土,一般只有虚名,加实封才可以得那里的租税。铁券也叫"免死券"。天宝十载(751年)安禄山生日那天,李隆基召他入禁中,杨贵妃用锦绣大襁褓包裹他,说是"三日洗儿",宠得无以复加。从此,安禄山可以自由出入内宫。

在安禄山发迹问题上,杨贵妃显然是有责任的。与历史上苏妲己等"祸水"不同,杨贵妃没有干政,但她的哥哥杨国忠飞扬跋扈。但这不是安禄山讨伐杨国忠的真正原因。李林甫也不是好宰相,安禄山没说要讨伐他。根本的原因在于:杨国忠跟张九龄一样早看出安禄山要谋反。天宝十三载(754年)杨国忠说:"安禄山必反!不信,陛下试召之,他肯定不敢来!"安禄山诡计多端,偏偏进京,对李隆基撒娇大哭:"臣本胡人,让杨国忠妒恨,离死不远了!"这样一来,李隆基对安禄山反而多了一分信任。这时,连太子李亨也忍不住说安禄山必反,李隆基同样不信。天宝十四载(755年),安禄山建议以32名蕃将取代汉将,宰相韦见素连忙说安禄山已有谋反迹象,不可准允,李隆基还是批准了。杨国忠和韦见素只好建议让安禄山进京当宰相,另外派3将去分领范阳、平卢、河东3个节度使,让安禄山远离兵权。对此,李隆基倒是不同意。这年夏,杨国忠只好直接派人到安禄山府上搜查,使得李隆基终于有些相信,可惜已经迟了。至此,这一组旋盘最后一个漏洞也被那一线寒光穿透!

一切准备就绪，安禄山召集部将，出示假诏说："有密旨，令禄山将兵入朝讨杨国忠！"连夜出发，势如破竹。本来潼关发挥了作用，让安禄山数月不能进。可这时李隆基和杨国忠偏偏犯了一个致命错误，命官军出关讨战，结果大败，首都大门反倒给打开了。李隆基只好连夜带一些亲信往四川方向逃亡。

逃亡之路是难堪的。第二天跑出100多里，到马嵬坡（今陕西兴平境内）时，护卫的禁军哗变。他们觉得这一切都如安禄山所说是杨国忠造成的，便将杨国忠杀了，可他妹妹杨贵妃还在，如果她让李隆基报复怎么办？于是，他们给李隆基出了个千古难题：请将杨贵妃杀了！面对这种形势，李隆基江山重于美人的本性又露出来，只得忍痛割爱。不久，太子李亨称帝，组织力量反击叛军获胜，将李隆基从成都迎回长安做太上皇，但"开元盛世"及杨贵妃都"上穷碧落下黄泉，两处茫茫皆不见"了，唯有绵绵无绝期之恨，令我们今天还惋惜不已。

至德元载（756年），安禄山在洛阳称帝，次年即被他儿子安庆绪所杀。乾元二年（759年），安禄山的副将史思明将安庆绪杀了自己称帝，上元二年（761年），史思明的儿子史朝义又将他杀了自己称帝。广德元年（763年），史朝义被唐军重重围困，只好上吊自杀，历时9年的"安史之乱"落幕，依旧是大唐江山。然而，大唐风光不再。

"安史之乱"后，藩镇的军权和行政督察权逐步合而为一，藩镇割据局面形成，一个个藩镇很像春秋战国时期的诸侯国，而大唐皇帝就像东周天子，一天天大权旁落，大唐国势也就一天不如一天，尽管有3个中兴相继，盛唐气象还是"奔流到海不复还"。

第十二章

长兴之治

> 提要
>
> 后唐明宗李嗣源当政时期（926年—933年），不忘百姓疾苦，慎用刑罚，对官员要求极严，农业丰收。
>
> 如果没有那么多"英雄"，大唐不会那么乱；而大唐不那么乱，则不可能出那么多"英雄"，也有点像先有鸡还是先有蛋一样说不清道不明。

来龙：乱世英雄

有道是乱世出英雄，唐末那个时代就涌现了许多"英雄"。如果没有那么多"英雄"，辉煌的大唐不会那么乱；而大唐如果不那么乱，则不可能出那么多"英雄"，也有点像先有鸡还是先有蛋一样说不清道不明。

乱世群英当中，有位叫李克用，沙陀人，因一目失明绰号"独眼龙"，又因早年随父冲锋陷阵，军中称"飞虎子"。有次比武，鞑靼（泛称蒙古人）指着空中两只雕说："你能一箭射下双雕吗？"李克用随手弯弓发射，一箭连中双雕，令人叹为观止。他先后参与镇压黄巢等农民军，功勋显著，被封为晋王，长期割据河东，与最具实力的军阀朱全忠对峙。李克用有次路过汴州，朱全忠盛情款待。李克用喝醉睡着了，朱全忠却放火烧房，幸好仆人用水将他泼醒，又幸好天降大雨把火灭了，他借着闪电用绳索坠城逃回自己部队。李克用上告唐僖宗李儇，请求讨伐朱全忠。李儇和稀泥，加封李克用为陇西王。

李克用与朱全忠长期对峙，将主要精力转向内部。他向幕僚咨询："不贮军米，何以聚众？不置兵甲，何以克敌？不修城池，何以扞御？"大臣回答说："国家富裕不在于仓库满不满，军队强大不在于人数多少，强国之内无贫民，强将手下无弱兵。希望大王您崇尚德政，轻徭薄赋，巩固边防，鼓励桑耕，公正用人，赏罚分明。如果能这样，国家不求富裕而自然富裕，不求安定而自然安定。"① 李克用很赞同，并付诸实践。

李克用病逝后，其子李存勖继位，称帝灭后梁，国号仍为唐，史称"后唐"。李克用曾收一个养子李嗣源，也是沙陀人，素以骁勇知名，常常身先士卒，甚至摘掉头盔冲锋陷阵，像刺猬一样载着敌人的箭凯旋，外号"李横冲"。他屡立战功，升至成德节度使、蕃汉内外马步军总管，兼中书令。他与李存勖算是兄弟，李存勖像所有帝王一样对兄弟（何况不是同胞）不放心，暗中派朱守殷监视他。朱守殷却私下提醒李嗣源：

---

① 《资治通鉴》卷263，唐纪79，第16册，"国富不在仓储，兵强不由众寡，人归有德，神固害盈……霸国无贫主，强将无弱兵。伏愿大王崇德爱人，去奢省役，设险固境，训兵务农……则不求富而国富，不求安而自安。"

第十二章 ｜ 长兴之治

"德业振主者身危，功盖天下者不赏。"李嗣源倒是耿直，不为所动。

后梁天成元年（926年），魏博军阀哗变，攻占邺都。李存勖命大将元行钦去征讨，连连失利，再命李嗣源率皇帝的亲军北上。不想这亲军又叛乱，与邺都的叛军合谋，劫持李嗣源入城，要拥立他为帝。李嗣源逃出，派人跟元行钦联络。元行钦怀疑李嗣源有诈，反而退兵，然后上奏称李嗣源与叛军同流合污。李嗣源一次次上书，向李存勖表忠心，都被元行钦扣下。李存勖委派李嗣源的长子李从璟前来招抚李嗣源，也被元行钦扣留。在这种情况下，李嗣源只好起兵，李存勖也亲自率军平叛。

想当年，中原连年大旱，将士的家人很多饿死的。大臣建议借用宫中的金银绸缎给将士们养家，等国库丰盈后如数奉还。皇后听了大发雷霆，派人送上2个银盆子与3位皇子，负气说："宫中只剩这些了，你们卖掉做军饷吧！"现在，李存勖一路下马跟将士们握手慰问，许诺胜利后发奖。将士们再也不相信他了，直接驳斥："家里人都饿死了，奖有什么用？"随即发生兵变，李存勖逃都来不及，被流箭射死。

李嗣源率军入洛阳，以太子监国的名义接受百官朝拜。然后命各地访寻诸王，李嗣源的亲信却暗中派人杀害李存勖的兄弟、皇子等人，致李存勖的族人死的死，失踪的失踪。同年李嗣源在李存勖的灵柩前称帝，身穿孝衣，以示皇位系合法继承，而非篡夺。大臣认为唐朝气数已尽，建议更改国号。李嗣源说："我13岁开始事奉献祖，献祖视我为宗亲，待我像儿子一样。后来我追随武皇近30年，追随先帝近20年，先帝的天下便是我的天下，岂有同宗异国之理？"献祖指李克用的生父，武皇指李克用，先帝指李存勖。就这样，仍保留了"唐"的国号。

最大看点:"粗为小康"

后梁天成元年(926年),李嗣源在任太子监国的短时间里,就势如雷霆推出了一系列改革措施:一是将年轻貌美的宫女尽数放出,只留老宫女100人、宦官30人、鹰坊20人、御厨50人、教坊100人,其余嫔妃、伶人、宦官全部裁撤;二是罢租庸使孔谦所立苛敛之法,数其罪而斩之;三是除夏秋税省耗;四是罢诸道监军使,并尽杀之。租庸使这一职务,类似现代国家财政部长兼税务局长,执掌国家经济命脉。孔谦为了"重敛急征以充帝欲",即使诏令赦免的赋税也仍然要收,被赐予"丰财赡国功臣"的称号,但"自是每有诏令,人皆不信,百姓愁怨"。所以,李嗣源迫不及待将孔谦以"奸佞侵刻穷困军民之罪而斩之"①,并废除他制定的一系列苛敛之法,同时将租庸使之职一同废除,以平民愤。古代税收是实物,从地方运送京城的途中难免有损耗。为了保证朝廷一头足额,就必须在纳税人这一头加收。后来,明清时代的"耗银"同此理。"省耗"特指五代时田赋附加税,夏秋二税每斗加收1升即10%。现在,李嗣源将其一笔勾销。前几年朝政混乱,诸道州府欠租税两百多万贯。天成二年(927年),他将诸道州府所欠租税及部分夏税全部放免。李嗣源关心民生,朝廷减省,他自己私生活也尽量俭朴。

李嗣源的运气挺好,登大位后连年风调雨顺,五谷丰登。天成二年,一些地方斗粟不过10钱。这时,李嗣源像很多功成名就的帝王一样有所松懈。冯道不失时机进言道:"臣以前在太原,奉命前往中山,路过险要的井陉关,担心马匹失足,自然而然会谨慎地抓紧缰绳。可是

---

① 《资治通鉴》卷273,后唐纪2,第17册。

一到平坦大路就放松警惕,不再注意,一不小心就被颠扑在地。陛下不要因为丰收便放纵享乐,仍应该小心谨慎啊!"①李嗣源嘉纳其言。他虽然不知书,但很喜欢听儒臣讲解经义。有一次,李嗣源问:"如今天下丰收,百姓是否富足?"冯道说:"谷贵饿农,谷贱伤农,这是常理。"接着,冯道诵起聂夷中的《伤田家诗》:

> 二月卖新丝,五月粜秋谷。
> 医得眼下疮,剜却心头肉。
> 我愿君王心,化作光明烛。
> 不照绮罗筵,遍照逃亡屋。

冯道强调说:"这诗语言虽有些鄙俗,但却是农民生活的真实写照。农民是士、农、工、商四者当中最辛苦的,陛下不可不领会啊!"②李嗣源立即命侍臣将此诗录下,经常诵读,希望自己的君王心能化作光明烛,遍照天下百姓屋。

酒曲、铁器历朝多禁民间私造,而由官府垄断专营。天成三年(928年),李嗣源准许民间造酿酒,在秋税时纳曲钱,每亩减为5钱。长兴三年(931年)将此税取消,城中官造曲半价,乡村分文不取。又命诸道均民田税,让民自铸农器及杂铁器,夏秋征农具税3钱。李嗣源

---

① 《旧五代史》卷126,冯道传,中华书局1999年版,第39册,"臣每记在先皇霸府日,曾奉使中山,径井陉之险,忧马有蹶失,不敢急于衔辔,及至平地,则无复持控,果为马所颠仆,几至于损。臣所陈虽小,可以喻大。陛下勿以清晏丰熟,便纵逸乐,兢兢业业,臣之望也。"
② 《资治通鉴》卷276,后唐纪5,"语虽鄙俚,曲尽田家之情状。农于四人之中最为勤苦,人主不可不知也。"

还规定债主得到的利息如果达到本钱的数额,就不得再收利息,只准收回本钱;如果利息累计本钱的两倍,则本利都不准收,限制高利贷盘剥。他命各州将账簿送到中书省,由中央统一征收赋税,不许地方官员插手。地方官不得科敛百姓,不得阻挠商旅。

党项等外族的马原来都以朝贡的方式送到京城,估其价值,加上他们的差旅费,每年花费50多万缗,是一笔沉重的负担。天成四年(929年)令沿边开设市场,专门交易党项马,而不再进京朝贡,省下大笔资金。长兴四年(933年),鉴于西北诸胡卖马往来的商人非常多,用绢交易,耗全国绢十之七,便改用钱币交易。

冯道在燕王时期初仕,历后唐、后晋、后汉、后周4朝,先后任后唐庄宗、后唐明宗、后唐闵帝、后唐末帝、后晋高祖、后晋出帝、后汉高祖、后汉隐帝、后周太祖、后周世宗10位皇帝的高官,其间还曾向辽太宗称臣。为此,后世儒学史家对冯道非常不满,欧阳修骂他"不知廉耻",司马光骂他"奸臣之尤"。其实,用现代眼光来看,冯道情商特别高,人气非常旺,在事亲济民、提携贤良等方面做得很出色,当时朝野不论贤愚都尊他为元老,喜欢称颂他。① 难道说那个时代的朝野都"不知廉耻"而喜欢"奸臣之尤"?前文所述,冯道的谏言对李嗣源这样一个地道的武夫(不通汉文)君心化作光明烛,显然发挥了作用。

司马光恶评冯道,却不能不赞李嗣源:"帝性不猜忌,与物无竞……在位年谷屡丰,兵革罕用,校于五代,粗为小康。"② 很不谦虚的乾隆也忍不住赞道:"明宗本无欲立之心,资性宽厚,无苛猛之政。然

---

① 《新五代史》卷54,冯道传,中华书局1999年版,第40册,"道少能矫行以取称于世,及为大臣,尤务持重以镇物,事四姓十君,益以旧德自处。然当世之士无贤愚皆仰道为元老,而喜为之称誉。"
② 《资治通鉴》,卷278,后唐纪7,第17册。

目不识丁,而辅佐之臣不过冯道诸人,欲期致治之盛,亦已难矣。"① 在这里,乾隆也肯定了冯道。

此外,这一时期的若干改革还值得一说。

李嗣源监国时迅速推出的一系列新政当中,有一项是罢诸道监军使,并尽杀之。"监军"是代表朝廷协理军务的官员,负责督察将帅。这种人事制度可以追溯到春秋时期,刘彻开始委派"监军御史",直至清朝,几乎历代都有。那么,李嗣源为什么对此恨之入骨,一上台就要将其斩尽杀绝呢?

监督者与被监督者,不说是猫与老鼠,也是猫与狗,难免有"狗拿耗子多管闲事"之怨。何况监军使者往往受朝中某些恶势力的指使,陷害正直的将领。唐朝初年派遣文臣监军还稍好,后来派宦官矛盾就多了。李纯曾经取消宦官监军,将陷于强藩多年的河南、山东、河北等地拉回中央管辖。可惜好景不长,这股势力很快又死灰复燃,大唐王朝最终死于宦官与藩镇狼狈为奸。李嗣源自身也是藩镇割据的产物,深知其害,因此迫不及待拿宦官开刀。宫中仅留30人,有几百人逃窜山林,还有不少被处死。

紧接着,李嗣源开始整治军阀。第二年他命魏州军校赵在礼率3500人戍卢台军,以备契丹,赵在礼拒绝了。赵在礼不是没道理,因为"这种职务上的调动,在当时往往是一种屠杀陷阱,被调动的将领一旦离开据点,失去自卫力量,在中途可能会受到处决"。② 所以,这一时期常有将领拒绝调令。赵在礼不仅拒绝调任,而且率军哗变。叛乱很快

---

① 《御制乐善堂全集定本》卷6。
② 《中国人史纲》中册。

被平息，李嗣源毫不客气地将这3500人及其所留家属共万余人全部处斩，以致永济渠水变赤。同年宣武节度使朱守殷在汴州反，也被迅速镇压。第三年，义武节度使王都阴谋联合河北诸镇像唐末那样割据世袭，不输贡赋，不受征发，李嗣源果断命大将王晏球征讨。王都引奚兵、契丹兵来援，王晏球将他们击败。契丹再发7000骑援救，王晏球又将他们打得惨败，俘其酋长等650人，杀者死伤无数，仅几十人逃脱。从此，契丹不敢进犯，改而遣使入贡。天成四年（929年），王都再被王晏球大败，举族自焚。这样，自唐以来长期桀骜不驯的魏博骄兵，终于被基本铲除。长兴元年（930年），他规定诸道防御使、团练使、刺史、行军司马、节度副使等职务皆由朝廷授命，不允许自行奏荐，开始从制度上解决藩镇问题。

但此制度执行得并不严。长兴四年（933年）夏州党项族定难军节度使李仁福死后，其子李彝超自任留后。"留后"是唐代节度使、观察使缺位时设置的代理职位，相当于"主持工作"。李彝超投奔契丹，李嗣源也被迫认了，只是将他改任延州刺史、彰武军节度使，调原彰武军节度使安从进为夏州定难军留后，从而撤销定难军世袭割据，并遣5万兵送安从进到夏州上任。对此，李彝超公然拒绝，紧闭城门。唐军发起进攻，多日不克，只得退兵。李彝超上表谢罪。李嗣源有了些面子，就正式任命他为定难军节度使，这就留下了后患。

同光三年（925年）闽王王审知死后，其子王延翰自称威武留后。次年王延翰自称大闽国王，立宫殿置百官，礼仪文物都仿照皇帝的规格。王审知的养子王延禀发动政变杀王延翰，推其弟王延钧为威武留后。第二年，李嗣源正式任命王延钧为威武节度使、琅邪王。长兴四年（933年），王延钧称帝，国号大闽，脱离后唐。从此，他们自认为国小地僻,小心翼翼处理四邻关系,倒是勉强获得安宁。①

南平王高季兴经常截留各国贡品,同时又向诸国称臣讨赏赐,反复无常,被称为"高赖子"。他请求将夔州、峡州划为他的属地,李嗣源同意了,只要求委派刺史。高季兴只要地不要刺史,李嗣源大怒,除了他的官爵。天成二年(927年),李嗣源派大军讨高季兴,收复夔州。第二年高季兴病死,其子高从诲继位,吴国即命高从诲为荆南节度使。但高从诲认为:"唐近而吴远,舍近臣远非计也。"于是,上表向唐请罪,被李嗣源任命为荆南节度使。但南平王这种臣属只是表面,不接受唐对其内政的干预。

盐有海盐、池盐、岩盐、井盐之分。四川产井盐,但分布不可能均衡,自贡所产为上品,这样便造成了矛盾。唐时,剑南西川领盐井13口,东川则领460口。928年,东川节度使董璋诱商人贩他们的盐到西川卖,西川节度孟知祥感到被侵犯,便在两地交界处设关征税,一年获利达7万缗。盐商无厚利可图,便不贩东川的盐了。如此一来,两地结怨。朝廷闻知,准备整治两川。政策还没出台,地方官闻风而动,急寻对策。长兴元年(930年)初,董璋委派亲信到成都求婚,请孟知祥之女嫁给董璋之子。孟知祥高兴应允,即派使者回访董璋的治所梓州,双方不仅联姻,还决定齐心合力对抗朝廷的压力。同年李嗣源先后削董璋、孟知祥的官爵,并派天雄节度使石敬瑭率兵伐蜀。石敬瑭征蜀无功,又派枢密使安重海前往督战。这时,石敬瑭一次次上表明说蜀不可伐,李嗣源很无奈。第二年石敬瑭退兵北归,孟知祥则趁机派兵掠地,连陷忠、万、夔等州。李嗣源做出让步,杀了安重海,派人入蜀慰问两

---

① 《资治通鉴》卷278,后唐纪7,"闽主自以国小地僻,常谨事四邻,由是境内差安。"

川。但两个亲家与冤家的事还没完，长兴三年（932年），董璋反攻西川大败，死者数千，降者万人，仅董璋本人带着数骑逃回梓州，又被他部下所杀。孟知祥乘胜将两川合并。第二年李嗣源姑息迁就，命孟知祥为东西川节度使，封蜀王。应顺元年（934年），孟知祥称帝，为后蜀高祖。

去脉：亲子、养子与半子

烛的光明是有限的，照不了多远，也照不亮自己身边——这就是所谓"灯下黑"。李嗣源的光明烛也是如此。不能说李嗣源命薄，因为他死时67岁，在那个时代已经算高寿了。只能说他"出道"太迟，在位仅短短7年时间。他一死，蜡炬成灰，整个屋子又黑下来了。

李嗣源还没断气，他的儿女们就等得不耐烦了。他亲生儿女众多，还有养子李从珂，也给别人送养子。平民百姓多子多福，帝王多子就多难了。早在李嗣源即位时，长子李从璟已被杀。这样给次子李从荣带来了希望，可是他盼了一年又一年还没落实。长兴四年（933年），连一些大臣都等得不耐烦，纷纷上书请立李从荣为太子。李嗣源发牢骚说："你们天天吵着立太子，看来我该去河东养老了！"结果还只是任命李从荣为天下兵马大元帅，而不是太子。李从荣有个胞弟李从厚，相貌酷似李嗣源，从小深受父母宠爱，在朝野颇有人望，这让李从荣极为不安。人在不安的状态下很容易激动，做出傻事。李嗣源一病情加重，李从荣就再也坐不住了，突然率牙兵列阵于天津桥，准备入宫夺位。朱弘昭、冯赟等大臣连忙入宫禀报李嗣源，奉旨指挥禁军平乱，李从荣兵败被杀。这样一闹，李嗣源病情加剧，才决定让李从厚继位，于是立即将他从魏州召回。没几天李嗣源就死了，20岁的李从厚登基。

李从厚入主中兴殿，召翰林学士为他读《贞观政要》和《太宗实录》，励精图治。然而，执政能力不可能一步登天。朱弘昭、冯赟等人自恃有拥立之功，很快专擅朝政，并掌控禁军兵权。李嗣源的养子李从珂、女婿石敬瑭，都是战功卓著的大将，也被排挤。

第二年李从珂起兵，集聚凤翔，准备进京"清君侧"。李从厚慌忙征调六镇节度使讨凤翔，大举攻城，死伤严重。李从珂于绝望之时突然脱了上衣，露出一个个伤疤，站到城墙上哭诉："我自小跟随先帝出生入死，身经百战，才打下今天的江山。现在，朝廷宠信佞臣，骨肉相残，你们为什么要卷入！"诸军感动，纷纷倒戈。李从珂于是转败为胜，乘势攻入西都长安。李从厚闻讯，惊慌失措，在朝堂上大斥朱弘昭、冯赟等人："朕本来无意夺位，都是你们所拥。朕幼年继位，将朝政委托于你们，不想是如此结果。如今，你们还有什么办法扭转局面，逢凶化吉？如果没有，朕亲自去迎潞王（李从珂），以帝位相让，纵然死也心甘。"其实李从厚并没有死心，转身就遣使宣召石敬瑭入朝，命他率军抵御李从珂东进。李从珂则传书慰抚京中百官，称入京只诛朱弘昭、冯赟两族。这样，百官争相依附，并有人趁机杀了朱弘昭、冯赟，将他们的首级送往李从珂军中。李从厚变成孤家寡人，只好逃奔魏州，途中遇到石敬瑭，不禁大喜。孰料，石敬瑭将李从厚安置在驿馆，杀了他的侍卫，继续赶赴洛阳投奔李从珂。李从珂进京后，以曹太后的名义将李从厚废为鄂王，两日后在李嗣源灵柩前即位。然后，命大臣鸩杀李从厚。据《资源通鉴》记载，李从厚不肯喝鸩酒，最后被人用绳子勒死了。

李从珂上台没几天，与石敬瑭的矛盾日益尖锐，忙遣武宁节度使张敬达驻代州，牵制并监视石敬瑭。清泰三年（936年），李从珂调石敬瑭为天平军节度使，企图削石敬瑭的兵权。石敬瑭觉得事态严重，拒绝调令，并上表指责李从珂养子继位非法，应让位给李嗣源亲生的第四子李益。李从珂看了这奏疏，心情可想而知，立即命张敬达率兵数万与各镇联合讨伐。石敬瑭的遭遇令人同情，然而他在这种情况下做了一个遗臭万年的决策：向契丹求援，许诺打败李从珂之后，以父礼相事，并割让燕云十六州。

辽帝耶律德光喜出望外，亲率大军击溃李从珂，让石敬瑭接任。耶律德光比石敬瑭小10岁，却在册立诏书中写道："朕视你为儿子，你待朕像父亲……朕与你永远为父子，同保江山永固！"①

石敬瑭改国号为晋，史称后晋，每年向辽进贡30万金帛，并真割让了燕云十六州。这样一来，长城对中原没了意义，辽距开封1000来里，其间一马平川，没有任何要塞可挡，敌骑很容易直抵城下。所以，大臣刘知远慌忙进谏：称臣纳币都可以，以父事之就过分了，割地则将来可能成为中原的大患啊！②刘知远说的是实情。想当年"安史之乱"，李氏皇帝不是两度从回纥借兵，许以洗劫京城的条件吗？可这回以父事之太过，以地相让则后患无穷。为此，柏杨愤怒地写道：

任何国家都免不了有卖国贼，但主动找到外国主子，把国土献到门口，又恬不知耻地称父称儿的行径，却很少见。石敬瑭在历

---

① 《旧五代史》卷75，晋高祖纪1，第39册，"余视尔若子，尔待予犹父也……朕永与为父子之邦，保山河之誓。"
② 《资治通鉴》卷280，后晋纪1，第18册，"称臣可矣，以父事之太过。厚以金帛赂之，自足致其兵，不必许以土田，恐异日大为中国之患，悔无及。"

史上留下使中国最难堪的一页。①

李从珂见大势已去,带着传国玉玺与曹太后、刘皇后以及儿子等人登上玄武楼,自焚而死,后唐遂亡。此时距李嗣源去世仅仅3年。

---

① 《中国人史纲》中册。

第十三章

咸平之治

> **提要**
>
> 宋真宗赵恒当政时期（997年—1022年），与辽和平相处，大力发展民生与平民文化，工业化、商业化、货币化和城市化远超世界其他地方，盛况远迈"贞观之治""开元盛世"。史称"咸平之治"，也有人称为"真宗之治"。
>
> 宋时没什么王族争位，也没什么大臣叛乱，似乎大家都埋头享乐去了，皇位再没人觊觎。

来龙："烛影斧声"

太平兴国元年（976年），赵匡胤突然死了，人们怀疑是赵光义的阴谋，史称"烛影斧声"。尽管被"烛影斧声"的阴影笼罩，赵光义还是很想有一番作为的。他先后平泉漳二州、吴越与北汉，结束自唐末以来近九十年藩镇割据局面。赵光义还不满足，不顾众臣反对及将士疲惫，直接从太原出发征辽国。

辽与宋是一对欢喜冤家，生来为敌，虽然结盟百年，最后还是斗了个鱼死网破。前一段时间，辽在忙着镇压原渤海国的叛乱，宋则忙于对付西夏的侵扰。这一时期，辽宋相对平静。曾有一百多名契丹人入宋境抢劫，耶律隆绪诏令诛杀那些劫匪，并将他们所抢财物送还宋国。这表明：耶律隆绪不想惹是生非。

不过这只是一种假象，真相是双方都在酝酿决一死战。宋的北伐开始还算顺利，一度收复易州和涿州。但在围攻燕京时，赵光义中箭，只得乘驴车仓皇撤离。随后，双方不时有些小规模战争。后来赵光义想大举进攻幽州，被劝阻。此后养精蓄锐等待时机。雍熙三年（986年）初，赵光义遣5位大将分东、中、西3路大举北伐，想收复燕云十六州，结果又失败了。第二年，他想大举复仇，宰相李昉等大臣连忙劝阻，赵光义不得不暂且忍耐。

赵光义召大将潘美、田重进及崔翰等人朝，亲授《御制平戎万全阵图》。冷兵器时代十分重视军队布阵，赵光义亲自研究阵法。据记载，《御制平戎万全阵图》总共才出现两次，一是太平兴国四年（979年）第一次北伐时，再就是这次。北伐失败后，赵光义一方面调整战略，暂时采取守势，另一方面吸取部分将领试图拥戴宋太祖之子的教训，通过御赐阵法、阵图之举约束统军将帅。事实上，"平戎万全阵"损害了军队的战斗力，造成军事将领唯命是从，无所作为。后来，王安石曾劝谏"诚愿不以阵图赐诸将，使得应变出奇，自立异效"，晏殊也请求"不以阵图授诸将，使得应敌为攻守"。不过，这图不完美那是另外一个话题，重要的是由此可见赵光义北伐的野心被遏制。

赵光义于是把精力转向国内，进一步加强中央集权，更换一大批幕府成员，彻底改变武人当政的局面，巩固文官政治。设考课院，扩大科举取士人数，第一次科举就比赵匡胤当政时人数最多时还增加两倍多。他本人有才，喜好诗赋与书法，擅长草、隶、行、篆、八分、飞白6种字体，尤其善书飞白体，"淳化元宝"是他亲自题写的。他组织编纂大型类书《太平御览》《太平广记》，在五台山、峨眉山、天台山等地建造了不少大寺院。

赵光义的长子赵元佐自幼聪明，与父亲最像，又有武艺与实战经验，本来是最合适的继承人。不想赵元佐发疯到火烧宫院的地步，被废为庶人。次子陈王元佑也不错，有些疏论还被采纳，但竟暴死。只剩三子赵恒，赵光义变得小心翼翼，生怕又出什么意外。至道三年（997年），赵光义崩，赵恒登基，为宋真宗。

赵恒是幸运的，但宫廷也不是风平浪静。太监王继恩和李皇后谋划宫廷政变，但被宰相吕端很快挫败，算是有惊无险。此后倒是没什么王族争位，也没什么大臣叛乱，似乎大家都埋头享乐去了，对皇位再没人感兴趣。这种安宁是难得的。

最大看点："以养民务穑为先"

早在咸平四年（1001年），赵恒便对近臣表示："经国之道，必以养民务穑为先。朕常冀边鄙稍宁，兵革粗足，则可以力行其事，使吾民富庶也。"[①] 1004年，大宋与辽国签订被后世视为屈辱的"澶渊之盟"，

---

① ［清］毕沅：《续资治通鉴》卷22，宋纪22，第2册，中华书局1957年版。

从此双方罢兵相处，往来相称有时去其国号，只称南朝、北朝。这样，双方都把精力转移到经济、文化建设方面。

一、文化建设

大中祥符七年（1014年），赵恒要求新印《孟子》，与后来的朱元璋正相反。孟子生于孔子去世后一百年左右，继承发展了孔子的"仁政"思想，与孔子并称"孔孟"。孔子仁政的出发点是君王，强调"君君臣臣"；孟子仁政的着眼点是民，强调"民贵君轻"。赵恒将孟子抬出来，大概因为他们的民本思想相通吧！

古代很多人写过《劝学诗》，激励青少年努力读书，其中影响最大的莫过于赵恒这一首：

> 富家不用买良田，书中自有千钟粟。
> 安居不用架高堂，书中自有黄金屋。
> 娶妻莫愁无良媒，书中自有颜如玉。
> 出门莫愁无人随，书中车马多如簇。
> 男儿欲遂平生志，五更勤向窗前读。

特别是"书中自有黄金屋""书中自有颜如玉"两句，现代人还经常挂在嘴上。从此，无数的中国男人以读书为职业。据统计，学士们一般24岁通过乡试，平均31岁成为举人，36岁成为进士，总共得花160多天时间在考场。

为适应这种新形势，朝廷首先大力发展教育。咸平四年（1001年），赵恒要求各路、州、县都必须有学校，并赐《九经》。《九经》

是五代冯道刻印的儒学经典，包括《周易》《诗经》《尚书》《周礼》《礼记》《仪礼》等。

唐代科举的推荐色彩还很浓，所以举子在考前就要想方设法求见主考官等，交上自己的作品，叫"行卷"或"温卷"。流传给我们的唐诗，很多就是这样的"卷子"。宋朝不一样了，赵匡胤和他的子孙推行诸多改革，使推荐色彩迅速暗淡，而越来越重视现场考试。因为有人投诉评卷不公，淳化三年（992年）改用"糊名法"，即将试卷的姓名糊去，只按卷面优劣评判。糊名后考官虽然无法看出举子的姓名，但还可能认出举子的字迹或暗记。所以，景德二年（1005年）赵恒亲自主考时进而实行"誊录法"，即考完后不仅糊去姓名，还将卷子另外请人统一抄一份提供给阅卷官。不久专设誊录院，纳卷后密封卷头，编写字号，发送誊录院，在宦官监督下由誊录官指挥数百名书手抄录成副本，然后才送考官。各级贡院也设誊录院。这是中国科举史上一大创举。这样，穷人的孩子与官宦子弟站到同一条起跑线上，所录取人才质量更有保证。

隋唐至宋初开科的时间没有明确，由皇帝临时定。太平兴国三年（978年）冬，各州举人已汇集京城，因赵光义要亲征北汉，临时罢停。又因为录取率大为提高，而官位有限，也得等一两年消化之后再进行。淳化四年（993年）至至道三年（997年），则因为赵光义身体欠佳连续5年没开考。咸平元年（998年），赵恒上任第二年恢复科考，当年取进士50人、诸科150人。从此开考较频繁。

科考最后一关是"殿试"，由皇帝亲自出题考试，殿试由武则天首创，入宋后成为定制。这一关，一是要敲定进士人选；二是在进士当中区分三等，第一甲为"进士及第"，第二甲为"进士出身"，第三甲为

"同进士出身"，三甲三等作为授予不同等级官职的依据。第一甲当中头三名，第一名一人，称"状元"；第二名一人，称"榜眼"；第三名一人，称"探花"。状元的意义即使在千百年后的今天，想必也不用解释。我想说的是在这一关当中仍然存在的两个问题。

一是殿试黜落，即最后一关以莫名其妙的理由将进士资格刷掉。殿试淘汰的比例不固定，或1/3，或1/2，或2/3，有些倒霉鬼会一连给黜落几次，你想那心情如何？在青楼妓馆大红大紫的柳永，就是其一。名落孙山之后，他悲愤不已，挥笔写下新词《鹤冲天》，自称是开明时代的"遗贤"，才子没当官也是"白衣卿相"，没什么好沮丧的。何况烟花妓馆还有美人可亲可爱，这才是人生最畅快的事。算了吧，不妨将那虚名换杯美酒！① 这首词流传甚广，再次参加殿试的时候，赵恒看到他的字，不由生气，提笔批道："此人好去浅斟低唱，何要浮名？且填词去。"被皇帝除名的柳永从此断了科举路，戏称自己是"奉旨填词柳三变"。更有一些实在气不过的落榜者，公然跑到敌国去，为他们攻宋出谋划策。这就轮到朝廷悲愤了，但只能拿叛逃者的家属出气。这样的事一多，逼得大家反思，认为将人才逼到敌人那边去太不值得，这才改为保留殿试形式，而不再黜落。

二是谁当状元往往取决于一些偶然因素。南方开发很迟，宋以前记载中很少看到福建人的身影。在《宋人轶事汇编》当中，福建人就多了，可是形象欠佳，有的嫌"福建子难容，终会作文字"，有的嫌福建人说话难懂，有的嫌福建人好酒。寇準不论在官方还是民间都是英雄

---

① 柳永：《鹤冲天》，"黄金榜上。偶失龙头望。明代暂遗贤，如何向。未遂风云便，争不恣狂荡。何须论得丧。才子词人，自是白衣卿相。　烟花巷陌，依约丹青屏障。幸有意中人，堪寻访。且恁偎红倚翠，风流事、平生畅。青春都一饷。忍把浮名，换了浅斟低唱。"

般的人物，赵恒时期两度入相，但他非常歧视南方人，认为"南方下国人，不宜冠多士"。无独有偶，司马光则认为"闽人狡险，楚人轻易"，也排挤南方人。景德二年（1005年），江西晏殊与河北姜盖争状元时，寇準硬要排挤晏殊，最后是赵恒主持公道，才取晏殊。大中祥符八年（1015年），江西萧贯与山东蔡齐最优，寇準又说："南方人不宜做状元。"最后取了蔡齐，他还向同事们炫耀："我又为中原夺得一状元！"我家乡福建泰宁宋时有两个人参加殿试，也都是因为在最后关头有卷子外的因素被皇上点了状元。所以我想说：进士与非进士一般有些差距，而状元与榜眼难有学问上的差别。事实上，历代状元（包括当今所谓"状元"）最终能有建树的少得可怜，这是中国教育的悲哀。

状元与进士们及第后那荣耀是非凡的。赵恒许诺的是：千钟粟，黄金屋，颜如玉，车如簇，以及男儿平生所向往的一切。

至此，"唐宋变革"脱颖而出。从一个角度可以将中国数千年历史一分为二，这就是：宋之前可谓贵族－半贵族社会，宋开始迄今可谓平民社会。

二、经济建设

赵恒务实，不受阿谀奉承所蒙蔽。有次地震，相关官员说是"荧惑犯鬼"之类，另有大臣随即拍马屁说："陛下克己爱民，河防十余溢而不决，岁复大稔，此圣德格天所致也。"赵恒生气说："天不欲困生灵耳，岂朕德能惑之！自此益须防戒。"[①]他要求官员扎扎实实做好防灾减灾工作，大力发展社会经济。

---

① 《续资治通鉴》卷22，宋纪22，第2册。

景德元年（1004年）立"澶渊之盟"实现和平，第二个月赵恒便减河北各州士兵1/2，减边境士兵1/3，将戍边的丁壮全都遣返回籍务农，由官府提供耕牛，并推广淮、楚一带的踏犁，使北方沿边地区的农业生产得以恢复和发展，百姓生活逐渐安定。

朝廷将农业法规汇编成的《农田敕》，还有《四时纂要》《齐民要术》等，多次印刷，分发地方官，用以指导农村工作。《农田敕》共5卷，丁谓编纂，实用性强。《四时纂要》唐韩鄂撰，月令体，既是唐五代农业科技的真实记录，也是当时农村社会生活的真实记录，农家的实用全书。《齐民要术》更著名，是北魏贾思勰所著的综合性农书，也是世界农学史上最早的专著之一。

赵恒要求各级地方长官兼职劝农，负责指导"三农"（农村、农业、农民）工作。一般说来，转运使、提刑的正副使、知州以上为"劝农使"，通判为"劝农事"，县令为"劝农公事"。其职责为审核民籍，劝恤农民耕垦，召集流散民众，检括赋税，统领农村相关各类事务。

"占城稻"是占城水稻良种，一是抗旱力强，二是适应性强，三是生长期短（仅50余日），北宋初年传入中国后，先是在福建一带试种，效果很好。大中祥符五年（1012年），赵恒命人到福建取占城稻种3万斛，分发江、淮、两浙3路推广。

宋初沿袭旧制，由三司统管盐铁、度支、户部。这里"盐"指食盐生产及专卖，"铁"泛指矿冶（包括银、铜、铁、锡等）征税，盐铁一般合并。度支掌管全国财赋统计与支调。这些机构几次调整，咸平六年（1003年）罢三部使，并盐铁、度支、户部为一使，总领国家财政。在唐"市舶使"基础上，赵恒在杭州、明州设"市舶司"，专门管理外贸，这就更接近现代海关了。

早在宋元之际就有人指出："古人之立法，恶商贾之趋末而欲抑之。后人之立法，妒商贾之获利而欲分之。"① 此言甚是。宋自立国之初，便采取了一系列惠商、恤商之策，国家财政从中获利巨大。同时鼓励官民享乐，拉动内需，城市经济十分活跃。实行了 1000 多年的城市"坊墙"被彻底打破，城市的商业日益活跃。京城大相国寺中庭、两庑可容万人，"每一交易，动计千万"；马行街"夜市直至三更尽，才五更又复开张"；许多场所通宵营业，"大抵诸酒肆瓦市，不以风雨寒暑，白昼通夜"。② 京城人口增至 100 多万，其中妓女 1 万，充斥酒楼、茶坊。酒类消费大增，1/3 的田种酒粮还不够。历代最主要的农业税退居次要，而以前不太显眼的商税、专卖税、矿产税上升为主要税。北宋时商税占财政总收入的 10% 左右。稍后还有数据显示，80% 的商税来自乡镇小市场，由此可见当时商品经济发展不仅仅局限于若干大城市。

赵恒强调酒茶税官用，但要求不得加赋敛，而应节约，减轻百姓负担。鉴于浮梁、婺源、祁门溪滩路险，转运困难，便在饶州设茶仓，方便茶农就地缴纳。咸平五年（1002 年），派员到陕西各州收酒类专利税，当年本项收入达 25 万缗。酒税本来由各地转运使征收，中央又派检查组下去督收，两路人马拼政绩，可苦了百姓。于是，赵恒要求取一年中的平均数为定额，不得加收。湖南一带，五代时横征暴敛，每年缴纳绢（称"地税"）。宋初那里征税，规定每间房屋折交绢 3 尺，称"屋税"；耕牛每年需折交米 4 斛，牛死后照常缴纳，称"枯骨税"；缴纳茶叶以 9 斤为 1 大斤，后来增加到 35 斤为 1 大斤。潭州知州上书，

---

① 马端临：《文献通考》。
② 孟元老：《东京梦华录》。

请求免除湖南地税、屋税和枯骨税，税茶定13.5斤为1大斤，得到批准。地方官请免河北农器税，赵恒却说："务穑劝耕，古之道也，岂独河北哉！"一举将各地的农器税全免了。

青黄不接之时，百姓一般较困难，常常要向富豪借钱才能纳税。又因为要偿还拖欠，使织布的利润更薄。为此，咸平二年（999年），朝廷改为预买绢，即官府预付帛钱，以便百姓及时缴纳布帛，既让百姓获利，又保障官府足用。河北转运使建议先在河北试行，随后全面推广。大中祥符九年（1016年），国库受灾，官府以2000万缗预购京东绸绢。当时青州、齐州一带绢市价每匹800贯，绸每匹600贯，官价则绢每匹1000贯、绸每匹800贯，极为利民。随后，预买绢也遍行诸道。

四川一带统一后，每年供绢绸以万匹计，由乡里役民输运。然而，从嘉陵江到荆江险滩太多，往往有近半货船遭沉覆，经常有役民为赔偿损失而破产。益州知节选拔官吏20名专门负责舟运之事，12船编为一纲，每纲由2名官吏主事，每3年一轮换，从此船运畅通无损。南方各路漕运进京的物资，从真州、扬州发运，进入淮河、汴河，历经5堰，粮漕一次次搬运，船夫一次次牵挽，船很容易毁坏。于是开掘扬州古河，河渠绕城与运河相通，撤去龙舟、新兴、茱萸3堰，天禧三年（1019年）竣工，使漕道畅通，每年节省官钱10万缗。

咸平二年（999年），河东转运使上书说采出的铁矿很多，足够各州军需几十年，请求暂停采矿，让矿工休息。赵恒同意所奏。

咸平五年（1002年），赵恒派员扩宽京城街巷路面。因为涉及一些显贵权要邸舍的拆迁，反对意见很多，工程被迫停止。负责官员面陈后，赵恒同意继续实施。于是，首先强拆权贵人物的房屋，又条拟开封城路巷宽度及早晚鼓禁的规定，公之于众，使工程顺利进行。

咸平六年（1003年），全国人口从至道三年（997年）的400万户增加到686万户，短短几年增长了71.5%。垦田数唐代最多5亿亩，赵恒时期增加到5.2亿多亩。亩产量从唐代的两石，提高到三石（南宋达五六石）。农业丰收，农村发展，农民也就幸福。酒类税淳化三年（991年）121万贯，天禧三年（1019年）暴涨至901万贯，增加6倍多。国家财政收入增加，而皇室不奢侈，用于社会各项福利事业的支出随之大增。

大中祥符九年（1016年），官员上书：多路百姓缺乏做棺材的木料，建议在官道旁植榆柳，或在其他闲地种杂木，六七年即可成材。除做棺木外，夏季还可以让行人避暑。赵恒觉得有理，当即批复同意。

赵恒也是一名诗人，除了那首"书中自有颜如玉"，还有《御制集》300卷，今仅存《玉京集》6卷，《全宋诗》录其诗22首。他在《观龙歌》中抒写他作为帝王的心迹：

我睹真龙幸不惊，至诚祝龙龙好听。
但祈风雨年年顺，庶使仓箱处处盈。

赵恒希望普天下家家户户的粮仓都丰盈。那么，天下究竟有多少财富？赵恒要求三司史陈恕做个专题汇报，陈恕却迟迟没报呈。赵恒生气了，令宰相去追。陈恕只好说出原委："天子还年轻，如果让他知道国库富有，我怕他会生奢侈之心。"[1]

开封成为当时世界最繁华、最著名的国际大都会。当时京城常住人

---

[1] 《宋史》卷267，陈恕传，第48册，"陛下富于春秋，若知府库充实，恐生侈心，臣是以不敢进。"

口达150万，比现在开封市区人口多一倍，比唐时长安更繁华，来华的外国人无论国别还是数量都超过唐朝。外来新移民来自西域、阿拉伯、朝鲜半岛、日本及今非洲、欧洲等地，有驻华使臣、武士、僧侣、教徒、商贾、猎手、艺人、奴婢和留学生等。大宋的船只航行到印度洋各地，甚至到非洲的索马里。

有史家认为，北宋是中国政治、经济、文化高度发展的巅峰时期，中国在工业化、商业化、货币化和城市化方面远远超过世界其他地方。

去脉："仁宗之治"

乾兴元年（1022年），赵恒去世，太子赵祯继位。这时赵祯才13岁，按以往的经验又该周公或太后出场了。此时由刘太后摄政，没出现什么麻烦。不过说起来也不太清静，民间妇孺皆知的"狸猫换太子"一案就发生在此时，赵祯就是那位太子。最早元杂剧《金水桥陈琳抱妆盒》写了此事，随后诸多小说、戏剧加以演绎，大意说刘妃与太监郭槐合谋，以剥皮狸猫调换李妃所生婴儿，李妃因此被打入冷宫。赵祯即位后，包拯偶然听闻，公正处理了这桩冤案，迎李妃还朝。

事实则没有那么离奇。李妃本是刘后做妃子时的侍女，后来被赵恒看中。赵恒曾经有过5个儿子，先后夭折。李妃产下一个男婴，赵恒喜出望外，非常疼爱。但在赵恒的默许下，被未生育的刘氏据为己子，而李妃慑于刘后权势，不敢反抗，别人也不敢泄密。直到明道元年（1032年）李妃去世，第二年刘太后病逝，赵祯亲政，这个秘密才逐渐公开。赵祯知道真相后非常悲愤，一边派兵包围刘后的宅院，一边亲自赶赴安放李妃灵柩的洪福院。赵祯怀疑自己的亲生母亲死于非命，一定要开棺验真相。当棺木打开，只见以水银浸泡的李妃容貌如生，神情安详，服饰华丽。赵祯叹道："看来，人言不能尽信啊！"他随即下令撤退包围刘宅的兵士，不再追究此事，集中精力做好皇帝。

有惊无险，中国人又一次感到幸运：赵祯也是个难得的好皇帝！

第十四章

仁宗之治

> **提要**

宋仁宗赵祯当政时期（1022年—1063年），"庆历新政"推行政治、经济方面改革，人口与税收大幅增长，涌现出指南车、活字印刷等先进科技。

范仲淹的改革失败了，不久王安石也失败了，"三冗"等弊政像癌细胞一样很快发展到晚期。

来龙："咸平之治"

宋真宗当政时候，"以养民务穑为先"，外与辽讲和，内修文教、发展经济，社会重新呈现出生机活力，史称"咸平之治"。

最大看点：改革与创新

中国历史上很少有朝代像宋朝那样愿意去重塑和改革整个社会。有些历史学家甚至把宋代称作开启现代性曙光的中国的"文艺复兴"时代。"改革"是理解 11 世纪宋代政治的关键词。① 具体来说，改革重点始于赵祯时期，史称"庆历新政"。

宋朝开国至此一路盛世，甚至有人称仁宗赵祯"圣治"，殊不知隐患也日渐显露。赵祯上台的时候，史称：

> 承平既久，户口岁增，兵籍益广，吏员亦众，佛、老、塞外，耗蠹中国，县官之费，数倍昔日，百姓亦稍纵侈，而上下始困于财矣。②

为此，大臣李谘呼吁："陛下宜与公卿大臣朝夕图议而救正之。"于是，君臣开始探讨怎么裁减冗费等改革问题。

宋代主要问题是"三冗"，即冗官、冗兵与冗费，前二者是其三的主因。冗官问题肇始于北宋初年，形成于真宗末年，严重于仁宗、英宗之际，恶化于北宋末年，而极滥于南宋。冗兵现象则渐显于太祖末年，蔓延于太宗朝，缓和于真宗朝，恶化于仁宗、英宗二朝。二者均在赵祯在位时步入高峰。与西夏战事兴起之后，财政问题更趋严重。幸好不乏有识之士，"常患法之不变"。③

---

① ［美］迪特·库恩著，李文锋译：《儒家统治的时代：宋的转型》，中信出版社 2016 年版。
② 《续资治通鉴》卷 36，宋纪 36，第 2 册。
③ 陈亮：《龙川先生文集·铨选资格》，"方庆历、嘉祐，世之名士常患法之不变也。"

然而，另一种社会思潮也差不多发展到了高潮，这就是"祖宗家法"。邓小南认为祖宗之法的长养形成及其良性运行，大体上是在这一时期。这时期的大臣们陶醉得很，有的往前吹几千年，"我宋立国大体，兵力虽不及于汉唐，而家法实无愧于三代"；有的往后吹数万年，"汉唐之乱，或以母后专制，或以权臣擅命，或以诸侯强大，藩镇跋扈，本朝皆无此等，可以见祖宗家法，足以维持万世"。这些人不许别人非议祖制，殊不知"三冗"像三只水鬼一样正在将大宋往深渊里拖。邓小南指出："赵宋的'祖宗家法'，自其不容轻议之日起，即无可挽回地走向了它的反面。"①

赵祯上台不久，即组织清理法规，拟对不大适合现实的条规进行修改，却遭到反对。赵祯发牢骚："或谓先朝诏令不可轻改，信然乎？"大臣王曾说："此憸人惑上之言也。咸平中，删太宗朝诏令，十存一二。盖去其繁密之文以便于民，何为不可！今有司但详其本末，又须臣等审究利害，一一奏禀，然后施行。"②在王曾这样大臣的支持下，赵祯恢复了改革的信念。

前期

从改革角度说，范仲淹没王安石名气大，但是先有范仲淹后有王安石。范仲淹大中祥符八年（1015年）由"寒儒"进士及第，在基层工作多年，颇有政声。天圣五年（1027年）为母守丧，居应天府，晏殊邀请他到府学任职。但范仲淹更关心的是朝政，对朝局有着非常清醒的认识。他说，"历代之政，久皆有弊，弊而不救，祸乱必生"，而"我

---

① 邓小南：《祖宗之法：北宋前期政治述略》，生活·读书·新知三联书店2019年版。
② 《续资治通鉴》卷37，宋纪37，第2册。

国家革五代之乱，富有四海，垂八十年，纲纪制度，日侵月削"，现在"不可不更张以救之"。①第二年年末他上万言书，奏请改革吏治、裁汰冗员、安抚将帅等。

在宰相王曾与晏殊力荐下，赵祯召范仲淹入京，任秘阁校理，负责宫中图书典籍校勘和整理。但范仲淹的心，不愿束缚在图书馆。天圣七年（1029年）冬至，赵祯准备率百官为太后祝寿。范仲淹认为此举混淆了家礼与国礼，便谏言劝阻。赵祯未答复，范仲淹又上书太后，请求还政，石沉大海。晏殊大惊失色，批评他过于轻率，这不仅有碍于他自己的仕途，还会连累举荐之人即晏殊。为此，范仲淹回一封长信《上资政晏侍郎书》，申明自己的政治立场，表示：侍奉皇上当危言危行，绝不可逊言逊行、阿谀奉承，有益于朝廷社稷之事，自己必定秉公直言，虽有杀身之祸也在所不惜。他请求离京，任河中府（今山西永济）通判，次年调陈州（今河南周口）通判。

虽遭挫折，范仲淹仍多次上疏议政，如反对朝中大兴土木，劳民伤财；主张削减郡县，精简官吏；建议不可罢免职田等。范仲淹的建言虽未被采纳，但这一时期朝政有所改革。例如，御史中丞本来只是"掌纠察官邪，肃正纲纪。大事则廷办，小事则奏弹"；天圣七年（1029年），进一步完善监察制度，置理检使，由御史中丞兼任，"其冤滥枉屈而检院鼓院不为进者，并许诣理检使审问以闻"。以前有谏官，没有专门机构。明宣元年（1032年），创设谏院，执掌规谏朝政缺失。宋初创置提点刑狱公事，简称"提刑官"，相当于现代的法官兼检察官，掌管刑狱之事，并总管所辖州、府、军的刑狱公事，核准

---

① 范仲淹：《答手诏条陈十事》。

死刑等。淳化四年（993年）罢之，将其事归于转运司。赵祯亲政后，认为"转运司不能一一躬往谳问，恐寖致冤滥"，于明道二年（1033年）复置。

赵祯亲政后即罢一批老官，提一批新官，范仲淹也回京任右司谏，掌讽喻规谏，显示新政气象。范仲淹说江、淮、京东灾情严重，建议派员下去视察，朝廷没动静。他上疏质问："宫掖中半日不食，当如何？今数路艰食，安可不恤？"于是，赵祯委派他下去慰问，开仓赈灾。回京后，他进而上疏："天之生物有时，而国家用之无度，天下安得不困？""今宜销冗兵，削冗吏，禁游惰，减工作，既省京师用度，可罢高价入籴。"赵祯又予采纳，当年诏三司，纳物以类并合，悉除诸名品，并为一物，夏秋岁入，仅分粗细二色，百姓觉得方便多了。宝元二年（1039年）诏"自乘舆服御及宫掖所须，务从简约"。

明道二年的一天，郭皇后动怒举掌掴一名妃子，赵祯去护妃子，那一掌不意落到了赵祯的脖颈上。宰相吕夷简本来就与郭皇后有隙，趁机力主废后，赵祯则态度暧昧。范仲淹病中进言："昨天听说后宫发生的事，外面议论纷纷。我认为非大过不可废后，人可以暂居其他宫中。"①随后，范仲淹又率10余人跪伏垂拱殿外，请求召见。赵祯很生气：皇后有过，这是后宫人尽皆知的，但朕还是予以包容，并没有废黜，只是让她换个地方小住，一切待遇不变。而你范仲淹如此率众滋事，是"滥用谏官之权""蔑视皇宫之制""启谏奏之劣迹"。这3顶帽子还是挺重的，不过赵祯只是贬范仲淹知睦州。

---

① 范仲淹：《睦州谢上表》，"昨闻中宫摇动，外议喧腾，以禁庭德化之尊，非小故可废；以宗庙祭祀之主，非大过不移……臣虑及几微词，乃切直乞存皇后位号，安于别宫，暂绝朝"。

说实话，我觉得范仲淹此举迂腐，一点也不值得赞赏。然而，我总体还是非常喜欢这个人。他是个非常豁达之人，他戏称第一次遭贬为"极光"，第二次"愈光"，第三次"尤光"。一般人记得他，是因为那句"先天下之忧而忧，后天下之乐而乐"。其实，他自己根本不是"后天下之乐而乐"，同时代的章得象曾说他"素有虚名"。他是个地道的性情中人！我在小说里戏称他"范三泪"，因为他写过"酒入愁肠，化作相思泪"，"酒未到，先成泪"，你看这感情多丰富，多率性！

范仲淹不久调任苏州，又因治水有功回京判国子监，很快升为吏部员外郎、权知开封府。景祐三年（1036年），范仲淹进献《百官图》，对吕夷简提出尖锐批评，建议皇帝亲自掌升迁之事。吕夷简反击范仲淹"越职言事、勾结朋党、离间君臣"。范仲淹连上4章，言辞激烈，又被贬知饶州。由于氛围诡异，仅两人出郊为他饯行。

大臣纷纷替范仲淹辩护，但也有人坚持反对他，两派互相辩驳，朋党争论四起。鉴于历史教训，宋朝皇帝最忌两条"高压线"：武将领兵、文官结党。范仲淹被指责搞朋党，赵祯吓了一跳，马上下诏说："今中外臣僚屡有称范仲淹者，事涉朋党，宜戒谕之。"为此，梅尧臣撰《灵乌赋》，劝范仲淹少说话、多逍遥。范仲淹则回一篇《灵乌赋》，强调"宁鸣而死，不默而生"，为民请命，凛然大节。

幸好那个时代有"不杀文人"的好传统，贬官虽不一定"极光""愈光""尤光"，但绝不是可耻、可怜、可畏之事，不像后来一旦被罢往往"永世不得翻身"。范仲淹死时还获谥号"文正"，这是为人臣的最高荣誉。从此，历代高官都追求死后获个"文正"荣誉称号。曾国藩是最后一个"文正"。

那个时代不光"不杀文人",对其他人也不滥杀。当时淮南人王伦起事,郡县的不少官员弃城而逃。秋后算账,负责处理此事的富弼主张将他们全处以死刑,却遭范仲淹与赵祯否决。事后,富弼怒责范仲淹"欲作佛事耶",范仲淹悄然回答说:"主上富于春秋,吾辈辅导当以德。若使人主轻于杀人,则吾辈亦将不容矣!"①

中期

弊政如果能随着改革者下台而自愈,那当然好,受些委屈对政治家来说是家常便饭。问题是弊政如癌细胞,没有治愈,便会自行扩散,最终不可救药。这道理是诸多大臣与明君都明了的。因词作中有"红杏枝头春意闹"之句而被称为"红杏尚书"的宋祁,宝元二年(1039年)上书,直陈时弊"三冗三费",三费是道场斋醮、多建寺观、靡费公用,呼吁精兵简政,节约财政。赵祯虽"宽仁少断",毕竟算是明君,想有作为。庆历三年(1043年),宋夏转而议和,边事稍宁,他便提拔范仲淹、韩琦、富弼、欧阳修等人,说现在要转而处理内部当务之急。苏轼曾赞道:"韩、范、富、欧阳,此四人者,人杰也。"有四大人杰,还怕大事不成?

在西北前线时,范仲淹与韩琦同心协力。边塞歌谣:"军中有一韩,西夏闻之心骨寒。军中有一范,西夏闻之惊破胆。"现在,范仲淹、韩琦同任枢密副使,又同为改革鼓与呼。韩琦上《论备御七事奏》,认为当务之急:"一曰清政本,二曰念边计,三曰擢材贤,四曰备河北,五曰固河东,六曰收民心,七曰营洛邑",紧接陈述救弊八事,即选将

---

① 王得臣:《麈史·忠谠》。

帅，明按察，丰财利，遏侥幸，进能吏，退不才，谨入官，去冗食。范仲淹不失理智，认为"久安之弊，非朝夕可革"，所以"始未奉诏，每辞以事大不可忽致"。①

赵祯一再派人催促，朝野舆论压力增大，拖到九月范仲淹才上新政纲领《答手诏条陈十事》，系统性地提出十项改革方案：一是明黜陟，即严明官吏升降；二是抑侥幸，即限制官僚滥进；三是精贡举，即严密科举取士；四是择官长，即慎选地方长官；五是均公田，即重新规定官员按等级给以一定数量的职田；六是厚农桑，即重视农业生产；七是修武备，即整治军备；八是推恩信，即落实朝廷的惠政和信义；九是重命令，即严肃对待和慎重发布朝廷号令；十是减徭役，即均赋税宽徭役。欧阳修等人也纷纷上疏言事。除了恢复府兵制一项，赵祯"悉采用之"，迫不及待转发下去实施，迅速掀起一场声势浩大的改革运动，史称"庆历新政"。

中国历史上的改革，多是经济方面的改革。经济改革，无非是开源与节流两途。《荀子》指出："故明主必谨养其和，节其流，开其源，而时斟酌焉，潢然使天下必有余，而上不忧不足。""庆历新政"主要是节流，而不是开源。加强干部选任、考核等实际上是控制冗官。这样的改革，触动的主要是官员的既得之利。范仲淹派员下去考察地方官员，发现不称职的一笔勾去。富弼忧心忡忡："这一笔勾下去，会有一家人痛哭啊！"范仲淹则说："一家哭总比一个地区的百姓哭好吧？"问题是哭的人多了，会有影响，毁谤新政的言论逐渐增多，指责范仲淹等"朋党"的议论再度兴起。为此，欧阳修写了那篇著名的《朋党论》呈

---

① 范仲淹：《答手诏条陈十事》。

赵祯，旗帜鲜明地提出"小人无朋，唯君子则有之"，显示了革新者的凛然正气和过人胆识。赵祯很可能被欧阳修的文章说服，继续支持"庆历新政"，还批准了范仲淹、韩琦关于扩大相权的请求，由辅臣兼管军事、官吏升迁等事宜，改革广度和深度进一步增加。

然而，以文学起家的时任宰相夏竦政治上却十分保守，诬富弼欲"行伊霍之事"，私撰废立诏草案。这罪名比"朋党"吓人多了！"伊霍"指商朝的伊尹和西汉的霍光，他们辅政摄政，虽然没篡位，但霍光废立过皇帝。虽然赵祯再三口谕"朕不相信"，但范仲淹等人终于感到可怖：万一哪天皇上突然相信了，岂止自己身首异处，还要株连九族，那可是成千上万条人命啊！

退一步海阔天空。刚好辽与夏要启战，范仲淹和富弼便请求重返前线。赵祯顺水推舟，委任范仲淹为陕西、河东宣抚使，保留参知政事的头衔，并赐黄金百两（范仲淹则分发将士们）。随后，富弼也离京改任河北宣抚使。庆历五年（1045年），范仲淹被罢参知政事，富弼同时被罢去枢密副使改知郓州。罢两项新法。罢韩琦枢密副使改知扬州，并废除科举新法，恢复旧制。欧阳修改知滁州。至此，"庆历新政"告终。

后期

"庆历新政"失败了，皇祐四年（1052年），范仲淹也与世长辞了，但只要弊政延续，改革的呼声就不会停止。庆历六年（1046年），大臣张方平力揭冗官之弊：他任翰林当学士的时候，见两制两省官不及30员，今已50员；京朝官不及2000员，今2700余员；使臣不及4000员，今6000员。数年间，官滥不胜其弊。同年大臣王拱辰指责：太祖时兵12万，太宗时18万，真宗时40万，如今倍增，必须尽快裁减！

这些呼声虽然未有立竿见影的效果，但如"蝴蝶效应"，逐渐发生了作用。

这时，另一位伟大的改革家王安石开始登上历史舞台。庆历二年（1042年），王安石进士及第，历任扬州签判、鄞县知县、舒州通判等职。

王安石的父亲与范仲淹是同年进士，王安石小时候曾经随父亲拜访过范仲淹，并受到他的赞赏。王安石对范仲淹非常敬重，出仕后也曾拜访他，并有书信往来。皇祐四年，范仲淹去世，王安石时为舒州（今安徽潜山）通判，没能前往吊唁，但怀着无比悲痛的心情写下《祭范颍州文》，称颂范仲淹是勇于革新的政治家，"扶贤赞杰，乱冗除荒"，虽功败垂成，万代崇敬，认为"贤人今亡，邦国之忧"，表示要继承他的未竟事业。

嘉祐三年（1058年），王安石调为三司度支判官，相当于现代财政部兼税务局干部，上朝述职，作长达万言的《上仁宗皇帝言事书》，"慨然有矫世变俗之志"。[①]他认为"财力日以困穷""风俗日以衰坏"都只是表象，根源在于制度出了问题，要从制度上加以改革。对于先王之政"法其意"即可，不必拘泥于形式。王安石不仅谈他的本职工作——财政，还涉及政治、军事、文化等方面。在史家雷海宗看来，春秋以前贵族以战为荣，有兵可用；战国之后，"好铁不打钉，好汉不当兵"，无兵可用。在这份万言书中，王安石建议改变"天下学士以执兵为耻"的现象，而让良民当兵。雷海宗说："只就这一点来看，王安石已是两千年间特出的奇才。可惜王安石一类积极人才在传统中国绝无成

[①]《宋史》卷327，王安石传，第49册。

功的机会。"①

王安石的万言书效果适得其反，两位宰相"读之不乐，知其得志必生事"②，在他被提拔、开始推改革的时候，都遭到强烈的反对。

请注意一种历史现象：保守势力总是在发展高潮之时或稍后开始嚣张，濒亡之时无以复加。唐朝最强调祖宗是在"安史之乱"后，新皇帝即位册文中最常见的一句结束语是"无忝我祖宗之休烈""丕绩休命"之类。代宗之后的遗诏，也是言必称祖宗，而不是强调改革，与时俱进，寻求新形势下的新对策。北宋的保守势力在"仁宗之治"时期开始强盛，一路发展，与此同时则是国运一衰到底。宣和七年（1125年），金军大兵压境，赵佶无计可施，只能下《罪己诏》，表示痛改前非，"尽复祖宗之故"。然后禅位。钦宗登基后，也一再表示"尽遵复祖宗法"。

这时期的体制改革可以说失败了，但这种改革精神孕育了诸多创新。

一、金融创新

金融是现代经济的核心，在历史上也是经济发展至关重要的因素。秦始皇就重视金融。当然，古今金融不可同日而语，古代金融一般只是铸钱。宋代有两大创新：

一是相当于现代银行贷款的"青苗钱"。"青苗钱"在唐中叶只是田赋的附加之一。皇祐五年（1053年）李参任淮南京西陕西转运使时，

---

① 《中国文化与中国的兵》。
② 洪迈：《容斋随笔》。

为解决兵士缺粮问题，先贷钱给百姓，等收获后以粮偿贷，史称"青苗钱"。几年后，兵食常有余。后来王安石变法，其中"青苗法"即源于此。

二是近似于现代纸币的"交子"。历史上常有官府与民间铸钱之争，这种矛盾在赵祯时仍然频繁，在此不赘述。且说四川益州的商人，觉得铁钱重不方便，于是16人联合起来，约定以券代替，称"交子"。但有的商人亏损后，交子不能兑现，于是起了纠纷，闹到官府，交子被叫停了。薛田守蜀时，赵祯特地要求他与转运使张若谷调查交子详情。薛田与张若谷建议："废交子不复用，则贸易非便，但请官为置务，禁民私造。"天圣元年（1023年），赵祯批准置益州交子务，限125.63万钱为额。庆历七年（1047年），针对蜀秦两地商业往来多，而秦缺乏军储的情况，赵祯诏取益州交子30万给秦州，专项用于粮粟。于是，交子开始逐步向全国推广。

二、减灾机制

天灾难以避免，但是可以减轻危害，关键是灾后能否及时赈济。通常救济开仓放粮、减免租赋之类就不说了，只说些特色性做法。如明道元年（1032年）淮南大饥，招饥民入隶军，庆历八年（1048年）河北水灾时也令州县募饥民为军。究竟是为解决灾民的吃饭问题，还是解决国防的战斗力问题，或是两全其美？值得深思。皇祐元年（1049年），诏诸州每年都要市药以疗民疾，用现代话来说就是"免费医疗"了。更值得一说的是"三仓"，即指义仓、常平仓和广惠仓。

常平仓：战国时李悝在魏实行"平籴"，即官府在丰年购进粮食储存，以免谷贱伤农，歉年卖出所储粮食，稳定粮价。刘彻时，桑弘羊对此加以完善，创立"平准法"，方法大同小异。刘询时期连年丰收，谷价有时贱到1石5钱，农民利益受损。汉五凤四年（前54年）实行粮食收贮，在一些地区设立粮仓，收购价格过低的粮食。鉴于每年从关东向京师漕谷费用过大，大臣建议从近处的三辅（今陕西中部地区）等地籴谷以供京师，可省漕卒过半。收到成效后，在边郡普遍设粮仓，谷贱时增其贾而籴，谷贵时减贾而粜，名曰"常平仓"。从此，"常平"作为一项正式制度全面推行。但不久之后，有人借口关东连年灾荒，说常平仓与民争利，结果与盐铁官等一同废罢。后来，隋、宋、明、清也设"常平仓"。

义仓：又名"义廪""社仓"，由官方组织的民间储备，即"官督民办"。义仓一般在县治，社仓一般在村镇。隋朝始创，赵匡胤诏复，岁收二税，每石另收一斗，这就属于强行征收了。

广惠仓：针对绝户田（全家人亡，无人耕种的田地）由地方官卖掉，所得钱不知去向的问题，嘉祐二年（1057年），枢密使韩琦建议，绝户田予以保留，招募耕种，收获放在固定的仓里，用于资助城中无以自养的老幼病残。赵祯予以采纳，从此这就成为一种制度，由提点刑狱司掌管，每年底将收支情况上报三司。

三、文化创新

影响最大是至和二年（1055年）诏封孔子后代为"衍圣公"，且可以世袭。宋时衍圣公相当于八品官，元提升为三品，明初为一品文官，后"班列文官之首"，清代还特许其在紫禁城骑马，并可在御道上行走。衍圣公府（今孔府）是全国仅次于明清皇宫的最大府第。曲阜孔氏家族受历代帝王追封赐礼，谱系井然，世受封爵，世界无二。

直到1935年国民政府改封衍圣公孔德成为"大成至圣先师奉祀官"，"衍圣公"才成为历史。

这一时期，地方办学蓬勃发展。南唐有一种"学田制度"，其田或由皇帝诏赐，或从官田拨给，或由地方拨款购置，或由私人捐献，以佃租的方式收入资金，作为兴教办学的专项资金。乾兴二年（1022年），国子监孙奭上书："知兖州日，建立学舍以延生徒，至数百人，臣虽以俸钱赡之，然常不给。自臣去郡，恐渐废散，乞给田十顷为学粮。"从此，各州推行学田制度，直到清朝末年。天圣五年（1027年），晏殊知应天府，聘请范仲淹任教，带动天下学校大兴。如景祐元年（1034年）许京兆府立学，赐《九经》，给田5项。庆历四年（1044年）诏令州县皆立学，士须学习300日才可以参加秋试。秋试即乡试，分3场，先策，次论，再诗赋。

以前有一种"公卷"，即考生在考前将平日所作诗文送到硕学名儒手中，请他们传阅评判，一经公众推荐，即可任用。理论上说此法不错。可实际上，有些考生请他人代笔，作弊之风日盛。开封府贾昌朝建言："自唐以来，礼部采名誉，观素学，故预投公卷。今有封弥、誊录，一切考诸试篇，则公卷为可罢。"赵祯纳言，从此公卷退出历史舞台。

皇祐五年（1053年），改科考法，诸科举人终场问大义十道，每道首一两句为问，能以本经注疏对而加以文词润色发明之者为上，或不指明义理而且引注疏备者次之，并定为"通"级。但引注疏及六分者，为"粗通"级。不识本义或连引他经而文意乖戾、章句断绝者为"不通"级。以四通为合格。

嘉祐二年（1057年），欧阳修任礼部贡举主考官，带来学风、文风的大变革。当时有个文学派系"太学体"，以太学生刘几为首，特点是玩弄古书里的生僻字词。欧阳修则主张通达平易，反对"太学体"。那些"太学体"落第后闹事，甚至扬言要打欧阳修。赵祯坚定地支持欧阳修，而不迁就那些"考闹"。刘几知错，改名刘辉，改变文风再考，终于金榜题名。同年还改革贡举法，诏曰："自今间岁贡举，进士、诸科，悉解旧额之半；又别置明经科；旧置说书举，今罢之。其不还乡里而寓户他州以应选者，严其法。每秋试，自县令、佐察行义，保任之，上于州；州长、贰复审察得实，然后上本道使者类试。"此改革不仅调整了科目，还严禁现代所谓"考试移民"，要求各地方官把好考察、推荐关。

这时期教材增多。如天圣三年（1025年）诏国子监刊印《初学记》《六帖》《韵对》，其中《初学记》是唐代徐坚撰的综合性类书，30卷23部，取材于群经诸子、历代诗赋及唐初诸家作品，保存了很多古代典籍的零篇单句，原来是给皇子们学习的。景祐四年（1037年），颁行《礼部韵略》，此为赵恒时期《大宋重修广韵》即《广韵》的略本，收字9590个，以便应试士人记诵。

四、科技创新

指南车是古代指示方向记录行程的仪器，又称司南车，也做帝王的仪仗车辆，据说是黄帝时代发明的，早已失传。工部郎中燕肃学识渊博，精通天文物理，还工诗善画，为文人画先驱。他深入研究文献记载，天圣五年（1027年）提请造指南车，赵祯予以批准。皇祐五年（1053年）指南车造了出来，赵祯带辅臣们一起观看。

杭州书肆刻工毕昇，于庆历年间发明胶泥活字印刷技术，即在胶泥片上刻字，一字一印，用火烧硬后成活字，具有一字多用、重复使用、印刷多且快、省时省力、节约材料等优点，是印刷技术一次质的飞跃，被称为中国古代"四大发明"之一。但这一技术还未及推广，毕昇已于皇祐三年（1051年）去世。所幸他的字印被家人收藏，并记载于沈括的《梦溪笔谈》。

宋时针灸盛行，但相关古籍脱简错讹多，常发生事故。为此，尚药御王惟一多次上书，请求编绘规范的针灸图谱及铸造标有经脉循行路线与穴位的铜人，以统一针灸技术。赵祯准奏。天圣五年（1027年），铸成两座针灸铜人，将12经脉及354个穴位直观地描绘了出来。赵祯非常满意，指示一座放在医官院供学习参考，另一座放在宫里供鉴赏。同时，王惟一编绘《铜人腧穴针灸图经》，为铜人注解。赵祯阅后，令刻在石上传后。

嘉祐五年（1060年），地方官郭谘献造拒马车与车弩。郭谘献说："臣所创车弩，可以破坚甲，制奔冲。若多设之，助以大水，取幽蓟如探囊中物耳！"郭谘献这番话显然过于夸张，此后没什么相关记载，宋军的战斗力也没大提高。不过，由此可以想见那个时代发明创造的气氛。

去脉：强扭的瓜

帝王号称"天子"，其实并没有得天独厚。上天不仅没有让他们千岁百岁，倒是常常让他们难有接班的儿子。

对帝王的最高评价是"仁"。以宰相富弼为首的群臣连续5次上表请求给赵祯加尊号"大仁至治"，赵祯谦逊，不同意吹捧自己，可死后阻止不了"仁"的尊号，以及"仁宗之治"之誉。赵祯年号很多，如"天圣""明道""景祐""宝元""康定""庆历""皇祐""至和""嘉祐",不好以一个年号代表其盛治,而天圣、明道十几年赵祯还未亲政,宝元、康定、至和则都只有一两年时间,所以这个盛世也称"庆历、嘉祐之治",或称"嘉祐之治",在后世士大夫的心目中不仅是"盛世",甚至堪称"圣世"。

赵祯有3个儿子,全部早夭。景祐二年(1035年)赵祯才25岁就担心皇嗣问题,接赵宗实入宫,由曹皇后抚养。赵宗实是赵光义的曾孙,濮王赵允让第13子,本来是赵祯的堂侄。宝元二年(1039年),赵祯第四个儿子赵昕出生,赵宗实便出宫回到其生父身边。万万没想到,庆历三年(1043年)赵昕又夭折。嘉祐七年(1062年),赵宗实被立为皇子。

更让人想不到的是,赵宗实不愿当皇子,一连十多次上疏辞谢。赵祯派人劝告他服从命令,赵宗实才勉强答应,跟舍人告别说:"你们好好看管我屋里的东西,等皇上有了后嗣我就回来!"赵祯立赵宗实为皇子后,赐名"曙",赵祯没等生第四个儿子,就于嘉祐八年(1063年)驾崩,遗诏赵曙继位,为英宗。

然而,赵曙年纪轻轻就生病,只好由曹太后垂帘听政。一些宦官挑拨离间,使赵曙与曹太后产生了矛盾。为此,韩琦和欧阳修一边劝曹太后说:"他是个病人,不要跟他一般见识吧,难道您希望别人像议论一般继母那样议论您吗?"另一方面劝赵曙说:"太后以前是个什么样的人难道您不清楚吗?您只管尽孝,太后肯定不会亏待您。"经大家苦口婆心劝解,他们的矛盾才稍缓和。

治平元年(1064年),赵曙康复,曹太后撤帘还政。亲政第三天,赵曙就询问大臣:"积弊甚众,何以裁救?"由此可见其志不小。然而,仅半个月，韩琦等人提议讨论赵允让的名分问题：以王珪为首一派认为赵允让与赵祯是兄弟，赵曙应称其为皇伯，而以韩琦、欧阳修为首的一派则认为赵曙应称其为皇考即父亲，这事关他的追封荣誉。赵曙批示等赵祯"大祥"即丧期满24个月再说。第二年韩琦等再次提出，赵曙只好诏太常礼院组织讨论，史称"濮议"事件。

赵曙决定称亲生父亲为皇考，由欧阳修写了两份诏书，派人送去给曹太后签字。曹太后当然站在赵祯一方，希望赵曙称其父为皇伯，可是据说那天她喝多了酒，误签同意称皇考。于是，赵曙立刻诏停讨论，将反对派3名御史贬出京师。至于为赵允让建园立庙之事，赵曙软硬兼施，才勉强通过。然而，赵曙在位不到4年就驾崩，没来得及给父母改谥号，此事最后还是不了了之，赵允让仍为王而不是皇考。

赵曙实际在位2年8个月，"濮议"就争论了近两年时间。由此可见这些保守势力多么顽固。范仲淹的改革失败了，此后不久王安石的改革也不可避免地失败了，"三冗"等弊政像癌症一样很快发展到晚期。

第十五章
大定之治

> 提要

金世宗完颜雍当政时期（1161年—1189年），改变好战作风，改革弊政，减轻兵役、徭役与赋税，国库充盈，有"汉文景风"。

金人连自己的文字都没有，宋人公然称其"夷狄中至贱者"，可完颜雍居然被誉为"小尧舜"，叫那么多饱读儒书的汉族帝王面子往哪儿搁？

来龙：被迫篡位

皇统九年（1149年），金废帝完颜亮，迁都燕京，更名中都（今北京）。他一方面大力推广汉化，进一步巩固奠定了金王朝的华夏正统性和在北方的统治，另一方面又撕毁金与宋的和约，大举南侵，但被宋军击败。辽阳府留守完颜雍趁机政变，夺取政权，完颜亮被部将所杀，追废为海陵炀王，随后又被废为庶人。

最大看点：节用安民

完颜雍生活节俭，当上皇帝后服御器物多数还是用旧的。他对儿女说："我这件衣服穿了3年，还好好的，为什么要换？"他对臣下说："前代君主享受富贵，不知耕作艰难，就因此失了天下。"以往皇帝所到过的殿堂都会被封闭起来，作为文物保护，不让别人住了，他认为这样太浪费，诏令这些房屋可以住其他人。

今吉林、黑龙江一带淡水河中产一种珠叫"北珠"，颗粒硕大，颜色鹅黄，鲜丽圆润，晶莹夺目，从后汉开始成为朝廷专享贡品，非常珍贵，即使大富人家也难得一见。大定九年（1169年），完颜雍一方面派劝农使分别到河北西路、河南、山东等地去劝农，另一方面制止东北路采珠，既刹了贵族的奢侈之风，又将民力集中到生产上去。

金国军政合一，主要编制为猛安、谋克。猛安下辖谋克，总辖约千户。猛安从四品，掌修理军务、训练武艺、功课农桑。每个谋克辖300户，7～10个谋克为1猛安。后改为每25人为1谋克，4谋克为1猛安。谋克从五品，掌抚辑军户、训练武艺。大定二十一年（1181年）初，完颜雍听说山东等地的猛安、谋克民户骄纵奢侈，不事耕作，非常生气，便诏令查实计口田，必须耕地有余而力不足者才允许招人佃种，禁止猛安、谋克户出卖奴婢、转租田地，并禁止农时饮酒。次年又规定：一旦查出不自耕种的，猛安杖60，谋克杖40。大定十九年（1179年）、大定二十一年两次派员到各地拘括官田，防止贵族地主多占、冒占官田。

金初，对人户3年一查，清查人口、驱奴、土地和资产，以此为据合理排定户口的等级，征收税赋差役。但在实际操作中，贵族、官僚和地主常以各种方式隐瞒逃税，贫苦人户则负担重税。为此，大定四年（1164年），采取了"通检推排"的措施，即由朝廷派遣官吏到全国各地清查土地，核实财产。第二年颁布"通检地土等第税法"，统一各地标准。10年后即大定十五年（1175年），又派泰宁军节度使张弘信等24人分路推排，手续简化。大定二十年（1180年），从中都开始在猛安、谋克户中实行推排，两年后推广全国，在清查各户土地、牛具、奴婢之数的基础上，分为上、中、下三等均赋役。1186年，完颜雍还进行过这种推排，进一步改善征派赋税不均现象。

大定十二年（1172年），完颜雍诏令随民开金银矿，不收税。大定二年（1162年）还罢诸关征税，让利于商。

黄河多灾，大定十二年又改道东南。为此，完颜雍命从河阴、广武山沿河东至原武等县及卫州等地增筑河堤。大定二十年（1180年），卫州一带黄河决堤，漫至归德府，完颜雍令南北两岸都增筑堤。大定二十七年（1187年），完颜雍还令沿河府州长及副官均提举河防，县令与县佐均管河防事，每到雨季命工部派官员深入基层，沿河巡检。

此外值得一说和平与汉化。

完颜亮死了，长江边的金兵自行溃退，但南侵战争并没有随即结束。宋军相继收复泗州、和州、楚州、汝州，寿春金兵降宋。第二年，金兵又攻寿春，转战数日才退，零星的冲突持续。

完颜雍是真心想与宋和的，上台方式毕竟不光彩，在皇位上屁股还没坐热，没几天辽人耶律斡罕又起兵反金并称帝，先解决燃眉之急要紧。年初，他嘉奖退回中京的将士，提拔耶律元宜为御史大夫，然后遣使入宋告知新帝登位。宋也想和，因为西夏还在那里时不时侵扰，不能两头作战，而赵构已决意奉行和平路线。他对大臣们明说：

> 朕料此事终归于和，卿等欲首议名分，而土地次之。盖卿等不得不如此言。在朕所见，当以土地、人民为上，若名分则非所先也。何者？若得复旧疆，则陵寝在其中，使两国生灵不残于兵革，此岂细事！至如以小事大，朕不耻。①

儒家从孔子开始就非常注重"正名"。在赵构看来，将名分置于土地、人民之上是不应当的。如果能复疆免战火，自己在名分上委屈一点没关系。如果旧疆要不回来，能让人民不遭受战乱也罢，如果要骂我就让那些人去骂吧！于是，委派派翰林学士洪迈回访祝贺完颜雍。洪迈是《容斋随笔》《夷坚志》的作者。他父亲洪皓曾经出使金国遭到扣留，洪迈不想历史重演。临行时，洪迈表示"土疆实利不可与，礼际虚名不足惜"，态度跟赵构类似，不惜辱己身以保全国家实际利益。大臣当即纷纷反对。礼部侍郎黄中亟奏说："名定实随，百世不易，不可谓虚。土疆得失，一彼一此，不可谓失。"工部侍郎张阐还建议："宜严遣使之命，正敌国之礼。彼或不从，则有战尔。如是，则中国之威可以复振。"为了这点面子，不惜重启战争。无奈，洪迈只好用"敌国礼"格式写的国书去朝贺完颜雍就任皇帝。金国官员一见大宋国书，要求立即改正。洪迈不敢改，被锁在使馆，3天不给食。后经金国大臣调解，才将洪迈遣回。但洪迈仍被弹劾"使金辱命"，被罢官。②

宋金为了面子重新开战。金在内乱的情况下，抽数万兵围攻海州，

---

① 《续资治通鉴》卷136，第8册。
② 《宋史》卷373，洪迈传，第50册。

被击退。大定三年（1163年）秋，完颜雍派10万兵屯河南，直逼两淮；宋军撤回河池，金兵追杀三万余人，重新占领大片地方。完颜雍索取海州、泗州、唐州、邓州和商州及岁币，遭宋拒绝。宋预料金兵在秋天马壮之时必南侵，决定先发制人，兵分两路出击中原，收复灵璧、虹县、宿州。宋孝宗赵昚欣欣然说："近日边报，中外鼓舞，十年来无此克捷。"但没高兴几天，在符离大败。完颜雍再索地与岁币，赵昚不得不妥协，表示："四州地及岁币可与，名分、归正人不可从也。"归正人指北方沦陷区南下投奔之人。只要面子留得住，土地和钱财能保自然好，不能保也无所谓。但一些大臣觉得屈辱，派出谈判的代表以"辱国"罪被贬职。有些人认为岁币可许，四州绝不可许，有些人仍主张用兵。两军对垒，拖到第二年赵昚还是遣使入金议和。金兵攻楚州、濠州及滁州等地。这样一来，南宋朝野更多人急于议和，太学生72人上书，指责主战派误国，乞斩汤思退等3人以谢天下。赵昚只得贬黜汤思退等人，遣使入金议和。同年和约达成，宋称侄，金称叔，"岁贡"改为"岁币"，银、绢各减5万，疆界回到绍兴议和所划，史称"隆兴和议"，或"乾道之盟"。

此后40年，宋金基本能和睦相处。大定五年（1165年），金在泰州、临潢等边境设堡70处，驻兵1.3万。大定二十一年（1181年），再次增筑一些路连堡，但没什么冲突。宋使入金，国书写着："侄宋皇帝昚，谨再拜致书于叔大金圣明仁孝皇帝阙下。"金人回书自称"叔大金皇帝"。

被俘的宋钦宗赵桓，正隆元年（1156年）在燕京病死，大定元年（1161年）死讯才传到南宋。完颜雍遣使曰："汝国既知巩、洛陵寝岁久难迁，而不请天水郡公之柩，于义安在？当为汝国葬之。"巩、洛指今河南巩义、洛阳一带。天水郡公指赵桓，原被金人贬为"重昏侯"，皇统元年（1141年）改此封号，以示尊重。大定十一年（1171年），完颜雍将赵桓重葬，用一品官礼仪，再示尊重。

金不可避免要过汉化一关。金初的统治者本着"拨乱反正，务在革非"的原则，开始大力实行汉化改革，完颜雍也不能例外。

完颜雍本人熟读汉文典籍，特别爱读中国历史，坦言："朕于圣经（指儒家经典）不能深解，至于史传，开卷辄有所益。"大定二十年（1180年），他还对大臣大发感慨："近览《资治通鉴》，编次累代废兴，甚有鉴戒。司马光用心如此，古之良史无以加也。"说"朕常慕古之帝王，虚心受谏"[1]，又说"昔唐、虞之时，未有华饰，汉惟孝文务为纯俭。朕于宫室惟恐过度"[2]。大定十九年（1179年），他准备到金莲川（今内蒙古自治区上都镇和河北省沽源县闪电河一带）避暑，大臣进谏劝阻，他即采纳此议。

即位之初，有些大臣劝完颜雍还都上京，他不同意，坚持汉地本位。他继续重用石琚等汉官，以唐宋制度为范本对金朝的典章文物进行改革，并采纳石琚谏言，于大定十八年（1178年）诏令，有须众臣回避的也不避史官，并开始修起居注。

金初的官员多因战功获授官职，完颜雍上台之初也在卖官。其实，卖官在中国两千多年的帝制时代始终存在，区别仅仅在于卖官所得钱归国库还是归某些个人。秦始皇便令："百姓纳粟千石，拜爵一级。"大定二年（1162年）初，完颜雍也令纳粟补官。但随着科举制的发展，卖官越发显得落后。所以，大定五年（1165年）罢纳粟补官令，改而"进

---

[1] 《金史》卷6，世宗纪上，中华书局1999年版。
[2] 《金史》卷6，世宗纪上。

士文优则取，勿限人数"。次年开始置太学，学生从160人发展到400人。大定十六年（1176年），又在京府设学养士，并定宗室、宰相子弟规则。但同时不废举荐，大定二十六年（1186年），完颜雍对大臣说："朕与卿等皆老矣，荐举人才，当今急务，人之有干能固不易得，然不若德行之士最优也。"[1]不但要求有才，而且要求人品好。对于状元，还要访察他在乡里的品行，品德好才行。大定二十八年（1188年）提高对于教授的要求，必须是"宿儒高才"，同时教授的待遇也提高到与县丞、主簿同等。

完颜雍反对"全盘汉化"，在汉化的同时非常注重弘扬本民族的文化。大定十一年（1171年）开始，完颜雍发起一场"女真文化复兴运动"。他说："亡辽不忘旧俗，朕以为是。海陵习学汉人风俗，是忘本也。若依国家旧风，四境可以无虞，此长久之计也。"[2]当然，这有与完颜亮"对着干"的重要考量。"海陵"指完颜亮，他被杀后大定二年被降封为"海陵郡王"，大定二十一年（1181年）再降为"海陵庶人"。在《金史》中我们可以读到，完颜雍经常对完颜亮进行严厉批判，如：

"海陵失道，朕乃得之"；

"海陵为人如虎，此辈尚欲以术数要之"；

"海陵不辨人才优劣，惟徇己欲"；

"海陵时，修起居注不任直臣，故所书多不实"；

"海陵横役无度，可尽为例耶"；

"自海陵迁都永安，女直（女真）人寖忘旧风"；

---

[1] 《续资治通鉴》卷150，宋纪150，第9册。
[2] 《金史》卷89，移剌子敬传，第54册。

"海陵纯尚吏事，当时宰执止以案牍为功"；

"海陵非理杀戮臣下，甚可哀悯"；

"海陵时，大臣无辜被戮家属籍没者"；

……

完颜亮主张汉化，所以完颜雍即使心里赞同汉化，也得尽量与完颜亮的汉化强行区别开来。完颜雍要求宗室说："女直旧风最为纯直，虽不知书，然其祭天地，敬亲戚，尊耆老，接宾客，信朋友，礼意款曲，皆出自然，其善与古书所载无异。汝辈当习学之，旧风不可忘也。"①

大定十三年（1173年），禁止将女真人译为汉姓，以示不忘本。同时创女真进士科，以女真大字试策，女真小字试诗，取27人。女真文字与契丹字类似，大字为线性排列书写的单体字，小字为合体。随后又创建女真太学，各路广设女真府州学。大定十四年（1174年），仿效汉时刘询在未央宫设麒麟阁专门陈列功臣画像，选出开国以来勋业最著者21人，绘图于衍庆宫圣武殿左右廊庑。大定二十四年（1184年），完颜雍亲率皇子皇孙回上京会宁府寻根，在太祖完颜阿骨打起兵之地立大金得胜陀颂碑，弘扬女真民族精神，直到第二年才返中都。大定十七年（1177年）定猛安世袭制，大定二十二年（1182年）命猛安、谋克官员要督促部众习武，大定二十七年（1187年）还诏禁学南人衣装，违者治罪，从方方面面强化女真族的本性。

完颜雍也重儒学，所不同的是将儒家经典翻译为女真字文本，将儒家的伦理道德观念移植到女真文化中去，而不是让女真人抛弃本民族

---

① 《金史》卷7。

文化来接受汉文化。在他看来，人性是相通的。只不过女真人没有写出来而已。为此，大定四年（1164年），完颜雍下诏翻译汉文典籍，先后译出《周易》《尚书》等十余种。大定十六年（1176年）译出《史记》《贞观政要》等，即命颁行供学。大定二十三年（1183年）译《孝经》千部，分赐护卫亲军。完颜雍明确说："朕所以令译五经者，正欲女直人知仁义道德所在耳。"

完颜雍主张"女真为本"，对汉族、契丹族等民族实施歧视与压迫。有大臣进谏："猛安人与汉户，今皆一家，彼耕此种，皆是国人，即日签军，恐妨农作。"签军指签发所有汉人丁壮当兵。完颜雍听了生气，斥责说："所谓一家者，皆一类也，女直、汉人，其实则二。朕即位东京，契丹、汉人皆不往，惟女直人偕来，此可谓一类乎？"[①]在他眼里，汉人、契丹人是不能与女真人一视同仁的。

去脉："明昌之治"

历史对完颜雍评价很高。人们不仅把这个时期称为"大定之治"甚至"大定盛世"，还称其有"汉文景风"。史称：

> 当此之时，群臣守职，上下相安，家给人足，仓廪有余，刑部岁断死罪，或十七人，或二十人，号称"小尧舜"，此其效验也。[②]

早在2000年前，就有人直接追问孟子："人人都可以做尧舜，有

---

① 《金史》卷88，唐括安礼传，第54册。
② 《金史》卷3，太宗纪。

这说法吗?"孟子说有。又问:"怎样做才能比得上尧舜呢?"孟子教导说:"尧舜之道,不过孝和悌罢了。你穿尧的衣服,说尧的话,做尧的事,你便是尧!你穿桀的衣服,说桀的话,做桀的事,你便是桀!"①金人连自己的文字都没有,宋人很看不起他们,公然称其为"夷狄中至贱者"②,可现在完颜雍居然被誉为"小尧舜"了,这叫那么多饱读儒学的汉族帝王面子往哪儿搁?

---

① 《孟子·告子章句下》,"尧舜之道,孝弟而已矣。子服尧之服,诵尧之言,行尧之行,是尧而已矣。子服桀之服,诵桀之言,行桀之行,是桀而已矣。"
② 《三朝北盟会编》卷244。

第十六章

明昌之治

> 提要

金章宗完颜璟在位期间（1189年—1208年），继续实行"仁政"，进一步推行汉化改革，促进民族融合，实现封建化。

"原以为中原皇帝都是天上人做的，哪想到完颜永济那种庸人也可以做！"成吉思汗不能不陡生野心。

来龙："大定之治"

大定二十九年（1189年），完颜雍病逝，由于太子完颜允恭早逝，其孙完颜璟同日在灵柩前继位，为金章宗。

完颜璟继位顺利，但他心中不安。完颜璟即位不久，封其叔完颜永蹈为郑王、定武军节度使。明昌四年（1193年），完颜永蹈偶然听家奴毕庆寿说，有个叫郭谏的人相面很灵，便召来为自己及妻、子相面。郭谏说:"大王相貌非常,王妃及二子皆大贵。"还说大王是元妃的长子,来年春当收兵得位。完颜永蹈竟然深信其言,真的与一些亲信密谋造反,不想被一个家奴告发。完颜璟将完颜永蹈及其王妃、二子、公主全都赐以自尽,并加强诸王禁限,其家人出入都不能自由。

明昌六年(1195年)又有家奴告状,说镐王完颜永中曾与侍妾谈论:"我得天下,子为大王,以尔为妃。"结果,完颜永中被赐死,两个儿子被杀,另有六十多人受株连,完颜永中的子孙被禁四十年。等他们解禁之后,不久金就亡国了。

最大看点:加速汉化

完颜璟上台后也在保持女真传统方面做了一些工作,如明昌二年(1191年)重申禁译女真姓氏为汉字。明昌五年(1194年)专设弘文院,加大译汉文经书为女真文的力度。承安二年(1197年)开始普及使用女真文字。

然而,如同完颜雍与完颜亮"对着干",现在完颜璟又与完颜雍"对着干",叫停"女真文化复兴运动",而加速汉化。完颜璟上台第二年即明昌元年(1190年)诏修曲阜孔子庙,第三年正式动工,历时四年。金将曲阜孔庙修了四次,这是规模最大的一次。经此修缮,孔庙比宋时多五十余间,其中大成殿和两庑首次用绿色琉璃瓦剪边,青绿彩画,朱漆栏帘,大成殿外檐柱首次用雕龙石柱,极尽壮观。同时诏全国州县修孔庙。明昌三年(1192年)禁取与古代帝王、周公、孔子相同的姓名。第二年完颜璟亲临孔庙,北向再拜。泰和四年(1204年)诏令35岁以下的亲军,都必须读《孝经》《论语》。

完颜璟还将女真封建化推向高潮：

一是即位当年将宫籍监户的奴婢，及原寺院僧道控制的契丹奴婢，放为良人。明昌二年"更定奴诱良人法"，从法律上废止奴隶制和禁止诱良为奴。

二是限制女真特权，削弱或废除猛安、谋克女真户的特权，淘汰一批平庸无能的猛安、谋克。泰和元年（1201年）责猛安、谋克户桑田，每40亩树桑1亩，禁毁树木，禁卖土地。

三是明昌三年规定猛安、谋克只能在冬季率属户畋猎2次，每次不过10日。第二年将行宫禁地和围猎场所尽与民耕种，泰和四年（1204年）又将围场远地许民众耕种渔樵。

四是明昌二年允许女真猛安、谋克屯田户与当地汉户通婚，泰和八年（1208年）又诏许屯田军户与驻地居民通婚。

同时，他加快了汉化步伐：

一是参考唐宋礼乐，先后修成《金纂修杂录》四百余卷及《大金仪礼》，史称"大定、明昌其礼浸备"。开始祭祀三皇五帝和禹汤文武，表明继承汉族王统。

二是即位当年增设经童科，凡士庶子年13岁以下，能诵两大经三小经，又诵《论语》及诸子5000字以上，府试15题通13题以上，会试每场15题，3场共通41题以上，即为中选。明昌元年置应制及弘词科，以待非常之士。至此，诸科齐备。承安五年（1200年）又定诸科取士名额不超600人，宁缺毋滥。第二年更赡学养士法，凡生员给民佃官田，每人60亩，岁支粟30石；国子生每人108亩，岁给以所入，待遇空前提高。

三是原来女真字通过契丹字与汉字转译。明昌二年（1191年）令女真字直译为汉字，解雇国史院专写契丹字的学者，同年末又罢契丹字。大定二十九年（1189年）命修《辽史》，泰和七年（1207年）修成。明昌五年（1194年）求购崇文总目中所缺书籍。泰和元年（1201年）又令购求遗书，高价访求，凡藏书家有珍本，借来抄写完后还原书，给其值半价。

四是先后编成《明昌律义》，及榷货、边部、权宜等敕条。泰和元年修成《泰和律》，共12篇，30卷，563条，附有注释等，为金朝最完备的法典。杖刑是古代长期存在的一种基本刑罚，对于杖的质地与大小有规定，但在实际当中往往出偏差。承安五年（1200年），礼部尚书贾铉反映：州县有些官员为所欲为，百姓稍有不满即被杖决，所用刑杖长短粗细又不按法定制作，甚至将铁刃置于刑杖，因此有的人被杖死。完颜璟便诏令州县纠察大杖棰人，随后还改贾铉为刑部尚书。

完颜璟的努力很快获得丰厚回报，史称明昌四年（1193年）"野蚕成茧"。[①] 这描述让人联想到唐朝于濆的诗《野蚕》：

野蚕食青桑，吐丝亦成茧。
无功及生人，何异偷饱暖。
我愿均尔丝，化为寒者衣。

野蚕采食青青的桑叶而吐丝成茧，甘愿牺牲自己，衣被生民，这是一个多么感人的形象。由此可以想见那个时代：五谷丰登，丰衣足食。史称："章宗在位二十年，承世宗治平日久，宇内小康，乃正礼乐，修

---

① 《续资治通鉴》卷153，第9册，"是岁，金大有年。邢、洺、深、冀、河北十六穆昆之地，野蚕成茧。"

第十六章 | 明昌之治 213

刑法，定官制，典章文物粲然成一代治规。"①

去脉："金以儒亡"

初期，金主要是防范西北部的蒙古人。蒙古人虽然开始壮大，但还在金的可控范畴，辽、金将蒙古草原各部族统称为"阻卜"。完颜璟上台不久，明昌六年（1195年）命亲军、武卫各500人巡视北边，抚慰军民。然而，北边的问题已经不是抚慰可以解决的了。今呼伦贝尔大草原额尔古纳河、呼伦湖、贝尔湖一带，生活的游牧族弘吉剌部，以美女闻名。承安元年（1196年）大盐泺（今内蒙古自治区乌珠穆沁旗境内）的群牧使（主管马政）被弘吉剌部袭杀，金兵出击，阻卜大败，遇大雨又冻死十之八九，酋长也被俘。但阻卜又反，与契丹德寿等人联手据信州，数十万众。金兵分道进击，俘德寿等送遣京师。次年阻卜再反，并击败金兵。完颜璟不得不加大反制力度，遣官至上京（位于今黑龙江省哈尔滨市阿城区）、东京（今辽宁省辽阳市）、北京（今内蒙古自治区宁城县西）及西京（今山西省大同市）等地招募汉人为兵，不足的还以签军补充。

承安三年（1198年），一方面诏令各地方官进一步重视"盗贼"情况，聚众20人以上就必须上报中央，否则处100杖；另一方面从临潢到北京，一路穿壕筑障。对此，有人提出质疑。枢密使完颜襄坚持说："今费虽百万贯，但功一成，边防巩而戍兵可减，半岁即可省三百万贯，且省民转输之力，实为永便。"于是，50日突击完工。随后，

---

① 《金史》卷12，章宗纪4，第53册。

西北、西南路也开始修长城，北边果然安宁下来，完颜襄立功受赏。同年增派亲军800人、武卫军1600人戍守西北路。承安四年（1199年）又在西南路沿边筑堡垒900里，营寨相望，初得安宁。第二年为西南、西北路的沿边壕堑加修女墙及副堤，用工多达75万人，厚赐银币。泰和四年（1204年）再次加强县令考核，增定关防奸细法。泰和八年（1208年）加修临潢、泰州一带的边备。

这些防务也许发挥了一些作用，但还是没能阻止蒙古人的发展。完颜璟还曾派员深入蒙古挑拨离间，诱使他们互相残杀，看似成功，结果也未如愿。蒙古其他各部誓与铁木真为敌，组建12部联军，共同向铁木真开战。泰和四年取胜的还是铁木真，他统一了蒙古高原各部。泰和六年（1206年）春，蒙古贵族们在斡难河（今鄂嫩河）源头召开大会，宣布成立大蒙古帝国，为铁木真加尊号"成吉思汗"，意为"拥有海洋四方"，后又追尊他为元太祖，不久将向整个欧亚大陆开战。

史家几乎公认金朝的衰落始于完颜璟时期。有学者为完颜璟辩护说：

> 到他（指完颜雍）的继承人即位时，金朝开始衰落，但这既不能过多地归咎于女真统治集团中少数人的玩忽，也不能归咎于最高决策层无能，而是因为他们遇到了敌人的攻击，这个敌人对于金的可怕程度，甚于当年女真人对于宋朝。①

这里所说可怕的敌人，就是蒙古人。这一说法是成立的。岂止女

---

① ［德］傅海波、［英］崔瑞德著，中国社会科学院译：《剑桥中国辽西夏金元史》，中国社会科学出版社1990年版。

真,对于当时欧亚许多民族都如此。

与北部蒙古不同,南部蒙古本来是友好的。北宋、南宋多次在盟友中失信。宋隆兴二年(1164年)"隆兴和议"或"乾道之盟"以来,宋、金基本能和睦相处。然而,眼看着蒙古人从金国叛乱崛起,宋人又开始瞎激动了,想报旧仇雪老恨。

当时,南宋朝野还是主战派占上风,包括宋宁宗赵扩及辛弃疾、陆游等著名人物。丞相韩侂胄是外戚,以恩荫入仕,对拥立现任皇帝赵扩有功,但禁朱熹理学、贬谪宗室赵汝愚得罪了不少人,很想立新功。泰和五年(1205年),宋兵突然侵入金国的秦州、巩州。完颜璟一方面遣使入宋,要求依约撤兵,另一方面要求山东、陕西方面严防,加紧训练,并拨银15万两给边帅加强战备。

边境冲突事件增多了。泰和六年,完颜璟召集大臣讨论,有的认为宋兵只是挑衅,无意入侵;有的则认为宋接连进犯,非同寻常,还是应加紧备战。完颜璟赞同后者,部署诸道兵分守要害。果然,没几天宋兵就攻占了泗州、虹县等地。宋正式向金国宣战,第二年却不得不承认失败,遣使入金议和。完颜璟提出5个条件,一是割让两淮,二是增岁币,三是归还战俘,四是犒军银,五是送首要战犯的首级,宋方也不得不接受。泰和八年,金宋达成新的协议:两国境界如前,宋以侄事伯父礼事金,增加岁币银帛各5万,宋纳犒师银300万两给金,史称"嘉定和议"。与40年前的"隆兴和议"相比,对金方来说显然获利更多。

泰和八年,40岁的完颜璟病逝。他在位时6个儿子都早夭,只好密诏叔父完颜永济:"朕尚无子,贾氏、范氏已孕,即将分娩。如果两妃中生下男孩,即立为皇帝。"可惜完颜永济不是周公,禁不住权力的诱惑。完颜璟一咽气,元妃李氏等人便设计立完颜永济为帝,紧接着清除怀有龙种的妃子及其外戚势力。

成吉思汗建国后,与金尚保持"友好",仍然入贡。早在此前两年,成吉思汗曾经见过完颜永济,对他不屑一顾。现在听说完颜永济居然当了皇帝,不禁叹道:"原以为中原皇帝都是天上人做的,哪想到完颜永济那种庸人也可以做!那种人,还值得我跪拜?"[①]这让成吉思汗不能不有野心。

成吉思汗这话表面是针对完颜永济,实际上也许还针对完颜璟,甚至实指所有中原皇帝。

完颜璟的运气不好,时逢蒙古人崛起,南宋又落井下石,虽然不至于危在旦夕,战胜南宋并捞了些小钱,但已经感到支撑下去颇为吃力。

屋漏偏逢连夜雨,这一时期天灾特别多。如泰和四年、泰和七年(1207年)、泰和八年的旱蝗,都造成不小灾难。更严重的是水灾,从春秋到清末黄河水道发生6次重大变迁,此前一次是宋庆历八年(1048年)。明昌五年(1194年),阳武故堤又决口,黄河大半之水由泗水入淮,全流冲入梁山泊,再一路沿泗水泛滥,至淮阳夺淮从云梯关入海。从此,河北境内的黄河北流干涸,海河流域不再受黄河影响。这场水灾使山东、河北、河南等地黄河两岸的大批农民丧生,幸存者流离失所。救灾与防灾耗费了极大的人力物力,仅完颜璟即位那年修复河堤用工就达430余万,每工钱150文,米1.5升,你想这是一笔多重的负担。

何况完颜璟也是明君难终。完颜璟本身是个文人墨客,传有"三十六宫帘尽卷,东风无处不扬花"的佳句,书法学赵佶的瘦金体,还能鉴定王羲之、顾恺之的书画作品。有人认为:"若论中国式的教

[①]《元史》卷1,太祖纪,第55册,"我谓中原皇帝是天上人做,此等庸懦亦为之耶?何以拜为?"

养，章宗在金朝历代皇帝中堪称首屈一指，甚至与汉天子相比也毫不逊色。"

在"大有"之后，完颜璟也犯了汉族文人皇帝"晚年"常见病：整日与文人饮酒作诗，不思朝政，国事多有失误。宫室由俭变奢，仅改造宫殿陈设每日就动用绣工达1200人，两年才完工。官僚机构膨胀，官员数量激增3倍。财政负担不起，只好大量发行纸币，造成货币贬值，万贯交钞只能买一个烧饼。为此，承安二年（1197年）令铸"承安宝货"钱，与交钞搭配使用。但新钱无济于事，于是承安三年（1198年）改用钞法，限官民存留现钱数量，设"回易务"，即以绵绢等易银钞。不久证明此法也不行，泰和二年（1202年）再改交钞法。不想结果更糟，整体通货膨胀率达数千万倍，几乎空前绝后，国运从此衰落。

现在，完颜永济也想有所作为。大安三年（1211年）春，蒙古人入贡，完颜永济暗中设伏，想一举除掉成吉思汗。不想，完颜永济用人不当，手下的辽族部将竟然向蒙古人告密。这样，双方撕破了脸。当年成吉思汗亲自率军南下，逼近中都，只因城防坚固才未果。第二年成吉思汗再次亲征。完颜永济束手无策，只能与臣下相对而泣，怨成吉思汗怎么不留点面子。幸好金兵尚强，能抵挡一阵子。

至宁元年（1213年），成吉思汗又一次率大军逼近中都的时候，守将胡沙虎再次临阵怯逃。可是，完颜永济不但没治他罪，反而重用他。蒙古军更近了，完颜永济派使臣到军营去督促，胡沙虎竟然恼羞成怒，聚众反叛，劫持完颜永济，并将他毒杀，另立完颜璟的同父异母兄完颜珣为帝。

完颜珣更是乱政。他向成吉思汗屈辱求和，又与西夏断交，将都城由中都南迁至汴京，对宋发动战争，从此金国三面受敌。

宋与金鱼死网破，蒙古人得利。蒙古于夏宝义元年（1227年）轻易灭西夏，金天兴三年（1234年）灭金，宋宝庆三年（1279年）灭南宋。如果不是这样，金国与西夏、南宋联手抗蒙，结局将如何？

对于金之灭，最有发言权的是其对手蒙古人即后来的元朝统治者。他们认为："辽以释废，金以儒亡。"① 在胜利者看来，金国之灭是由于全盘汉化，过度推崇儒学，沉迷于繁文缛节，失去了他们本民族的生气。

---

① 《元史·张德辉传》。

第十七章
乾淳之治

> **提要**
>
> 宋孝宗赵昚当政时期（1162年—1189年），与金"隆兴和议"，为岳飞平反，反腐惩贪，禁伪学，清理苛捐杂税，货币经济大为发展。
>
> 南北宋之交，帝王多"禅让"。国难当头，皇帝撂下担子不干去享清福，太不负责任了！

来龙："建炎中兴"

宋高宗赵构恢复宋室后，与金和解，集中精力发展经济、文化，实现全面复兴，被誉为"建炎中兴"。

最大看点：和外安内

一、与金和平

赵构禅让，赵昚继位后有志于收复中原，起用老将张浚等发动"隆兴北伐"，却惨遭失败。大臣汤思退等群起攻击张浚等主战派误国，力主和议。赵昚感到压力很大，只好下《罪己诏》，罢黜张浚，改用汤思退等主和派执政，并下令撤防，遣使与金议和，订立"隆兴和议"（或称"乾道之盟"）。

这个和约是更加屈辱的，但自己是挑战方，再苦的果也得咽。他转而集中精力发展现有辖区的社会经济。对于北方，在坚持和平的前提下，只做了两件事：

一是建树忠义文化。乾道六年（1170年），采纳批准鄂州（岳飞曾于此屯兵）人士建议，在此地建岳飞祠，庙额书写"忠烈"二字。淳熙五年（1178年），又谥岳飞为"武穆"，为主战人士画饼充饥。

二是防范金人入侵。乾道四年（1168年），荆南府训练义勇民兵，较赡养官军节省费用；同年四月禁贩牛过淮河，违者以贩军需治罪。第二年二月命楚州加强海防，防止与金人发生意外牵涉；同年复置淮东万弩手，名"神劲军"，并以定海水军为御前水军。淳熙四年（1177年），将两淮归正人编为"强勇军"。

"隆兴和议"后，双方又维持了较长时间和平。南宋在这一时期与其他地区关系也都比较友好，未见干戈。

二、改善民生

宋室南渡，文武百官再次感受到"风景不殊"。所幸的是，中国历史上的经济重心由西而东，两晋开始转南，这时期已在江南开花结果。卜宪群在《中国通史》中写道：

> 五代十国时期，南方经济已获得较大的发展，南方日益成为全国经济的先进地区。南宋以后，南方经济领先于北方的格局完全奠定，南方最发达的江浙地区也长期稳定地成为全国经济的重心。①

有了这样的经济条件，朝野也就有了"苟且偷安"的基础，重又获得中兴盛世的梦幻。

南宋经济负担是异常沉重的，得向北方金国纳"岁币"，还得备战。而在这样的非常时期，赵昚虽然本人比较俭朴，但他纵容太上皇赵构奢侈享受。赵构退休所居德寿宫，可谓"上有天堂，下有苏杭"的现实版。当时著名诗人周必大描述：

> 聚远楼头面面风，冷泉亭下水溶溶。
> 人间炎热何由到，真是瑶台第一重。

如果有瑶台仙境可谓的话，那无疑是德寿宫！据两宋时期史料随笔《桯史》记载：赵构好酒，为图方便，竟然纵容梁姓太监、甄姓小

---

① 卜宪群：《中国通史·隋唐五代两宋卷》，华夏出版社2016年版。

官在德寿宫私开小酒店。大臣袁孚不知天高地厚，批评"北内有私酤，言颇切直"。赵构"闻之震怒"，像小孩一样斗气，偏要给赵昚赐一壶，亲笔写上"德寿私酒"四个字。赵昚气得"踧踖无所"，只好将袁孚调离。三年后，诏"德寿宫供进御酒，令本宫置库酝造，令两浙转运司每岁支供糯米五千石"，后改为"二千石御前酒库，三千石德寿宫酒库"。从此，德寿宫的私酒合法化。有一年过生日，德寿宫的经费减了几项，赵构大怒。赵昚听了也生气，即召宰相虞允文来追问。赵构火上浇油说："朕老不死，为人所厌！"虞允文连忙解释说："太上皇息怒！皇上圣孝，本来不如此，罪在小臣，心想陛下圣寿无疆，生民膏血有限，减生民有限之膏血，益陛下无疆之圣寿。"[①]赵构听了转怒为乐，亲自用金器倒一杯酒赐虞允文，赵昚这才如释重负。赵构死后，葬礼准备从内库（皇宫府库）拨50万缗，"封桩"（一种国库）拨80万缗，共130万缗。赵昚担心不够，还准备增印30万道"会子"（相当于现代支票）。宰相们研究的时候，又增加为70万道。赵昚作为一个养子能如此，实在是赵构三生有幸。不过，李隆基说"吾貌虽瘦，天下必肥"，赵构如此之"肥"，天下难免会苗条些。

赵昚的精力主要放在内部，对于民生经济比较注重。不少地方大力开垦田地，兴建水利工程，全国推广朱熹在崇安（今福建武夷山）试办的"社仓"，都取得引人瞩目的成绩。金融创新进一步改善人民的经济生活。财政大臣报告：从绍兴三十一年（1161年）到乾道二年（1166年），朝廷共印行二百八十余万道会子。目前，诸路货运都要收现钱（铁铜钱），州县也不许民户收会子，以致外地会子堵塞，不能流通，

---

① 丁傅靖：《宋人轶事汇编》上册，中华书局2003年版。

商贾低价现钱收购会子。为此，财政大臣请中央拨给度牒及各州助教帖，以收纳会子。赵昚同意，诏令先发给佛教度牒、道教拜师帖各500道，以供榷货物，定价收兑会子。乾道三年（1167年），置丰储仓即国家粮仓，增印会子。淳熙七年（1180年），印会子百万缗，均给江、浙，代纳旱灾州县月桩钱。月桩钱是当时支应军饷而加征的税款名目。淳熙十三年（1186年），赵昚听说军民变成不要现钱而要会子，但会子之数有限，为此诏曰："诸路州县并以见钱、会子中半交收。"见钱即现钱，中半即对半。由此可见，纸钞这时已呈取代金属货币之势，有如我们今天上街买把青菜都爱用手机支付。不过，历史发展并非直线形，元、明、清时会子又退让给金银了，此是后话。

宋时苛捐杂税多，赵昚注重改进税收政策，给人留下特别深刻的印象。

乾道六年（1170年），大臣反映：今重征之弊，莫甚于沿江地区，如蕲春之江口与池州之雁汉，人们称之大小法场，征取酷如杀人。赵昚即令沿江诸路监司严行禁革，罢沿江税场多处。

淳熙三年（1176年），多名大臣反映：秋苗加耗太重，有的建议加耗不得超过3分，有的建议2石以上方可纳1升。赵昚感慨道："如此滥加耗，民力怎不困？"于是责令各地方官自觉察纠。

次年大臣反映：户部每年三月从南库借60万缗应付支遣，次年正月至三月措还。各地只好违法预催夏税，百姓苦不堪言。如果移此60万缗于四五月支借，则户部自不缺用。禁预征夏税，可纠正预催之弊。赵昚诏令各地不得违例预征夏税。

淳熙五年（1178年），有大臣言：郡县政事，以预借最害民。一年租税负担已重，而又预借明年租税，实增民负担，名为借而终无还期。

前官既借，后官必不肯承。赵昚诏令纳其言，禁州县预借租税。

同时，另有大臣反映：宋初一丁之税，每人绢7尺，20岁以上才纳，60岁开始免，残疾或重病及20岁以下的都免。可现在，一些乡里每3年一次检查，重新定纳税人丁，一方面是该免的未免，另一方面是隐而不纳。为此，建议专设丁税司，每年终，由民户家长自报实有丁多少，老病少壮多少，开列详表，该纳的纳，该免的免。赵昚予以采纳。

淳熙七年（1180年），有司反映：去年丰收，今年米贱，到处要求和籴，仓廪盈溢。江东诸路供米，要求就近送金陵、镇江粮仓，可现在这两处守臣也说无仓可储了，请求改送行在（临安）丰诸西仓。

淳熙十二年（1185年），大臣反映：广西最远，其民最苦。法定男21岁为丁，60岁为老，官方按籍计年。通常按丁簿查岁数，以便收附或销落。但靠海诸郡，以身丁钱为巧取之资，有收附而无销落。而且在收附时，加倍收所剩余的利息钱，米则多收加耗数。一户计丁若干，每丁必须折为现钞，百姓太苦了。为了逃避身丁钱，百姓有的改为女户，有的背井离乡，有的舍农为工匠，有的泛海从商，总之不得安宁。希望能改革违法乱收费之害。为此，赵昚诏令整顿广西身丁钱。

同年大臣反映：豪民买朴扰民。买朴指令民承办酿酒，交易时又令竞价。于是，赵昚罢荆门军3个税场。随后，又从大臣的请求，罢常德、复州、江都、泰州、山阳、天长、高邮的税场。

当代知名史家李定一说："史称宋代'百姓康乐'当系事实，因为一个在饥饿线上挣扎的社会，无由创造出两宋辉煌的文化来。"[①] 此论甚是，难怪经得起赵构们挥霍！

---

① 李定一：《中华史纲》，重庆出版社2019年版。

读着以上史料，我心里挺不平静，一为这个盛世平民生活的真相，二为那些为民请命的大臣，三为知情即改的赵昚。

三、朱熹治学

早在西汉就有"真儒"与"伪儒"之争，扬雄说孔孟是真儒，其后则伪儒当道。不过，伪儒当道也不是那么顺畅的，程颐之儒、朱熹之儒、王阳明之儒都曾被朝廷宣布为"伪学"而遭禁止。赵昚时期文化上建树不多，但影响千古。

宋初在文化方面仍然比较开放，赵匡胤信仰佛教，赵恒喜欢道教，但他们并不排斥其他信仰，跟唐朝一样没有"独尊"什么。赵祯时期开始发生变化，欧阳修重新发起"古文运动"。这一运动是唐中期韩愈首倡的，他们提倡古文，反对骈文，但这并不是单纯的文体改革，更重要是想恢复先秦的儒学道统。接下来形成三派，一是以王安石、王雱父子为首的"新学"派，二是以苏轼、苏辙兄弟为首的"蜀学"派，三是以程颢、程颐兄弟为首的"道学"派。这三派都是欧阳修学说的继承人，可他们相互排斥，后来又分化成诸多派别。如福建的朱熹，继承程颢、程颐的"道学"，又有所不同，形成"理学"，也称"闽学"。

王安石饱读儒家经典，自认为重新发现了周代理想社会的价值观。然而，他的变法失败，又发生"靖康之变"，使南宋文化发生了深刻变化。中国传统文化有个问题，即硕儒董仲舒所言"善皆归于君，恶皆归于臣"，每当发生重大危机，不敢追究现任及其祖上皇帝的责任，而要归咎于"奸臣"。比如杀岳飞这件事，人们痛恨秦桧，可是没有皇帝赵构的批准，秦桧敢杀、能杀岳飞吗？北宋亡国，赵构不敢追究赵佶的责任,全推给了多年前变法的王安石①,开始全盘否定王安石,王安石父子的"新学"遭到全面打压。

朱熹于绍兴十八年(1148年)进士及第,算是赵构培养出来的人才。朱熹雄心勃勃出仕同安(今属厦门市一区)主簿兼儒学。到任之初,他去祭拜当地孔庙,写了一则短文《鼓铭》:"击之镗兮,朝既旸兮,巧趋跄兮。德音将兮,思与子偕响兮。"②虽然全文仅22个字,却把誓要建立响亮功勋的决心表达得淋漓尽致。然而,现实并不会轻易被圣人的意愿所改变。他所分管的县学乱糟糟,有的生员行为严重不轨,被剥夺学籍,他不得不以"能行寡薄,治教不孚"之言自责。更糟的是绍兴二十七年(1157年)夏,辖内竟然发生农民围攻县城的暴动,虽然很快被镇压,但朱熹吓坏了,慌忙逃离。临别之际,他又到孔庙祭拜,新写一则仅43字的《辞先圣文》,坦言执政5年来失误不少,虽然侥幸逃脱上司追责,但自己内心十分不安。③

离职后,朱熹筑室武夷山,从事教育和著述活动。他仍然关心国家大事,认为"今上领衫与靴皆胡服",直接批评赵构。④赵构倒是有心胸,听闻朱熹之名,绍兴二十九年(1159年)召他进京。朱熹则认为"举朝无非秦(桧)之人",不愿与他们同流合污。赵眘即位后,诏求臣民意见。朱熹跃跃欲试,应诏陈事,反和主战,反佛崇儒。隆兴元年(1163年),朱熹应诏入对,面奏三札:一札论正心诚意、格物致知

---

① 李心传:《建炎以来系年要录》卷87,"安石之学杂以霸道,取商鞅富国强兵,今日之祸,人徒知蔡京、王黼之罪,而不知天下之乱生于安石"。
② 民国版《同安县志》卷25。
③ 《朱子全书》第24册,"熹祗服厥事,于兹五年,业荒行骥,过咎日积。虽逭厥罚,何慊于心。辞吏告归,愧仰崇仞。谨告。"
④ 《朱子语类》卷91,中华书局2020年版。

之学，反对老子与佛教异端之学；二札论外攘夷狄之复仇大义，反对和议；三札论内修政事之道，反对宠信佞臣。这些主张与当时朝廷大政方针相左，没被采纳。但同年朝廷还是任朱熹为国子监武学博士，朱熹辞职不就，请归崇安（今福建省武夷山市）。

淳熙五年（1178年），朱熹出山，知南康军（治所在今江西省庐山市）兼管内劝农事。同年视陂塘时，在庐山五老峰南麓找到白鹿洞书院废址。唐时曾有洛阳人李渤与其兄在此隐居读书，南唐在此办"庐山国学"（又称"白鹿国学"），与秦淮河畔的国子监齐名。北宋初年还赐《九经》等书于该书院，后来书院荒废了。淳熙八年（1181年），经赵眘批准，朱熹令当地官员修复白鹿洞，并自任洞主，制定教规，延聘教师，招收生员，划拨田产。当时著名学者陆象山也曾来此讲学。朱熹制定的《白鹿洞书院揭示》，即《白鹿洞书院教规》如下：

父子有亲，君臣有义，夫妇有别，长幼有序，朋友有信。

右五教之目。尧舜使契为司徒，敬敷五教，即此是也。学者学此而已，而其所以学之之序，亦有五焉，其别如左：

博学之，审问之，慎思之，明辨之，笃行之。

右为学之序。学、问、思、辨，四者所以穷理也。若夫笃行之事，则自修身以至于处事接物，亦各有要，其别如左：

言忠信，行笃敬，惩忿窒欲，迁善改过。

右修身之要。

正其义不谋其利，明其道不计其功。

右处事之要。

己所不欲，勿施于人。行有不得，反求诸己。

右接物之要。

　　这份教规为后世效仿，传至日本、朝鲜及东南亚一带，白鹿洞书院也享誉海内外。该书院与湖南长沙的岳麓书院、河南商丘的应天书院、河南登封的嵩阳书院，合称为中国四大书院。

　　时任丞相王淮，力荐了辛弃疾、陆游等一大批人才，赵昚称赞他"不党无私，刚直不阿"。淳熙八年末，王淮荐朱熹提举浙东常平茶盐公事。此职仅北宋末、南宋初有，主管茶盐专营事务，隶属中央茶盐司。王淮的同乡姻亲唐仲友与朱熹素有学术分歧，偏偏知台州，刚调往江西但没来得及赴任。朱熹听说唐仲友喜欢"营妓"（"官妓"）严蕊，经常在酒宴时请她作陪。当时是允许官员请营妓坐台侍陪的，只是不许留宿。朱熹便将严蕊拘捕，严刑拷打（朱熹主政福建时也曾以酷刑对付当地唱山歌者），要她承认跟唐仲友有床笫之私。严蕊申辩："我身为贱妓，即使与太守有染，也不至于死罪。然而，做人要讲良心，难道可以乱诬士大夫吗？打死我也不乱污他人！"朱熹先后6次上状奏劾唐仲友，并指责唐仲友与其亲姻王淮上下串通勾结，此事闹得沸沸扬扬。平心而论，朱熹没怎么冤枉唐仲友，但他那点小事在当时官场中并不算过分之举，所以赵昚轻描淡写地说："不过秀才们斗气罢了，懒得理！"赵昚是不会解救一个妓女的，但由此将唐仲友与朱熹的学术之争彻底引爆。先是吏部尚书郑丙疏言："近世士大夫有所谓道学者，欺世盗名，不宜信用。"监察御史陈贾的指责更为具体：谨独、践履、正心诚意、克己复礼之类，"皆学者所共学也，而其徒乃谓己独得之"。[①] 这话可谓一语中的。赵昚

---

① 《续资治通鉴》卷148，宋纪148，第8册。

并不糊涂，深有同感说："道学岂不美之名？正恐假托为名，真伪相乱耳。"①于是，淳熙十年（1183年）诏令禁道学。

直到朱熹调离浙东，由岳飞的儿子岳霖接任他的职务，严蕊才被释放。出狱时，她写下一首脍炙人口的词《卜算子》："不是爱风尘，似被前缘误。花落花开自有时，总赖东君主。 去也终须去，住也如何住？若得山花插满头，莫问奴归处。"朱熹则又写奏折，辩说流传于坊间的《卜算子》并非严蕊所作，而是唐仲友的亲戚所写，由严蕊弹唱。不论这首词是谁所作，我们都不得不说，在这件事情中，身份低微的妓女表现出了一种可贵的气节。

有必要略说后事。绍熙元年（1190年），朱熹知漳州，发现下属漳浦县乱收费现象十分严重，百姓苦不堪言，朱熹有心整治，却"坐视半年，未有可下手处"②，解决不了民生的实际问题。新皇帝赵扩对朱熹也很重视，特地请他入宫讲学。朱熹并不满足于经筵之职，"事事要过问"，问题是所言又"多不可用"，遭到皇帝与大臣们诸多反对。仅上任46天，朱熹就被迫离开，麻烦却还没完。庆元二年（1196年）末，沈继祖列朱熹十大罪状，如"不敬于君""不忠于国""玩侮朝廷""为害风教""私故人财"等，为此建议将朱熹斩首。赵扩将信将疑，只是罢了朱熹的官；不久，也即第二年初，便又恢复了他的官职。然而，众怒一浪高过一浪。接下来，刘三杰又给朱熹致命一击。刘三杰只不过是朝散大夫，即有官名而无职事的文官，他的疏奏写得掷地

---

① 《续资治通鉴》卷148，宋纪148，第8册。
② 转引自赵冬梅：《法度与人心：帝制时期人与制度的互动》，中信出版社2021年版。

有声,将理学与外敌相提并论[①]。所以,韩侂胄如获至宝,当日就提拔了刘三杰。不过,赵扩并未采纳,只是要求"勿用伪学之人"。

弹劾迅速进入高潮,绵州知府王沇上书建议"置伪学之籍",赵扩批示同意。于是,一份"伪学逆党"名单很快出笼,主要有宰相赵汝愚等4人,五品以上文官朱熹等13人,一般文官31人,武臣3人,士人8名,共59人。幸好宋朝相对开明,不杀文人,处理大臣不过是贬官。但对这些人来说也够难堪的。这便是历史上著名的"庆元党案"。

为此,朱熹上表,自贬"草茅贱士,章句腐儒,唯知伪学之传,岂适明时之用",承认"私故人财""纳其尼女"等数条罪状,表示要"深省昨非,细寻今是",悔过自新。

后来,朱熹未再入官,在闽北一带讲学著述直至去世。淳熙九年(1182年),朱熹52岁时将《大学章句》《中庸章句》《论语集注》《孟子集注》合刊为"四书"。之后,朱熹仍然呕心沥血修改《四书集注》。因为与传统儒学略有不同,朱熹的"道学"被称为"理学"或"闽学",理学家又称"宋儒"(区别于董仲舒等"汉儒")。宋儒门派多,其精神气质的共同特点是:重经义,轻经验;扬三代,贬汉唐;急著述,缓事功。

去脉:不孝之子

赵昚在位时期,社会经济继续全面大发展,史称赵昚"卓然为南

[①] 《续资治通鉴》,卷154,第9册,"今日之忧有二:有边境之忧,有伪学之忧。边境之忧,有大臣以任其责,臣未敢轻论。若夫伪学之忧,姑未论其远,请以三十余年以来而论之……如此鬼蜮,百方害人,防之不至,必受其祸。臣谓今日之策,唯当销之而已。"

渡诸帝之称首"。然而，亲政初期有太上皇干预，赵昚并不能大刀阔斧地干，后来赵昚则变得心灰意冷，越来越厌倦政事，淳熙十六年（1189年），他便以为赵构"守孝"为名禅让皇位，所以称"孝宗"。

富有戏剧性的是赵昚的接班人赵惇却以不孝著称于史。他们父子历来不和。赵昚逊位后他长期不去看望。绍熙五年（1194年）赵昚病倒之后，他既不请太医去看病，自己也不去看望。更过分的是，赵昚死了，他公然不服丧。因此，韩侂胄和赵汝愚等大臣在太皇太后支持下，逼迫他"禅让"于太子赵扩。

更有戏剧性的是赵扩一听宣布他当皇帝竟然吓得直嚷："做不得！做不得！"逼得太皇太后令左右："拿黄袍来，我给他穿上！"

赵扩时期经济保持发展，但皇帝无力摆平韩侂胄和赵汝愚争权夺利，大规模的宋金战争发生过两次。"隆兴和议"以来，宋、金基本能和睦相处。然而，眼看着蒙古人从金国内部崛起，宋朝又开始激动了。

当时，南宋朝野还是主战派占上风，包括赵扩及辛弃疾、陆游等著名人物。他们说北方同胞都盼望着解放，辛弃疾还说"敌国必乱必亡"。丞相韩侂胄是外戚，以恩荫入仕，对拥立现任皇帝赵扩有功，因为禁朱熹理学、贬谪宗室赵汝愚引起些纠纷，有些大臣便"劝韩侂胄立盖世功名以自固"。开禧元年（1205年），宋兵突然侵入秦州、巩州边境。第二年宋正式向金宣战，诏书写得慷慨激昂，非常振奋人心。可惜情绪当不了枪使，何况完颜璟已经有防备。宋军分路进攻，一路袭宿州，失败；二路包围宿州，也失败；三路取徐州，连主将都被俘；四路在灵璧稍胜，逐金兵30里。这一战史称"开禧北伐"。

同年金分兵9路大举反攻，一路出颍州、寿春，二路出唐州、邓州，三路出涡口，四路出清河口，五路出陈仓，六路出成纪，七路出临潭，八路出盐川，九路出来远，几乎全线南下。金兵相继破滁州、真州等地，只有在楚州遇到较强抵抗。在这紧要关头，南宋内部发生了一个大变故：吴曦叛变附金。吴曦因祖父功勋补官，被授兴州兵权。开禧三年（1207年），吴曦将金兵引入凤州，然后以兴州为行宫，自称蜀王，改年号置百官，受金册封。宋军分兵围剿吴曦，还好战争顺利，仅41天就结束了这场闹剧，但无疑大伤元气。随后，宋军收复阶、成等州，但"蜀口、汉、淮之民死于兵戈者，不可胜计，公私之力大屈"①，无法夺取预想的胜利。宋廷决定遣使入金议和。金兵复破大散关。宋使方信孺再入金，金人提出和解的5个条件：一是割让两淮，二是增岁币，三是归还战俘，四是犒军银，五是送首要战犯的首级。韩侂胄一听，怒不可遏，将方信孺贬到临江军。然而，现在战败了，原来主战的人纷纷抱怨不该贸然开战，何况皇后早就看不惯韩侂胄。皇后密令礼部侍郎史弥远袭杀韩侂胄及其亲信苏师旦，然后才禀报赵扩。赵扩听了，恨恨说："恢复岂非美事，但不量力尔！"②赵扩把自己的领导责任推得一干二净，韩侂胄变成了宋、金共同的敌人，罪该万死。于是，赵扩很快下诏公布韩侂胄的罪状，并将他的首级送入金国。嘉定元年（1208年），宋金达成新的协议：两国境界如前，宋以侄事伯父礼事金，增加岁币银帛各5万，宋纳犒师银300万两给金，史称"嘉定和议"。与40年前的"隆兴和议"相比，对宋来说显然更屈辱。

　　南北宋之交，帝王多"禅让"，看上去似乎是政治文明的表现，可别忘了这是国难当头之时，皇帝搁下担子不干去享清福，太不负责任了！赵匡胤在天之灵如有知，会不会将他们赶出赵氏宗庙？

---

① 《宋史》卷474，韩侂胄传，第51册。
② 《宋史》卷474，韩侂胄传，第51册。

第十八章
永乐之治

> **提要**

明成祖朱棣在位期间（1402年—1424年），迁都北京、遣郑和下西洋、编《永乐大典》、兴修水利，"赋入盈羡"为明代之最。

朱棣在血腥镇压异己之后华丽转身，尊程朱理学为正统，并把自己说成是"道统"的继承者。儒士们吹捧他是"周公再世"，使得早已沉寂的周公突然备受推崇。

来龙："靖难之役"

朱元璋很像法国大革命时期的罗伯斯庇尔，在带来胜利的同时也带来了恐怖。据说连太子朱标都看不过意，进谏："诛戮过滥，恐伤和气。"朱元璋将一根荆棘放在地上命朱标捡，朱标没捡。朱元璋说："你怕刺不敢捡，我把这些刺去掉再交给你，不好吗？我杀的都是对你有威胁的人，除掉他们你才能坐稳江山。"朱标坚持说："有什么样的皇帝，就会有什么样的臣民！"这话说得太对了！可惜，朱标命薄，比他老爹早6年病逝。洪武三十一年（1398年），朱元璋驾崩，只好由朱标之子朱允炆继位，改年号为"建文"。以"建文"继承"洪武"，可是好兆头？

朱允炆自幼熟读儒家经书，性情温文尔雅。洪武二十九年（1396年），朱允炆曾建议修改《大明律》，改掉73条过于严苛的条文，此举深得人心。即位后，朱允炆继续改革，禁止以诰文为依据判案，监狱里的囚犯少了2/3。财政方面减轻过重的税收，重点是江南的土地税。建文二年（1400年）初，有人申诉直隶地区（今江苏省、安徽省、上海市）和浙江等地赋税严重不公，如苏州耕地仅占全国1/88，每年却要纳281万石粮米，占全国土地赋税的9.5%。朱允炆令按统一标准收这些地区的土地税。因为得到朱元璋宠信，僧道横行霸道，多行不法，举朝莫敢言。僧道还借机攫夺大量田地，变为有权有势的地主。朱允炆诏令每名僧道免税土地不超过5亩，多余的分给无地贫民。人们欢呼称颂"建文新政"。

然而，朱允炆有一件至关重要的事却没做好。朱元璋有26个儿子，也就是说朱允炆有24个健在的叔叔（皇太子与一幼子早死），分封各地。其中9个年长的，分封在西北边境和长江中部，作为抗击蒙古和镇压叛乱的主力。他们不仅享有巨额年俸和广泛的特权，每人还掌握兵员3000～15000。这样的封地对于朱允炆这样的侄儿来说，显然是极大的威胁。

早在洪武九年（1376年）就有小吏叶伯巨指出分封太多，想想西汉"七国之乱"与西晋"八王之乱"，提醒说"分封逾制，祸患立生，援古证今，昭昭然矣"。①朱元璋大发淫威，将叶伯巨像捏死蚂蚁般杀了，可是叶伯巨所担心之祸，不用数世，朱允炆和他的幕僚们很快就意识到了。为此，朱允炆一上台就对诸藩王进行改革，如增置宾辅和伴读，让翰林学士辅导诸幼年王子读书，而不准参与文、武政事。随着朱元璋的二子和三子故去，剩下四子燕王朱棣权势最大，也是尊长。这时，朱允炆决定从"限藩"进而"废藩"，周、代、岷、湘、齐诸王先后被削夺，湘王自焚，余皆废为庶人。

燕王朱棣可不是傻瓜，他装疯卖傻，乱跑乱喊横躺大街上，麻痹中央，暗中加紧谋反。偏偏朱允炆心太善，或者说判断失误。朱棣称病，请求让在京城做人质的3个儿子回去照顾。朱允炆竟然信以为真，让朱棣起兵再无后顾之忧，且还在战前诏曰"毋使朕有杀叔父名"。所以人们认为朱允炆这是妇人之仁，最为愚蠢。

建文元年（1399年），兵部尚书齐泰获朱棣谋反证据，朱允炆密令大臣张信逮捕朱棣。不想，张信是朱棣的老部下，竟然向他告密。于是，朱棣立即举兵，连夜夺北平。然后，以"尊祖训，诛奸臣，为国靖难"之名出征。朱允炆出师30万讨伐，后增至50万，仍然失败。建文四年（1402年）又因内臣叛变，朱棣获悉南京空虚，便改变战略，率师南下，连克泗州、扬州。这时，朱允炆求和，朱棣不肯，直逼南京。守将开门投降，南京城陷，宫中火起，朱允炆不知所终，据说自焚了。为了洗刷"杀侄夺位"的骂名，朱棣对着朱允炆那烧焦难辨的尸体痛哭一番，声称自己出兵只不过是为了诛杀奸臣云云。朱棣称帝，改年号为"永乐"，人称"永乐大帝"。

---

① 《明史》卷139，叶伯巨传，第60册。

朱棣之残暴跟朱元璋十分相像。朱棣进城后，清宫3天，各宫男女除了被朱允炆治过罪的，一律斩杀。朱允炆的高官，一个个被灭族。民间多说朱允炆隐迹江湖三十余年。朱棣也相信他还活着，派人四处密访，他为了抹掉朱允炆做皇帝的一切痕迹，不惜把朱元璋的年号延长了4年，历史学家把朱允炆在位的这几年称为"革除"时期，直到1595年万历帝才恢复建文朝的年号。在成书于清康熙六十一年（1722年）的《明史稿》中，朱允炆则被指名道姓，什么尊号也没有。到清乾隆元年（1736年），乾隆帝才封朱允炆为"恭愍惠帝"，标志他的皇帝地位正式恢复。

最大看点：郑和下西洋

中国海岸线虽长，但注意力长期在内陆，直到唐、宋海上交通才开始繁荣，元代进一步发展。进入明朝，朱元璋一方面对私人连一块木板都不许出海，另一方面又非常重视与海外发展友好关系。早在建国之初，朱元璋就遣使出海，诏告大明愿"与远迩相安于无事，以共享太平之福"，①并列有15个"不征之国"②也即友好国家，要求后世子孙不得恣意征讨。朱元璋去世前一年即洪武三十一年（1397年）八月，礼部汇报"诸番国使臣、客旅不通"的问题，朱元璋听了很生气，以为是三佛

---

① 《明太祖实录》卷37。
② 即朝鲜国、日本国、大琉球国（今日本冲绳）、小琉球国、安南国（今越南北部）、真腊国（今柬埔寨）、暹罗国（今泰国）、占城国（今越南南部，后被安南灭国）、苏门答剌（今苏门答腊岛八昔）、西洋国（今科罗曼德尔海岸）、爪洼国（今爪哇岛）、湓亨国（位于今马来半岛）、白花国（今苏门答腊岛西北部）、三佛齐国、浡泥国（今文莱一带）。

齐国（起源于今苏门答腊岛巨港）暗中作梗，即派使者前往问罪，威胁要派10万大军"越海问罪"，但如果"能改过从善，则与诸国咸礼遇之如初，勿自疑也"。①

朱棣委派郑和远航，事出有因。《明史》明确写道："成祖疑惠帝亡海外，欲踪迹之，且欲耀兵异域，示中国富强……不服则以武慑之。"② 由此可见郑和下西洋目的有二：一是搜捕朱允炆，二是展示国力。著名史家王赓武说："也许，没有任何一种单一的理由足以解释明朝何以耗费如此巨大的人力和物力进行此类远征。寻找宝藏、炫耀实力与财富、希望了解帖木儿和亚洲极西地区的蒙古人在做什么、扩大朝贡体系、永乐个人的虚荣自大和对荣誉的贪求、宫廷内外的权力斗争和政治事态，所有这些都可能是导致永乐做出此项决定的原因。"③

当时，以今印度尼西亚的加里曼丹岛为界，其东称东洋，其西称西洋，包括印度及非洲东海岸。郑和原名马三保，10岁时被掳入明营，受宫刑。因在"靖难之役"中有战功，朱棣要嘉奖他，又因跟皇太后同姓不能登三宝殿，便赐他姓郑名和，任内官太监。郑和懂兵法，有谋略，熟悉西洋各国历史、地理、文化、宗教，有外交才能，还有航海、造船知识，因此被委以下西洋船队统帅之职。

永乐三年（1405年）七月至宣德六年（1431年）七月，郑和7次率船队下西洋，先后到过今霍尔木兹海峡、红海、东非一带。美国芝加哥菲尔德博物馆2013年曾宣布：美国考古人员在肯尼亚曼达岛发现一枚中国明代钱币，上有"永乐"字样，证明在欧洲人涉足非洲大陆之前，

---

① 《明太祖实录》卷254。
② 《明太祖实录》卷304，郑和传，第63册。
③ 转引自卜宪群《中国通史·明清卷》。

中国已经和东非国家有过往来。

郑和船队包括240多艘海船、2.74万名船员。船有5类，第一类为"宝船"，最大的长44丈4尺，宽18丈，载重800吨，可容纳上千人，是当时世界最大的船只。第二类为马船，第三类为粮船，第四类为坐船，第五类为战船，分别用于载货、运粮、居住、作战。这么多船只人马，别说一艘艘高大如楼，就算一条条小舢板排过去，也够浩荡够威风。

郑和下西洋推行和平外交，传播中华文明，促进中国与亚非各国的交流，打击东南亚地区的海盗，稳定南中国海周边的局势，也探索了东西方海上交通之路。

不过，这支船队像前往西天取经的唐僧，一路总有人暗算。旧港（今印尼苏门答腊巨港）是由中国移民建立的，国王陈祖义却令袭击郑和船队，结果兵败被擒，被押回南京处斩。锡兰也用计，一面将郑和诱进城，另一面突袭停泊在港的中国船队。郑和利用身边2000人乘虚反袭他皇宫，生擒国王，将他押回南京。朱棣将他放回，从此两国成为盟友。苏门答腊也曾袭击郑和船队，试图夺宝，首领反而被俘，被押回南京处斩。遗憾的是，1433年郑和因劳累过度在古里（今印度科泽科德一带）病逝。

后来的历史表明，当时中国海军显然领先于世界，可是这种实力没能保持，更没能发展。"现代中国学者，对郑和之下一辈在上述灿烂光辉的创举后不事继续，既感到惊讶也觉得愤恨。看到不过一百多年后，中国东南沿海即要受日本来犯的倭寇蹂躏，澳门且落入葡萄牙之手，不免令读者切齿。中国从此之后，迄至19世纪无海军可言。而19世纪向外购办之铁甲船,也在1895年的中日战争被日本海军或击沉或拖去。"①

总体来说,这是一次影响深远的外事活动。正如史家韦休《中国通史》所说:"郑和七次下西洋,其对于后来的影响,实在比对于当时的意义更可注意。自此以后,海外交通仿佛经了政府一番提倡,沿海一带的人民,往海外经商的更多。现今华侨在南洋有那样大的势力,还是明初所立的基础呢。"②或许令人难以置信,明朝是中国历史上与南洋关系最密切的时期。

此外值得一说朱棣治下的文化。

朱棣在血腥镇压异己之后华丽转身,大力倡导儒学,尊程朱理学为正统,并把自己说成是"道统"的继承者。儒士们吹捧他是"周公再世",使得早已沉寂的周公突然备受推崇。

但后人不予认可。永乐七年(1409年)某天开会的时候,朱棣突然拿出一本书给翰林侍读学士胡广等人看,指示说:"朕因闲暇,采录圣贤之言,今已成书。卿等试观之,有不善,更为朕言。"胡广等人一看,见此书"谓以君道、父道、臣道、子道揭其纲",便说:"帝王之要,备载此书,请刊印以赐!"朱棣当然同意。此后发布的政令,都可以从《圣学心法》中找到理论根据。然而,到了清朝编《四库全书》的时候,此书却被删掉了。为什么?

> 案成祖称兵篡位、悖乱纲常。虽幸而成事……乃依附圣贤,侈谈名教,欲附于逆取顺守……此仁人君子所以痛伤也云云。天下

---

① 黄仁宇:《中国大历史》,生活·读书·新知三联书店出版社2007年版。
② 韦休:《中国史话》,上海三联书店2021年版。

万世，岂受此欺乎？①

圣人不能让鲜血亵渎了！吕思勉还认为："明朝政治的败坏，实始于成祖时。"②

对待孟子方面，朱棣心胸稍宽容些，永乐九年（1411年）下令恢复《孟子》全文，朱元璋大力推行的《孟子节文》仅用了17年。朱棣一面嗜杀，一面公然宣称"朕所用治天下者，《五经》耳"。③永乐九年，命儒臣胡广等人纂修四书五经和《性理大全》。《性理大全》是新编，第二年成书，由朱棣亲自撰序。这本书主要是宋代理学著作与理学家言论汇编，所采宋儒120家，共70卷130多类，所设门类也较同类书更详。但因成书太快，不免庞杂冗蔓。永乐十五年（1417年）将这3部书印发两京6部、国子监及全国各府州县学。同年还对曲阜孔子庙加以修葺。

常为人所乐道的，是朱棣永乐元年（1403年）命解缙等名家召集147人编纂的《永乐大典》，第二年初步完成。永乐三年（1405年），再命姚广孝、解缙等人重纂，参与的朝臣文士、宿学老儒有两万多人，时称"天下文艺之英，济济乎咸集于京师"。第二年朱棣问："文渊阁的经、史、子、集齐全吗？"解缙回答："经、史基本齐全，子、集还缺多。"于是命礼部派员到各地去求购遗失在民间的书。永乐五年（1407年），《永乐大典》最终完成，朱棣亲自作序。

《永乐大典》是中国古代的著名典籍之一，规模远远超过前代编纂的所有类书，保存14世纪以前中国历史地理、文学艺术、哲学宗教和

---

① 纪昀：《四库全书总目提要》卷18。
② 吕思勉：《中国通史》。
③ 《明太宗实录》卷27。

百科文献共计 22937 卷，总约 3.7 亿字，是迄今世界最大的百科全书，比法国狄德罗编纂的百科全书和英国的《大英百科全书》早 300 多年。此书采择和保存的古代典籍有七八千种，数量是前代《艺文类聚》《太平御览》《册府元龟》等书的五六倍，清代《四库全书》也不过 3000 多种，但大都佚失，如今《永乐大典》仅剩残本约 400 册，除中国国家图书馆藏 224 册，其余分散在日本、德国等 7 个国家和地区。

朱棣称帝之前是燕王，经营北平已 30 多年。因此，朱棣称帝第二年将北平改名为北京，并开始筹备迁都工作。永乐十四年（1416 年）宣布北京为行宫，正式决定迁都北京。第二年北京西宫建成，次月朱棣就先行到北京。永乐十八年（1420 年）发布文告：明年元旦开始定北京为京师，设六部，略去"行在"之称。南京各部在今后行文中加"南京"二字。永乐十九年（1421 年）定都北京，宫庙基本完成，大赦天下。

两宋经济持续腾飞发展，元时还保持着这种势头，这种发展势头在明朝戛然停滞，开始被西欧大大超越。

去脉："仁宣之治"

明仁宗朱高炽、宣宗朱瞻基在位期间（1424 年—1435 年），赈济饥民、减省赋役、罢停下西洋的宝船以及云南、交趾地区各道采办。创设巡抚之职，"巡视安抚"各地的军政、民政大臣，协调各地三司——按察司、布政司、都指挥使司的工作。法律总体从轻，但对官员贪腐保持从严。阿鲁台遣使入贡，朱高炽宥其罪纳其马。瓦剌部日益强大，但坚持与明搞好关系。朱瞻基则亲自巡边，发现情况及时处置。与日本恢复关系，友好互访。史家认为这是明朝的黄金时代，誉之为"仁宣之治"。

第十九章

仁宣之治

提要

永乐二十二年（1424年）明仁宗朱高炽继位至宣德十年（1435年）宣宗朱瞻基去世，改革朱棣留下的弊政，把工作重点转移到内政，政治环境稍宽松，鼓励发展经济。

明朝的高级官员和士大夫阶层比东汉末年、唐中后期更堕落——"文人几乎集体堕落"，而不是个别，或曰少数。

来龙："永乐之治"

朱棣长子朱高炽，朱元璋在世时就立为燕王世子，现在册为太子理当是水到渠成的事。然而，朱高炽身体不争气，过于肥胖不算，脚还有毛病，马都不能骑，打起仗来怎么办？次子朱高煦就英武帅气、弓马娴熟，在"靖康之变"中屡立战功。因此，朱棣很想立朱高煦为太子。可这与儒家立嫡立长的规矩冲突，遭到大臣们强烈反对，好像只有他们才为朱氏江山社稷着想，而朱棣倒不是。朱棣犹豫不决，迟迟不定。直到大臣偶然提到朱瞻基是个好皇孙，朱棣才两眼一亮，决定立朱高炽。

永乐二十二年（1424年），朱棣暴死于征战蒙古途中。为防意外，效仿秦始皇当年，随征大臣对噩耗秘而不宣，将军中锡器全收起来，铸一个锡棺装殓尸体，还特意要求每天照常将膳食送入行宫。同时，日夜兼程赶回京师，并向太子朱高炽密报丧讯。八月初回到京城开始办丧事，中旬朱高炽继位。

朱高炽很想有一番作为，上台没多久便开始为朱允炆平反，当年诏："建文诸臣家属，在教坊司、锦衣卫、浣衣局及习匠功臣家为奴者，悉宥为民，还其田土。言事谪戍者亦如此。"公开显示与朱棣不同的执政方略。

朱高炽沾了儿子的光，仍然命运不济，皇位还没有坐热，继位10个月就"无疾骤崩"，年仅47岁，与其后代泰昌皇帝之死惊人地相似（一般说是过度纵欲而死于"红丸"）。有人怀疑他是被儿子朱瞻基谋杀的。朱瞻基在大臣们的支持下，突然当上了皇帝。但这让皇叔朱高煦愤怒到极点。

当时朱瞻基在南京，听说朱高煦要在半途截杀他，左右都劝他等整顿好兵马再起程。朱瞻基说："君父在天，谁敢胆大妄为！"依然轻车简从，日夜兼程往北京赶。朱高煦确实有自立为帝之心，但他没料到朱瞻基来得如此之快，来不及准备周全，阴谋就被粉碎了。

朱瞻基先是克制，给朱高煦及三叔赵王朱高燧的生活待遇还特别优渥一些，只是写信劝他别造反。朱高煦却认为朱瞻基软弱无能，回信反驳他无才无德不配做皇帝，还给公侯大臣写信指斥朱瞻基。

宣德元年（1426年），朱瞻基叹道："果然要反了！若不亲征，不能安定小人。"朱高煦听闻朱瞻基亲征，大军已到他的乐安城外，再次劝降，城内叛军有些已动摇，这才从小路出城投降。朱瞻基赦免城中守军，改乐安州为武定州，班师回朝。然后，将朱高煦父子废为庶人，关押在皇城西安门内，并亲自编写《东征记》，昭示群臣。逆党同谋640余人伏诛，另有1500余人因故意放纵和藏匿反贼而被处死或戍边，720人发配边远地区。

有大臣建言："赵王与高煦共谋逆久矣，宜移兵彰德，擒赵王。否则赵王反侧不自安，异日复劳圣虑。"朱瞻基回答："先帝友爱二叔甚。汉王自绝于天，朕不敢赦。赵王反形未著，朕不忍负先帝也。"第二年才将朱高燧废为庶人，幽禁于凤阳，其同谋官属等论死。

3年后即宣德四年（1429年），朱瞻基忽然很想到狱中看望朱高煦，身边的大臣都劝阻，可他不听。到了牢中，他久久凝视朱高煦，心中五味杂陈。没想到，朱高煦还耿耿于怀，出其不意用脚将朱瞻基勾倒。朱瞻基大怒，命人将他罩在一个300斤重的铜缸里，外面烧火，连铜缸都烧融了。朱高煦的几个儿子也全都被杀。在残忍这方面，朱瞻基在骨子里跟朱元璋、朱棣以及朱由检等人没有实质性区别。

最大看点："安民为福"

朱高炽得知朱棣的死讯及遗诏详情：朱棣第五次也是最后一次出征之时，户部尚书夏元吉掏心掏肺地说："连年出兵，无功而返，军马储备已损失十之八九，不可再战。况且您圣体欠安，还需要调养，实在要出征也遣将就行，不必陛下亲自远行！"朱棣听了却大怒，将夏原吉下狱仍不解气，还抄他的家。不想此战不仅无功而返，朱棣自己还暴死途中。临死之时，朱棣才对左右说："夏原吉是爱护我的。"现在朱高炽听了，禁不住泪如雨下，随即跑到监狱，与夏原吉同哭一番。朱高炽令他出狱，商议丧礼，咨询赦免诏书该写些什么。夏原吉建议赈济饥民、减省赋役、罢停下西洋的宝船以及云南、交趾地区各道采办，朱高炽照单全收。

朱高炽复置三公、三孤官职。三公是古代朝中最尊显的三个官职，周代即有，但说法不一，有的指司马、司徒、司空，有的则说太师、太傅、太保。三孤指周成王时立的少师、少傅、少保，地位低于公而高于卿。朱元璋时，曾设三公、三孤，朱允炆废，现在朱高炽作为当务之急重设，给他心腹顾问以显贵的品位。但与历史上不同，现在三公、三孤皆为虚衔，为勋戚文武大臣加官、赠官。三公以公、侯、伯、尚书兼之，太师、太傅、太保正一品，少师、少傅、少保从一品。次月增设谨身殿大学士，内阁之职从此渐高。首批任命的有：蹇义为少傅，杨士奇为少保，杨荣为太子少傅兼谨身殿大学士，金幼孜为太子少保兼武英殿大学士，并赐他们4人银章各一，曰"绳愆纠谬"，谕以"协心赞务，凡有阙失宜言者用印密封以闻"，也就是说可以用此印密奏涉及贵族甚至皇族的案件。随后，杨士奇兼任兵部尚书、杨荣兼工部尚书、金幼孜兼礼部尚书，直接参与具体的行政事务。

第二年设北京都察院，随后派太子朱瞻基到南京去拜谒朱元璋的皇陵，并留在那里。朱高炽在南京当过监国，喜欢南京，想将中央机关迁回南京。然而，人算不如天算，朱高炽不久即死，朱瞻基不喜欢南京，迁都之事也就流产。

刚上台不久的朱瞻基对机构做了一个重大改革：创设巡抚。巡抚又称抚台，其义为"巡视安抚"，巡视各地的军政、民政大臣，负责协调省一级的三司——按察司、布政司、都指挥使司的工作。

法律总体从轻。宣德元年初赦死罪以下,令运粮自赎。第二年又定杂犯死罪至笞40下的,可按10个等级纳米,分别为2～100石。纳米者均减死罪,徒流以下的悉免。随后补充:罪轻的免其追系,发所在州县遣还。当年还大赦天下,免天下税粮1/3。但是,宣德四年诏"文吏犯赃,不听赎罪",对官员贪腐保持从严治罪。次年1月吏部考核天下朝觐官,黜无能者55人,罢归为民;发现贪污者25人,发戍边。

朱瞻基有两句话说得非常有水平:一是有个巡抚要求在杭嘉湖地区增设一名专门管理粮政的官员,朱瞻基认为不能养冗官,驳道:"省事不如省官!"二是工部尚书建议加修山西圆果寺佛塔以便为国求福,朱瞻基驳斥说:"安民为福!"

宣德五年(1430年),朱瞻基路经农田时,下马询问农事,还取农具亲自犁了几下。他叹道:"我只是推三下,就不胜劳累,可见农民终年劳作多辛苦。"同年京畿发生蝗灾,朱瞻基遣官下基层督导灭蝗工作,特意谕旨户部说:"以往有些捕蝗官员害民,并不比蝗灾轻,一定要注意。"这话也说得够水平!朱瞻基写有不少诗,有一首长诗《捕蝗诗示尚书郭敦》,摘后部若干如下:

上帝仁下民,讵非人所致。
修省弗敢怠,民患可坐视?
去螟古有诗,捕蝗亦有使。
除患与养患,昔人论已备。
拯民于水火,勖哉勿玩愒。

从艺术的角度看，这诗当然算不上什么佳作，只不过是政治报告的别体，但从中略见其悯农的情怀。

当时官员的生活是奢靡的。杨士奇、杨荣、杨溥"三杨"名扬天下，是"台阁体"的代表人物。朱元璋、朱棣都重视书法，开科选士要求用楷书答卷，务必工整，横平竖直整整齐齐，写得像雕版印刷一样，称"台阁体"。由此，可以想象明代人写诗作文、行为处事的风格。

朱瞻基有三大嗜好，其一爱玩书画，有相当水准。其二喜欢促织，即蟋蟀，又叫蛐蛐，为此人们称"太平天子，促织皇帝"。

朱瞻基还很喜欢游猎，而没什么心思读圣贤书。江西巡按御史陈祚看不过意，上书劝他多读书。朱瞻基大怒，气呼呼地斥道："这个'竖儒'竟说朕没读书！公然卑薄朕到如此地步，不可不杀！"[①]学士陈循连忙出面劝解："那种'俗士'一直待在偏远地方，哪知陛下是无书不读的，不知不为怪！"朱瞻基稍解气，但还是将陈祚及其家人十余口下狱，分别关了5年，其父死于狱中，直到新皇帝登基才释放。不过，总体看朱瞻基杀戮较少。

史家对朱高炽、朱瞻基时期评价很高，认为是"明朝的黄金时代"，这一时期也被称为"洪宣盛世"（此洪指"洪熙"，朱高炽年号），还有人将其与"永乐盛世"合称为"永宣盛世"，与汉"文景之治"及唐"开元盛世"相提并论。

不过也有人认为这些评价过高，留下的史料被"三杨"过度美化了。许倬云就明说："号为仁宣之治，其实是作风保守的表现。"[②]

[①] 《明史》卷162，陈祚传，第61册，"帝见疏大怒曰：'竖儒谓朕未读《大学》耶！薄朕至此，不可不诛。'"
[②] 许倬云：《万古江河》，湖南人民出版社2018年版。

去脉：第三次宦官时代

宣德十年（1435年），明宣宗朱瞻基崩，太子朱祁镇继位，即英宗。朱祁镇年仅9岁。大臣请求张太后垂帘听政，她却说："不要破坏祖宗之法，委任得力的辅佐大臣就可以了。"儒家的原则是只重血统不重能力，娃娃可以当皇帝，叔叔不能继位，女人不能干政。张太后很守规矩，也不给自己外戚干政的机会。她将英国公张辅和大臣杨士奇、杨荣、杨溥、胡濙召来，郑重说："你们都是老臣了。如今皇上年幼，你们要尽心辅佐！"

"三杨"都非常忠心，而又各具特色。杨士奇正派，心地善良，不会踩人肩膀；杨荣"挥斥游刃，遇事立断"，可比唐代的姚崇；杨溥则为人谨慎，上朝走路都小心地低头循墙而行。"三杨"团结协作，取长补短，由原来的皇帝办事员转变为具有丞相性质的辅臣，史家好评如潮。有了他们，边防安定，吏治清正，经济发展，明朝的国力持续在鼎盛的轨道上。如果"三杨"像唐时"李牛党争"，再加上娃娃皇帝，那就糟了。

朱元璋对宦官有着清醒的认识，开国不久便定3条规矩：一是在宫门立一块铁牌，上面写着"内臣（太监）不得干预政事，预（违）者斩"，二是要求"内臣不得识字"，三是太监不得参加宫宴。然而，朱元璋很快违背自己定下的戒律，他亲自破了第一条，朱棣破了第二条。

朱元璋第三条"家规"不是没人想破，只是暂时被压着。张太后说是不摄政，但不是没政见，更不是不负责。太监王振原来是儒士，自称周公第二，后来自阉入宫，可见这是个挺有野心的人，他被分配服侍皇太子朱祁镇，获得良好发展机遇。张太后两眼盯得很紧。朱祁镇继位后，她特地将王振叫来，厉声喝道："你侍候皇上不循规矩，应当赐死！"女官们应声而起，刀架到他脖子上。这时，朱祁镇和5大辅臣为他求情，原来他们都被王振制造的假象蒙骗了。有次朱祁镇与小宦官击球玩，被王振看见。第二天，王振故意当着"三杨"等人的面，向朱祁镇跪奏："先帝为球子差点误天下，陛下不能复蹈其好啊！""三杨"听了，慨叹说："宦官中也有这样通晓大义的人啊！"看在5大辅臣的面子上，张太后才饶他，警告说："你们这种人，自古多误国，皇帝年幼，哪里知道！且饶你这一次，今后再犯，一定不饶！"

可惜好人也不能永生。两年后即正统五年（1440年）杨荣死了，又过了两年张太后崩逝，又两年杨士奇死，再两年杨溥也死了，没死的张辅、胡濙也已风烛残年，而朱祁镇已成年亲政并且非常感恩王振。王振谁也不用怕了，迅速露出真面目，看谁稍不顺眼便杀之。云贵高原西南部、缅甸中北部有一个麓川王国，与明朝关系时好时坏。王振建议再讨麓川，翰林侍讲刘球认为此举劳民伤财，上疏反对，王振便怀恨在心。两年后，刘球再次反对征麓川，说上次战亡十之七八，现在又驱数万将士赴死地，有悖陛下好生之仁，况且麓川曾派人来朝贡，并非没有悔过之意。王振大怒，当场将他逮下诏狱，吩咐锦衣卫指挥使马顺深夜去杀他。刘球正睡着，刚起来头颅被就砍断了。

朱祁镇一次次公开表扬王振："朕朝夕念劳，尔其体至意焉。"有次宴请文武百官，王振照例被排除在外，他却大发脾气。朱祁镇闻讯，便打破朱元璋第三条"家规"，下令将只有皇上进出才能大开的中门打开，请进王振。文武百官见状，远远朝他跪拜。

当代作家聂作平称晚明"文人几乎集体堕落"——而不是个别，或曰少数，"士大夫读书人所尊崇的所谓圣贤，在个人的实际得失面前，实在不值一钱"。[①]

[①] 聂作平：《皇帝不可爱，国家怎么办》，中华书局2012年版。

第二十章

隆庆之治

> 提要

明穆宗朱载垕在位期间（1566年—1572年），北与蒙古议和，南解海禁，全世界白银总量1/3涌入中国，2/3贸易与中国有关，距资本主义仅一步之遥。

来龙：皇帝"罢工"

明朝的宦官与贪腐问题始终严重，"仁宣之治"后边患又突出。朱祐樘在任期间，整顿吏治，收复哈密，同时努力发展经济，被誉为"弘治中兴"。

朱祐樘死后，太子朱厚照继位。朱厚照是个极有争议的人物。有些人认为他诛太监刘瑾，平两王之乱，败蒙古小王子，多次赈灾免赋，有作为；另一些人则认为他贪杯，尚武，无赖，荒淫无道，致使国力衰微；现代还有些人认为他追求个性解放，追求自由平等，平易近人，心地善良，有真才实学。他常外出"视察"，一走就几个月甚至一年。在京城也为所欲为，有时突然在深更半夜举行"晚朝"，然后大开宴席，通宵达旦。在他治下，不仅又出现臭名昭著的大宦官，而且形成以刘瑾为首的"八虎"。他命在宫中模仿街市建许多店铺，让太监扮作老板、百姓，他自己则扮富商。还模仿妓院，让宫女扮妓女，他扮嫖客一家家去听曲、淫乐。大臣联名上书请求严惩"八虎"，他同意了。可是，刘瑾连夜找他哭诉一番，第二天就变成惩治进谏的大臣。刘瑾为人阴险狡猾，一边哄着朱厚照，一边窃取大权，朝中无人不恨，却又只得顺从，人称"立地皇帝"。刘瑾与另一个太监争权夺利，导致民变纷起，宗室相继反叛。直到这时，他才将刘瑾凌迟三日，剐3357刀，京师官员们争相买他被割下的肉，一钱一片，"得而生食之"，好像从此就会国泰民安。朱厚照继续过着他的荒诞日子，如果有看中的民女，他会命人半夜浩浩荡荡破门而入去抢。正德十六年（1521年），朱厚照突然死于"豹房"，即他日夜淫乐的场所，年仅29岁，在位16年。明朝皇帝多青壮年暴死，奇怪吗？

朱厚照没有儿子，只好由堂弟朱厚熜继位。朱厚熜随寡母长期生活在偏远的承天府（今湖北省钟祥市），当时只有14岁。因为母亲失宠，自己又非长子，自幼少父爱。在主持工作的张太后和大臣们看来，朱厚熜一定是个乖孩子。朱厚熜一上台，即"以严奴吏，以宽治民，以经术为师，以法律为辅"，独断朝纲，人们欢呼他为"中兴之主"。万万没想到，没几天就发生严重冲突。冲突的原因在我们今天看来很可笑：老宰相杨廷和与60余位大臣讨论后认为：小宗入继大宗，应以大宗为主，即朱厚熜虽无法做朱厚照的儿子，但必须做他叔叔即朱厚照父亲的儿子，大宗才不算绝后。这样，朱厚熜应该称伯父为父亲，称伯母为母亲，而改称自己的生父为叔父，改称自己的生母为叔母。朱厚熜本能地无法接受，而那帮老儒也不肯让步，以致血泪横飞……

朱厚熜拥有更大的权力，最终自然是他赢。然而，这只是表面，他的内心早已百孔千疮。他觉得这皇帝当得实在是太累，太无聊了。辞职不成，消极怠工总可以吧？从此，朱厚熜变了一个人。他越来越沉湎于方术，甚至想让年方几岁的太子代理朝政，自己专心道业。同时越来越迷恋后宫，让各地送来一批又一批美少女，用处女的经血炼仙丹，并用她们"采阴补阳"。脾气则越来越坏，稍不顺眼就杖杀大臣，对侍从视如草芥。

宫女杨金英与几个同伴要勒死朱厚熜，只因太慌张绳子没勒紧，让他死里逃生。柏杨评论：

> 宫廷的事，肮脏、恐怖而秘密，没有人知道她们为什么要杀朱厚熜，但我们可以判断，无疑地由于仇恨，一种深入骨髓的仇恨，迫使她们用谋杀的手段，以图跟她们的仇敌同归于尽。杨金英事件是中国宫廷第二次透露出来的宫女对暴君的激烈反抗（第一次是四世纪九十年代，张贵人谋杀晋帝国皇帝司马曜），也显示明王朝宫廷的黑暗，更甚于其他王朝。①

朱厚熜并没有从这次暗杀事件中吸取教训，改邪归正。后期在位27年中，他上朝仅4次，平均约7年一次。

嘉靖末年，海瑞上呈《治安疏》，批评朱厚熜迷信巫术、生活奢

---

① 《中国人史纲》下册。

华、不理朝政等问题，还毫不客气指出：全国臣民早就认为你不是个好皇帝啦！① 朱厚熜看了大怒，立即发令："快把他抓起来，不要让他跑掉。"宦官黄锦在旁连忙说："这个人向来有愚名。听说他上疏之前，自己知道要犯死罪，买好了棺材，和妻子诀别，不会跑的。"朱厚熜窝了一肚子气。这年秋，朱厚熜病了，还为海瑞生气："朕确实不谨，身体多病。如果朕能够上殿议政，岂能遭受这小人的辱骂？"于是指示将海瑞关入诏狱。

朱厚熜在皇位上混了45年，死后太子朱载垕继位。

最大看点：除弊安边开海禁

一、除弊政

朱载垕这皇位得来侥幸，因为他不是长子。皇长子朱载基命薄，出生两个月就病死了。朱厚熜迷信"二龙不相见"，再生朱载壡、朱载垕、朱载圳时，他决定少见这几个皇子，也不封太子。没想到，偶然一见，次子朱载壡即病倒，没多久也死了。从此，朱厚熜严格遵守，对剩下的朱载垕、朱载圳坚决避而不见。这也好，16岁的朱载垕就藩裕王，可以相对独立，较多地接触到社会生活各方面。所以，朱载垕对执政早已胸有成竹，突然登基之时，一点也不惊慌，立即进入角色，迅速找到突破口，果断采取措施。

朱厚熜不是一个称职的皇帝。唯一值得肯定的是：没将贤臣能臣赶

---

① 海瑞：《海瑞集·治安疏》，"盖天下之人不直陛下久矣。"

光杀光,留下了大名鼎鼎的张居正、戚继光、俞大猷等人,只要朱载垕不逞能不瞎指挥少过问,会有人帮他干得好好的。嘉靖四十五年(1566年)刚继位没几天,他就为正德十六年(1521年)以来"谏言得罪诸臣"平反,"存者召用,没者恤录"。比如海瑞,朱载垕不仅没有追究不敬其父之滔天大罪,反而将他释放。

海瑞恢复工作后,调了好多个岗位,隆庆四年(1570年)升调右佥都御史(正四品),外放应天巡抚。在这里,疏浚吴淞江,调动大批役夫开白茆河,造福于民,廉洁奉公,严于律己,被誉为"海青天"。当时著名思想家李贽很尊重海瑞,却也批评他过于拘泥传统道德,只是"万年青草","可以傲霜雪而不可以任栋梁者"。[①]海瑞最终无法得到重用。

在为建言人士平反的同时,朱载垕除一切斋醮,撤西苑内的殿阁宫亭台斋醮所立匾额,停止因斋醮而开征的加派及部分织造、采买。因为朱厚熜沉湎方术影响很大,朝廷也必须从这方面扭转"天下之人不直陛下"之势。

不过,朱载垕能为建言人士平反,采纳了一些建议,并不等于他自己乐于纳谏。隆庆元年(1567年)财政已拮据,太仓银仅存135万两,只能应付3个月的开支。在这样困难的情况下,第二年还诏购珠宝,群臣反对,他不纳。隆庆五年(1571年)夏诏江西烧造宫中用瓷12万余件、陕西织造羊绒3.2万匹,需耗银100多万两,言官进谏,也不应。这年末又诏云南采办珠宝,库藏为之一竭。吏科给事中石星上书,向朱载垕提一系列建议:一是要保重身体,二是要效法圣贤,三是要经常上

---

① 李贽:《焚书》卷4。

朝，四是要及时批复奏章，五是要广开言路，六是要远离奸佞。朱载坖看了勃然大怒，以"讪上罪"杖60大板，将他罢官为民。从此再没人敢阻挡朱载坖。

朱元璋说是禁太监干政，实际上太监干政愈演愈烈，还干涉到军事，京营每3年要遣司礼太监去检阅一次。隆庆三年（1569年），朱载坖予以罢停。让太监阅兵，不说耻辱，也晦气吧？大明的皇帝们居然大都不在乎。人亡政息，后来又恢复这一制度，天启三年（1623年）臭名昭著的大太监魏忠贤借口为天启帝朱由校了解边情，派太监45人，持甲杖、弓矢、白银、布匹到山海关前线，犒赏将士，大学士、兵部尚书孙承宗是朱由校的老师，就上疏劝阻："太监观兵，自古有戒。"

朱厚熜时期，为挽救财政危机，大学士桂萼进呈《任民考》，提出改革照黄册派定年份轮役，以一省之丁粮供一省之役。户部据此颁行新的赋役征法："合将十甲丁粮总于一里，各里丁粮总于一州一县，各州县丁粮总于一府，各府丁粮总于一布政司。而布政司通将一省丁粮均派一省徭役，内量除优免之数，每粮一石编银若干，每丁审银若干，斟酌繁简，通融科派，造定册籍，行令各府州县，永为遵行。"此赋和役合并，化繁为简，把各种役目并为一项，按丁粮一次编定，俱于秋粮征收，称"一条鞭法"。

在实施中，发现"一条鞭法"也有一些问题。隆庆元年（1567年），户部尚书葛守礼奏言：不论仓口又不问石数，制度本来就有漏洞，加上地方官吏以权谋私，弊端更是百出。于是实行相应改革，要求从将近十年以来完欠、起解、追征之数及贫民不能输纳的，备录簿中，逐级报送户部稽考，以清隐漏挪移侵欺之弊。不过，这改革也不完善。第二年末，江西巡抚刘光济又请行"一条鞭法"。

此后，针对国库吃紧，张居正认为"豪民有田不赋，贫民曲输为累，民穷逃亡，故额顿减"，是"国匮民穷"的根源。于是，下令全国重新丈量土地，清查漏税的田产。查实征粮土地701万顷，增加近300万顷，换言之赋源大大增加。同时，大力改革赋税制度，实行"一条鞭法"。结果，史称"自正嘉虚耗之后，至万历十年间，最称富庶"。① 万历十年即1582年，是张居正去世、万历亲政那一年。

二、安边开禁

汉人了解、体谅北方游牧族的难处。对于他们"穷困之态"，汉族"边人共怜之"。然而，中原统治者出于"安全"考虑，却不能与他们发展正常交易，他们只好常常南下抢劫。

朱载垕上台时，接过的不仅国库"家尽"（嘉靖），而且南倭北虏，内忧外患，无日安宁。蒙古土默特部首领俺答不给新皇帝面子，相反给了个下马威：隆庆元年（1567年）九月，率数万之众犯大同，从朔州长驱入山西，南至汾州（今山西省汾阳市），破石州（今山西省吕梁市离石区），大掠山西介休、平遥等地，死者数万。明军参将刘国将兵英勇抗击，俺答退去。可是没多久，他们又来侵扰。如果没有奇迹发生，这种扰乱很可能没完没了继续下去。其间的拉锯战，就不赘述了。

转机来得很偶然：俺答竟然将孙子把汉那吉的未婚妻许配给鄂尔多斯部的首领，把汉那吉一气之下投奔大明。朱载垕很重视这个机遇，不仅受降，而且授官。俺答舍不得孙子，遣使到大明请求"封贡"。朱载垕同意，但提出要求：用把汉那吉交换投奔蒙古的赵全等人。赵全是白

---

① 《明史》卷222，张学颜传，第62册。

莲教头目，逃奔蒙古后经常为蒙古人南侵出谋划策，成为他们对付汉人的王牌，某种分量胜过他的孙子，俺答不肯放。俺答想用武力夺取自己的孙子，结果战败，一时陷入僵局。

这时，大同巡抚方逢时忽然想到：赵全曾给朝廷写过投降信，便采取离间计，将此信送给俺答。俺答看了，明白赵全这种人不一定可靠，便答应朱载垕的条件，将赵全押回大明。朱载垕亲临午门门楼举行受俘礼，当天将赵全处以"磔刑"即千刀万剐，并将其首级传送九边示众。然后，朱载垕将把汉那吉送还蒙古。

第二年三月，朱载垕封俺答为"顺义王"，命名其所居之地为"归化城"（今内蒙古呼和浩特旧城），随后又给俺答子弟及各部酋长等人授官。同年六月，俺答给大明贡马，并将赵全余党13人遣送回国，随后在河套地区与大明互市。从此，双方数十年基本处于和平状态。史称"隆庆和议"。

这时期，南方沿海的商品经济大发展。例如福建，"凡福州之绸丝，漳之纱绢，泉之盐，福延之铁，福漳之橘，福兴之荔枝、泉漳之糖，顺昌之纸，无日不走分水岭及浦城小关，下吴越如流水，其航大海而去者，尤不可计"。[①]因此，沿海地区相应地渴盼外贸经济大发展，"输中华之产，驰异域之邦，易方物，利可十倍"[②]。

可这时，南方偏偏"倭寇"猖獗。这时期的"倭寇"已发生很大变化，多半为生活所迫的沿海民众，比真倭更难对付。明廷实行严厉的海禁，不许私人出海贸易。可是沿海民众以海为田，不准他们出海如何

---

① 王世懋：《闽部疏》。
② 《海澄县志》卷15。

谋生？明代冯梦龙小说《喻世明言》中有一段生动的描写：

> 原来倭寇逢着中国之人，也不尽数杀戮。其男子但是老弱，便加杀害；若是强壮的，就把来剃了头发，抹上油漆，假充倭子。每遇厮杀，便推他去当头阵。官军只要杀得一颗首级，便好领赏，平昔百姓中秃发癞痢，尚然被他割头请功，况且见在战阵上拿住，哪管真假，定然不饶的。这些剃头的假倭子，自知左右是死，索性靠着倭势，还有捱过几日之理，所以一般行凶出力。那些真倭子，只等假倭挡过头阵，自己都尾其后而出，所以官军屡堕其计，不能取胜。

冯梦龙将"假倭"描写得惟妙惟肖。这只是其一，还有另一种情形：公然下海为盗。闽南诏安（今属福建）四处打短工的吴平，出逃为倭寇当"别哨"。倭寇溃败，他纠集残余为患，约2万之众，被推为闽、广海寇集团的总首领。朱载垕上台前夕即1566年四月，吴平被官军击败，不知所终（有的说投海了）。第二年初，逃匿的吴平残余曾一本向官军投降。可是平静没多久，当年十月曾一本又作乱，抓走澄海知县，焚杀百姓，进而骚扰潮郡（今广东潮州）、广州、东莞、廉州（今广东合浦）等地。随后下海，为患福建沿海一带。曾一本破碣石卫（今广东陆丰东南海滨）时，官军副将周云翔竟然杀参将耿宗元，叛逃曾一本。朱载垕委派抗倭名将俞大猷入粤平寇，曾一本这才兵败被擒。

就是在这种形势下，来自汉州（今四川广汉）的福建巡抚、都御史涂泽民了解到真相，朱载垕一上台他就上书："请开市舶，易私贩而为公贩，议只通东西二洋，不得往日本倭国。"①朱载垕犹豫了几年，直到1572年三月才批准这份建言，允许民间远贩东西二洋，史称"隆庆开关"。

这次开关的程度十分有限，仅开放一个月港（今福建龙海东南），贸易的规模及次数也受严格限制，而且禁止与日本进行贸易，但具有破冰的意义。月港成为明代福建四大商港之一，与东南亚、印度支那半岛以及朝鲜、琉球等47个国家和地区有直接贸易往来，并以吕宋（今菲律宾）为中转，与西班牙、荷兰等西欧国家相互贸易，在中国古代经济史和对外贸易史上占有重要的地位，对中国乃至世界经济发展都产生一定的影响。

对于当时来说，意义更大。有"后七君子"之誉的时任大臣周起元在《东西洋考》序文中说："我穆庙时除贩夷之律，于是五方之贾，熙熙水国，刳艅艎，分市东西路，其捆载珍奇，故异物不足述。而所贸易金钱，岁无虑数十万。公私兼顾，其殆天子之南库也。"如果没有这样一个"天子南库"，当时的财政无疑更为拮据。比经济更重要的是，"奉旨允行，凡三十载，幸大盗不作，而海宇宴如"。②朱载垕实际在位仅五年半，死时年仅36岁，据说是因为过度纵情声色。历史上对他的评价很有争议，《明史》给他盖棺论定倒是不错："穆宗在位六载，端拱寡营，躬行俭约，尚食岁省巨万。许俺答封贡，减赋息民，边陲宁谧。"③

---

① 《明经世文编》卷400。
② 《明经世文编》卷400。
③ 《明史》卷19，穆宗纪，第58册。

去脉:"万历中兴"

明神宗朱翊钧在位期间(1572年—1620年),前期重用张居正大力推行一系列改革,一是实行"考成法",使"官僚政治的效率达到了它的顶点";二是针对国库吃紧,本着"不加赋而上用足"的方针,重新丈量土地,赋源增加近半;三是起用戚继光、李成梁等良将,在长城加修烽火台3000多座,让"四夷詟服";四是"申饬学政,振兴人才",对教育和考试制度进行18项改革。朱翊钧三大征,即一征朝鲜,二征哱拜叛军,三征播州叛乱,均取得胜利。后期,朱翊钧怠政,但没发生全国性混乱,在经济、思想、文化等方面意外收获一系列可喜成果。这时期被誉为"万历中兴"。

小结

历史盛世的若干特征

> **提要**
>
> 我们现代，只要是和平年代有民主法治保障，物质上稍温饱，幸福指数就要超过历史上最好的盛世。希望读者了解历史盛世留下的遗憾，努力创造自己时代更为理想的盛世。

值得肯定的方面

既然在本书中43个不同的历史阶段能够被同一个名词"盛世"所涵盖，它们肯定有些共性。这里对盛世做个小结，包括治世与中兴。

历史盛世显然不是组织评选的，标准不可能统一。网上有传所谓自古史家公认的标准：一曰国泰，二曰民安，三曰国富，四曰民足，五曰国强，六曰文昌。本来我想以此简单做些论证，稍加深思，便不敢偷懒。比如说"文昌"，历史上的盛世并非都文化繁荣，有些盛世仅有些武功罢了，倒是不少乱世成为文化的黄金时代，最典型如春秋战国，人们还常说"国家不幸诗家幸，赋到沧桑句便工"，更有"康乾盛世"的"文字狱"为后世所诟病。所以，我还是试着自己归结几条。

国泰民安

记得小时候去乡下，常见荒山野岭三五里便有个小亭子，供行人歇脚。好多凉亭中间那顶梁写着"风调雨顺，国泰民安"8个字。寻常百姓家门口对联，那横批也常见"国泰民安"4个字。综观历史上的盛世，无不略具这一特征。所以盛世常称"太平盛世"，强调太平安宁。泰者，平和安定也。"开元盛世"一到"安史之乱"便不再被认可，"康乾盛世"没平定"三藩"也有人不认可。

孔子就说："丘也闻有国有家者，不患寡而患不均，不患贫而患不安。"① 每一个盛世的统治者都将安定作为首要政务。首先稳定自身的权力，这一过程几乎都伴随着血泪。其次抵抗外敌侵扰，或是主动征战。再是平定内部叛乱，或者起义起事。有一方面失败，不仅盛世可能随之结束，帝王也性命难保，甚至可能葬送江山。战争自然会带来破坏与困苦，但历史遵循丛林法则，武功对于百姓往往也有实在的好处。"光武中兴"时，民族关系处理较好，并州由匈奴代守，幽州由乌桓代守，凉州由西羌代守……雷海宗描述：

整个的北边，由辽东到敦煌，都不用内地士大夫良家子与一

---

① 《论语·季氏第十六》。

般顺民去费力保护，中兴盛世的安逸人民大概认为这是又便宜又舒服的事！①

正如作家张佳玮所说："在中古，维持一个中原政权，保证农耕民族百姓的安居乐业，不受游牧民族劫掠，是古来贤相名将的心愿。"②

社会治安好也是盛世的重要标准。甚至有人认为："刑罚轻重，国祚短长系之。"③《清明上河图》表现了北宋都城汴京以及汴河两岸的自然风光和城市昌盛景象，可以看到一个"脚店"（类似现代"快捷酒店"）门前停着一辆独轮"运钞车"，车上大摆着一大串一大串的铜钱，还有两个店小二正双手捧着大堆钱串送到车上，并没有武装押运。由此可见这个店生意不错，而当时社会治安也相当不错。

人丁兴旺

古人称颂盛世，往往少不了"休养生息、鼓励农桑、兴修水利、轻徭薄赋"之类词语，好比美味佳肴少不了油盐酱醋。

人丁兴旺意味着经济繁荣。只有粮食增加才能养育更多的人口，也只有劳动力增加才能创造更多财富。盛世的经济往往都有较大发展，社会保障也较好。"昭宣中兴"创设"常平仓"，既避免谷贱伤农，又保障歉年灾年供应。"开元盛世"给地方官预先授权，以便遭灾时能及时开仓放粮。李隆基还亲自编纂《广济方》宣传到每一个山乡。"明章之治"对孤儿以及养不起孩子的家庭，均由政府供给粮食，人口非正常死亡大

---

① 《中国文化与中国的兵》。
② 《历史与传奇》。
③ 《续资治通鉴》卷112，宋纪112，第7册。

为减少。

光有经济繁荣还不堪称"盛世"。如元朝经济是长足发展的，仍为当时世界上最富庶的国家之一，但后人不认可元代有过盛世。散曲家张鸣善身处元末丧乱之际，一边陈讽现实动乱与污浊，另一边还是说"兹记诸伶姓氏，一以见盛世芬华"。但总体看，元朝在文治特别是"汉化"方面不如辽国、金朝等，所以后人不认可它是一个盛世。

尊孔崇儒

孔儒诞生之前的尧舜是儒家的偶像，甚至有人说他们是孔子所创作，成康时期的周公是儒家的祖师爷，西周宣王是成王、康王的继承人，只有盘庚、武丁不大好归于哪家。自从刘邦将孔儒抬上高庙之后，到清朝再也没中断过。即使明清在大搞"文字狱"的同时，也没忘打着尊孔崇儒的旗号。

游牧族入主中原后都主动接纳儒家文化，蒙古人入主中原后还似乎特别尊孔崇儒，将宋朝人自己都不喜欢的"伪学"——理学抬入孔庙。佛教文化发展迅猛，但无法形成天主教那样的特权。萧衍崇佛开创"天监之治"，李炎灭佛也开创"会昌中兴"。

汉儒已经认识到：儒学价值虽然难于进取，但"可与守成"。现代学者也认可这一点，指出："在各类世界宗教中，儒教似乎是唯一的专门为国家统治而设计的一套意识形态体系"，"统治阶层与儒士之间的联盟使得'儒法国家'呈现出极高的稳定性"。[①] 儒学与农业文明相适

---

① ［美］赵鼎新著，夏江旗译：《东周战争与儒法国家的诞生》，北京联合出版公司2020年版。

应，对于维护千年集权制度并开创一些盛世，显然发挥了重要作用。当然，不符合儒家理想的，不可能被后世史官誉为盛世。

然而，历史上却没一个真正完全由儒家文化催生的盛世，倒是相反，刘奭"纯任德教"实验毁了"昭宣中兴"成果，王莽被认为"用《周礼》误天下"，还有"金以儒亡"之说。所谓"周政"，它本身其实也有"法家"因素，汉之后则无不如刘询所说"霸王道而杂之"。汉唐及以前文化开放，实际上并非"独尊儒术"，充满阳光。元明清理学太盛，阴暗得很。

当农业文明结束，儒家文化便显得无能为力。"隆庆之治"得益于南解海禁、北开边禁，"同光中兴"得益于对外开放，昭示着儒家独尊地位的历史终结。

儒学依附于政治。先是依附于封建，当东周封建制彻底崩溃时，它自然失去了市场。后来它摇身一变，依附于集权专制，当清末集权制终于崩溃时，它自然再次失势。儒学如何在现代文明获得再次新生，这是近百年来新儒家苦苦追求的，显然还没有明确的答案。

除了以上较显著的特征，还有一些不那么显著的历史现象，或二三个盛世所有，或许二三十个所有。"民主""自由""平等"之类语言起于西方，但这些普遍原则则潜存在一切文化、社会之中，是人类共同价值，并非谁的专利。当然，中国封建时代的"民主""自由""平等"只能放其具体的历史背景下加以观察和评述。

践行"王道"

一般说"仁政"是一种儒家思想，因为它主要从孔子的"仁学"发展而来，经孟子发扬光大。实际上儒家与道家有一定师承关系，两家学派本是同根同宗,互补互济,将某一种观念囿于一家未必妥帖。孟子的思想过于理想化,不免有些"迂远而阔于事情"①,不为历史上的统治者直接采纳,甚至发生朱元璋将他怒逐孔庙的事。然而,其"仁政"思想在秦汉之后被诸多统治者直接采用,开创"建炎中兴"的宋高宗赵构就说:"人主之德,莫大于仁。"②"洪武之治"之主朱元璋干了不少粗暴的事,但也行有不少"仁政"。洪武十年(1377年),他才五十来岁就让性情仁慈宽厚的太子朱标辅政,并强调说只有仁政才能不败于暴力③,希望后代华丽转身,以传万世。后期的"仁政"理念,相继吸收了墨家、佛家等思想,应该可以说是中华帝国时期一种基本的执政理念。

"仁政"有时也称"王道""王政",表现在内政方面是强调"民为贵",要求统治者怀有"恻隐之心"即关心人民的疾苦。《孟子》说"民为贵,社稷次之,君为轻",这样的话估计哪个帝王也受不了,只不过绝大多数帝王都忍了,视而不见。只有朱元璋忍不住,要删《孟子》。可是"民为贵"的思想千古流传,没有哪一个明君不重视,包括朱元璋在内。

中国社会科学研究院历史研究所研究员卜宪群总结历史上盛世的核心内涵,一是以民为本,二是选贤任能,三是礼法合治。卜宪群说:"从史料记载来看,我国历史上的所谓盛世时期,民本都被放在了首要位置。"④"贞观之治"之主李世民强调:"为君之道,必须先存百姓。若

---

① 《史记》卷74,孟子传,第3册,"适梁,梁惠王不果所言,则见以为迂远而阔于事情"。
② 《续资治通鉴》卷110,宋纪110,第6册。
③ 《明史》卷115,兴宗孝康皇帝传,第60册,"故吾特命尔日临群臣,听断诸司启事,以练习国政。惟仁不失于疏暴,惟明不惑于邪佞,惟勤不溺于安逸,惟断不牵于文法。凡此皆心为权度。"
④ 《与领导干部谈历史》。

损百姓以奉其身,犹割股以啖腹,腹饱而身毙。"①乱世常见重典,横征暴敛,宫中奢靡,盛世则常见约法省刑,减租减赋,让利于民,后宫节俭,践行"君无为则人乐"之理念。同样是为避免"功高盖主",稳固皇权,"建隆之治"之主赵匡胤不是杀戮,而是"杯酒释兵权",并真挚地劝他们多买些良田,多建些好房子,多娶些美女,多享点清福,"朝野欢娱"。

"仁政"之所以强调"民为贵",是基于对"人为贵"更深刻的认识。"人为贵"之说出现于秦汉之际的儒家十三经之一《孝经》②,但"天地之性人为贵"的思想显然更早。也不仅儒家才有,道家、墨家等也非常重视"人"。"人为贵"早脱离了"孝"的特定语言环境,成为一些帝王的执政理念。曹操诗《度关山》咏道:"天地间,人为贵。立君牧民,为之轨则……兼爱尚同,疏者为戚。"也有一些明君将其落实到具体的政策与行动上。"光武中兴"之主刘秀处理奴婢的历史遗留问题,并不是光考虑解放劳动力,而强调"天地之性人为贵",要尊重奴婢的人格。"明章盛世"时期,一次与匈奴作战失利,几百汉军被围困,"连月逾年,心力困尽,凿山为井,煮弩为粮",朝廷收到求救信已是半年之后,很多人都认为他们已经全军覆没,刘炟还是派救兵7000人千里迢迢去争取一线希望,历尽艰辛救出13名幸存者。③中国历史上不乏这类闪耀人性光辉的佳话,但往往被"革尽人欲"之类的大话空话所遮蔽。

正因为心目中有一定"人权",盛世明君多不再像秦始皇那样只

---

① 《贞观政要》卷1。
② 《孝经·圣治》,"曾子曰:'敢问圣人之德无以加于孝乎?'子曰:'天地之性,人为贵。人之行,莫大于孝。'"
③ 《资治通鉴》卷46,汉纪38,第3册。

图自己宝座万岁,更不像一些帝王只顾自己吃喝玩乐。李世民和他臣僚的理念就更进一步,明确提出:"自古以来,国之兴亡,不由畜积多少,唯在百姓苦乐。"① 这是古人评选盛世的重要标准,只可惜没能坚持。

"仁政"表现在外政方面是强调"和为贵",这也是基于"人为贵"的深刻认识。《论语》说:"礼之用,和为贵。先王之道,斯为美……"其实,"和为贵"的思想也远远超出了礼的范畴,也不仅儒家所有。道家倡导"不争",以"慈""俭""不敢为天下先"为"三宝";墨家要求"兼相爱,交相利",尤其反对战争;佛家禁杀生,主张与世无争,都体现了"和为贵"的思想。"和为贵"的思想还包含与自然和谐相处,此是题外话。

战争与人类相伴,和平则始终与战争并行,什么时候有战争就什么时候有"和为贵"的呼吁。《孟子》痛恨战争,怒曰:"争地以战,杀人盈野;争城以战,杀人盈城。此所谓率土地而食人肉,罪不容于死",所以说"春秋无义战"。《孟子》斥责暴君为"独夫民贼",而赞扬"汤放桀""武王代纣"。正是在这种认识的基础上,《孟子》进而提出"天时不如地利,地利不如人和"。

孔孟等人不可能结束战争的历史,但"和为贵"的观念常常约束了中国历史战争。不是中国人特别好战,也不是中国人特别受欺凌。因为在历史上那几千年"丛林时代",哪怕是庞然帝国也时时处于亡国的威胁之中,所以人们特别渴求国家强大,一国首要的事是不被别人吞并或劫掠。也因此,人们往往对于那些武功皇帝特别崇拜,如刘彻、朱棣、玄烨等;而对于文治明君不太敬重,如萧衍、赵祯、完颜璟等。

---

① 《资治通鉴》卷195,唐纪11,第12册。

"昭宣中兴"时，匈奴天灾人祸，众多大臣建议："匈奴为害日久，可因其坏乱，举兵灭之。"萧望之却建议说："今而伐之，是乘乱而幸灾也，彼必奔走远遁。不以义动兵，恐劳而无功。宜遣使者吊问，辅其微弱，救其灾患，四夷闻之，咸贵中国之仁义。"①汉宣帝刘询采纳了这一意见。

盛世之太平常意味着偃旗息鼓，化干戈为玉帛，实现全国或局部的统一，基本解除敌国的明显威胁。没有一定的和平环境，没有足够的人力物力集中于政治、经济、文化建设，就没有盛世可言。

刘彻等人显然可以说好战，打了不少不必要甚至不正义的战争，还有一些边将也私自挑动了一些没有意义的战争。但总体看来，中原盛世帝王还是比较热爱和平的，即使强盛如明初，郑和下西洋，远渡重洋，涉足诸多小国，也没有强占一寸别人的土地。

盛世帝王做决策时也常常有一定民主性，较多听取大臣的意见，努力减少专断失误。历史上往往视"诽谤"如同洪水，使之成为危害政权、君权、大逆、大不敬罪的同义语，须严厉治罪。在"文景之治"时期，刘恒却认为："今法有诽谤妖言之罪，是使众臣不敢尽情，而上无由闻过失也。将何以来远方之贤良？"②刘恒废除"诽谤罪"，不搞"文字狱"。李世民规定诏书必须由门下省"副署"才生效，防止最高决策的随意性或盲目性。赵匡胤要用赵普为宰相，但旧宰相全都去职，一时找不到副署人，任命就无法下达。这说明当时并不全由皇帝一人意志决定一切，要说专制也是一种"开明专制"。

李世民虽然讨厌魏徵不给他面子，还是一次次虚心听取他的谏言，

---

① 《资治通鉴》卷27，汉纪19，第2册。
② 《汉书》卷4，文帝纪，第4册。

至死也没为难他。赵祯与大臣在朝廷上激烈争论，以致大臣的口水溅到龙颜，可这帝王用自己袖子拭净并未动怒。当时还有专职"谏官"。

综合看来，康熙在中国所有帝王当中也算比较好的，他鼓励进谏说："今但云主圣臣贤，政治无阙，岂国家果无一事可言耶？大小臣工，各宜尽心职业，视国事如家事，有所见闻，入陈无隐。""言官耳目之职，若因言而罪之，谁复言者？"① 钱穆说：谏官是专门纠绳皇帝的，虽不像现代西方的反对党，但"在道义的立场上，比近代西方的反对党更有力"。②

只要我们的视野不局限于儒家甚至囿于理学，就会发现中华传统文化在现代背景下仍然有熠熠闪亮之处，如墨子说"天下无大小国，皆天之邑也；人无幼长贵贱，皆天之臣也"③，与现代国家及其公民"平等"的观念惊人地相近。现代人强调要把权力关进笼子，与孔子及其千千万万弟子不惜"死谏"捍卫的观念极为相似，差别只不过前者所说是制度（法制）的笼子，而后者所说是礼乐（道德）的笼子。只要有一种开放的心态，何愁优秀的传统文化精华无所传承，不与现代相连？

令人遗憾的方面

对于历史盛世之所以争议多，在于不是统一遴选，立足点不一，所见自然不同。在那个漫长的丛林时代，很自然会将王朝是否强大列为首要标准，所以才会将刘彻、朱棣等人治下那么血淋淋的世道视为

---

① 《清史稿》卷7，圣祖纪2，第1册。
② 钱穆：《中国历代政治得失》，生活·读书·新知三联书店2005年版。
③ 《墨子·法仪》。

"盛世"。

康雍乾时代,站在帝国的角度看,显然应当列为盛世。可是从历史发展的角度看,已是错失良机。如果站在人民生活的角度看呢?

如果笼统地看,那个时代仍然是不错的。在评价其他时代的时候,常说人口减了多少,或者增了多少。康雍乾时代的人口从1亿猛增至3亿,自然功不可没。具体看,虽然有袁枚那等人精生活得如鱼得水般滋润,可是大众的生活质量应该不是很好。曾经当过知县的唐甄描述康熙四十年(1701年)左右江苏一带的社会经济状况,可谓"农空、工空、市空、仕空",男子相貌俊美的去当优伶,长得丑的只好去当奴隶,女子长得漂亮的做妾,不漂亮的做婢。①山东文登、浙江宁海等地大旱引起大饥,饿死者大半。

尽管康熙后期,国帑积累达四五千万两,于是实行3年内全国轮蠲一遍。诏令"滋生人丁永不加赋",此为人们津津乐道。但我们能从当时个人的一些记录中看到一些细节。冯贤亮教授在《清史》中专写一节《民生的艰辛》:1662—1696年间"差不多每一年都不像风调雨顺的样子,不是农业歉收,就是棉花价格低,或者水旱灾害不断,哪里有盛世的太平景象"?对因灾造成拖欠钱粮,官府却毫不心慈手软,编修官叶芳蔼只欠1厘,就被降职。松江府学生程兆璧的粮册上写明欠7丝,1厘还不到,就被革除功名。新年刚过,嘉善知县就下令全征条银,对拖

---

① 唐甄:《潜书·存言》,"清兴五十余年矣。四海之内,日益贫困:农空、工空、市空、仕空。谷贱而艰于食,布帛贱而艰于衣,身转市集而货折赀,居官者去官而无以为家,是四空也。金钱,所以通有无也。中产之家,尝旬月不观一金,不见缗钱,无以通之。故农民冻馁,百货皆死,丰年如凶,良贾无筹。行于都市,列肆琨耀,冠服华映,入其家室,朝则熄无烟,寒则蜷体不申。吴中之民,多鬻男女于远方,男之美为优,恶者为奴。女之美为妾,恶者为婢,遍满海内矣。"

欠的严刑拷夹，寡妇卞氏只欠白银5钱就被活活打死，朱尔宏媳妇顾氏因欠灰石银4钱被勒令自杀……①

还可以从另一个角度窥见这时期人们精神生活的情形。嘉庆二十一年（1816年），英国又派阿美士德使团前来北京，面见中国皇帝，之后从运河乘船南下广州，途经直隶、山东、江苏、安徽、江西和广东数省，随团医官克拉克·阿裨尔从观察者和研究者的视角，写有《中国旅行记》，见证同样受刑笞打，汉人痛得号哭求赦，而蒙族人却没有疼痛感。②好不容易混个官还得像奴隶一样受着精神与肉体的折磨。特别是同样受笞而有痛与不痛之分，那只不过是汉人与蒙古人之别，体现的是汉人受到多重民族压迫。

诚如康熙所言，好官是要侥幸才可能碰上的，他也不能保证手下个个都是好官，因此难以生存的百姓还是不少。这样，百姓对于元、清统治者的反抗，也由原来的民族义愤渐渐转为生活所迫。

扫描完历史上43个盛世，显然也感到诸多遗憾。这些遗憾，或曰历史教训，或许比历史经验更值得重视。

水分太多

有些盛世是当世人自吹的。唐天宝十四年（755年）爆发"安史之乱"，整个大唐国势急转直下。这样一场历史性的特大人祸直到广德元

---

① 冯贤亮：《细讲中国历史丛书·清史》，上海人民出版社2015年版。
② ［英］马戛尔尼著，刘半农译：《乾隆英使觐见记》，百花文艺出版社2010年版，"余来中国，几无日不见华官笞责小民，一若此为华官日课中必有之职务。初不必一问答之应否施用，或用之当否者，尤有一事，亦奇可记，凡中国人受笞，必号哭求赦，声音绝惨，鞑靼人则但受不发一声。岂同一受笞，有痛与不痛之分，抑或心理有所不同也。"

年（763年）才告平息，可是才上元二年（761年）内战正酣之时，一些文人地方官就迫不及待开始争着欢呼所谓"中兴"……发生如此重大事变，还不知道怎么收场，那些高官大臣不是忙于救亡，深刻反思，改革布新，根治弊政，而是迫不及待、争先恐后拍马吹牛。地方主官元结撰写《大唐中兴颂》，由书法大家颜真卿楷书，10年后又刻于湖南祁阳浯溪崖壁之上。马屁文章自然没几个人爱读，可这书法奇伟宏大，"为平原第一得意书……故与山水相映"，成为传世艺术珍品。又如"康乾盛世"，袁枚说："我辈身逢盛世，非有大怪癖、大妄诞，当不受文人之厄。"[①]这话让人读来不太舒服。称颂当时为盛世，虽有马屁之嫌，但无可厚非，问题是后面的话，说倒霉文人——应该可以理解为包括惨遭文字狱之祸的人吧，竟然归咎于他们自己的"大怪癖、大妄诞"，这就不厚道了！

有些盛世是其后辈吹捧的。如"弘治中兴"，明万历时内阁首辅朱国桢赞道："三代以下，称贤主者，汉文帝、宋仁宗与我明之孝宗皇帝。"其实，孝宗即弘治时就有大臣马文升指出："赋重役繁，未有甚于此时者也。"这是否也算中兴盛世？朱祐樘任职18年，后10年被认为昏君，这盛世水分有多大呢？

有些是当世、后世一起吹捧的。北宋亡后，赵构以中兴为口号重整旗鼓。绍兴元年（1131年），赵构曾将越州作为临时都城，改年号为"绍兴"，寓"绍祚中兴"之意，并把越州改名为绍兴。赵构还亲笔题写这4个字作为绍兴府署的匾额。见圣上有此意，众臣就以目标为现实，迫不及待、争先恐后地开始拍马屁。绍兴十二年（1142年），秦

---

① 《小仓山房尺牍·答鱼门》。

桧过生日,举国颂扬,仅大臣周紫芝一人就写了59首贺诗,他还写有《大宋中兴颂》。《宋史》载当时"科场尚谀佞,试题问中兴歌颂",你不愿高唱"中兴歌颂",科场上休想如愿。在浯溪崖壁上,迄今可见《大明中兴颂》全文及《大宋中兴颂》十余字。赵构死之时,后人给他谥号"受命中兴全功至德圣神武文昭仁宪孝皇帝"。

有些盛世外人是不认可的。如"永明之治",《南齐书》写道:"永明之世十许年中,百姓无鸡鸣犬吠之警,都邑之盛,士女富逸,歌声舞节,袨服华妆,桃花绿水之间,秋月春风之下,盖以百数。"这段极富诗情画意的描述多诱人!可就在当时,北魏大臣宋牟访南齐,回归后魏帝问:"江南如何?"宋牟回答:"朝无股肱之臣,野有愁怨之民。"朝中无能臣,而社会多愁怨之民,盛世在哪?唐中晚期的中兴则有过滥之嫌。

有些盛世,如"康乾盛世",知名度很高,现代很多人平常谈吐也津津乐道康熙、乾隆,可是现代专家学者多不认可。

含金量太低

中国历史上很早就不缺"以法治民",紧缺的始终是"以法用权",臣民苦不堪言。即使幸逢所谓明君盛世,臣民依然随时可能遭遇"权祸"。在"天监之治",《梁律》特点是"罔恤民之不存,而忧士之不禄",即对民众过于严酷,而对官吏几乎没有约束。因此,有位老人不惜挡御驾,直接向"菩萨皇帝"萧衍进谏:"陛下为法,急于黎庶,缓于权贵,非长久之道;诚能反是,天下幸甚。"帝王就是法律。只要他一不高兴,好心好意拍马屁也可能被马踢。在"洪武之治",广平府吏王允道积极为国出谋划策:磁州临水镇产铁,建议效仿元时置铁冶都提举司进行管理,每年可收铁100多万斤。不知这话触痛了朱元璋哪根神经,他将王允道杖刑一顿,流放海外。

还有一点不可忽略,历史上即使经济繁荣也不等于人民生活富裕。"仁宗之治"好评如潮,可实际上,当时百姓不敢求富。葛剑雄指出:

> 把可以搜括到的人力财力集中起来,数目仍然是相当庞大的,这就造成了中国"富厚"的假象。由于统治者将这笔财富视为私产,所以大都被挥霍,真正用于国家管理和社会进步的反而是少数。想当然地认为统一政权必定会投资于有利于国计民生的大工程,有利于发展生产,显然并不符合中国的历史事实。①

仅说皇帝陵墓,西汉时要花费每年财政收入的1/3。"汉武盛世",刘彻在位54年,他的墓修了53年,死时带走的陪葬品多得放不下,除了大量金银财宝,仅鸟兽就有190种。西汉末,赤眉军打开这墓盗宝,数万士兵搬了几十天还没搬完一半。直到西晋时,这墓中的珠玉还没被盗完,你想象一下仅这一项就挥霍了多少民脂民膏?

刘彻时期不仅立法严酷,执法更是残暴,史称"以法制御下,好尊用酷吏"。这时期十大著名酷吏,其一王温舒,升任河内(今河南省武陟县)太守时,没几天就抓了1000多名"罪犯",罪大的灭族,罪小也判死刑。这些罪犯还指望皇上在审批的时候能够申辩,没想王温舒事先在通往京城的路上准备了50匹快马,两天就取回批文,立即执行,让他们根本来不及申冤,流血10余里。就这样,"郡中毋声,毋敢夜

---

① 葛剑雄:《统一与分裂:中国历史的启示》,商务印书馆2017年版。

行,野无犬吠之盗",而王温舒继续升官。

由于体制所限,谁也无法保证选个好皇帝,侥幸逢个好皇帝也不能保证他好到死,且侥幸逢到像朱瞻基、康熙那样的好皇帝,皇帝自己也坦言不能保证都选到好官吏。所以,名副其实、民众真正幸福的盛世,像彩票大奖一样稀有,得运气特别好才可能逢上一段好时光。

如果说中兴是"回光返照"代名词的话,那么盛世几乎是"物极必反"的代名词。紧接"尧舜盛世"的是"公天下"变"家天下","宣威盛世"的接班人被骗至死,"汉武盛世"当朝就弄到发"罪己诏"的地步,"汉和盛世"之后是一连串娃娃皇帝,"开元盛世"被"安史之乱"拦腰截断,"康乾盛世"结束没几天就爆发声势浩大的暴乱,没一个长治久安。无怪乎黄朴民教授叹道:"盛世在历史的十字路口一拐弯,便向衰世甚至乱世滑落沉沦,这是历史的嘲讽,更是历史的无奈。"[1]

时间太短

几乎是拿着放大镜在几千年历史中寻寻觅觅,仅得43个盛世,显然太少。

前4个处于传说或半信史时代,具体时间不便计算。其余39个,从公元前1042年到公元1911年的2953年间,平均每75.7年才一个,从平均寿命来说百姓一辈子逢不上一个盛世。39个盛世累计1226年,最长的"康乾盛世"115年,最短的"会昌中兴""隆庆之治"都只有五六年,平均每个仅31.4年。中国人习惯上称30年为"一世",与盛

---

[1] 黄朴民:《大写的历史:被忽略的历史文化》,浙江文艺出版社2016年版。

世平均时间巧合。

实际上,包括李世民在内,几乎没一个明君善终。如果"掐头去尾",盛世时间要短得多。如"宣王中兴"之姬静晚年一方面贪图享乐,一方面好战,自己也差点成了俘虏,贵族们纷纷逃离。"大中中兴"之主李忱,晚年迷恋仙丹,宰相都难得一见,去世前一年发生了一系列叛乱。开创"太康之治"的司马炎,当时大臣吹"世谈以陛下比汉文帝",后来司马光捧他"可谓不世之贤君",晚清著名文史学家李慈铭赞他为"三代以下不多得",其实呢,他魏咸熙二年(265年)篡位开国,太康元年(280年)灭吴之后就开始专事享乐,为选后宫而"权禁天下嫁娶",典故"羊车望幸"就是他创造的,那个抱怨饥民"何不食肉糜"的接班人就是他培养的,你说他后10年该算明君还是昏君?

站在历史的高度看,更是遗憾。人们希望国家、社会长期安定、太平,东汉班固《汉书》便说"建久安之势,成长治之业",我们今天还常说"长治久安"。像萧衍、李隆基那样杰出的帝王,却亲手毁掉了自己创造的盛世。当然,更多是被他们的子孙所毁,甚至连同那整个江山。不少盛世与治世变成虎头蛇尾,人亡政息,中兴则几乎可谓"回光返照"的代名词。

有些表面看没有很快亡国,但在历史学家认真分析看来,盛世之际国家即开始名存实亡了。黄仁宇指出:"1587年,是为万历十五年,岁次丁亥,表面上似乎是四海升平,无事可记,实际上我们的大明帝国却已经走到了它发展的尽头。"[①]1587年正是"万历中兴"之时。再如"明昌之治",完颜璟也犯了汉族文人皇帝"晚年"常见病:整日与文人饮

---

① 黄仁宇:《万历十五年》,中华书局2006年版。

酒作诗，不思朝政，多有失误，史家几乎公认金朝的衰落正开始于完颜璟时期。

《剑桥中国隋唐史》在评论唐宪宗李纯时写道："在评价他的成就时，我们应以他前面的几个皇帝作为考虑的出发点，而不应以完全重新集权化这一不切实际的标准来衡量。"① 我想这不仅适用于李纯，对于所有盛世之主，都不可不用这一尺度来衡量。所谓盛世，只不过是相对于其前后稍好些而已。

不过，历史盛世虽然不尽如人意，但正如卜宪群所说，它已"构成了中华政治文化传统、社会治理理想追求的一个重要部分"。②

历史盛世的现实意义

剖析了43个盛世，指出它们的遗憾，并不是为了否定，也不是为了抱怨。

朱熹编写《资治通鉴纲目》之时，曾经大发感慨：

> 自古治日少，乱日多，史书不好看，损人神气，但又要知不奈何耳。③

乱世"不好看"，中兴不太"好看"，读这卷盛世也挺"损人神气"。

---

① ［英］崔瑞德著，中国社会科学院译：《剑桥中国隋唐史》，中国社会科学出版社1990年版。
② 《与领导干部谈历史》。
③ 转引自孙通海、李巨泰：《资治通鉴精华》卷1，长征出版社1999年版。

尽管历史盛世存在诸多遗憾，但它的历史作用还是不可忽略的。43个盛世中，"尧舜盛世""少康中兴""盘庚中兴""武丁中兴"属于传说，"宣威盛世"则由于无法考察楚国建国具体时间，姑且不计。其余38个，26个在王朝建立后的前70周年，占64%，其中7个还始于开国立朝当年。这就是说他们一旦开国立朝，不论政权有没有平稳就开始华丽转身，把工作的重点转移到社会经济文化建设上来，并迅速取得非凡成就，获得一个较长的、平稳的发展期。后期，即使开始衰落，因为有了中兴，又获得一个个平稳发展的机会，避免大起大落。

历史盛世只是相对稍好的时代，并不是理想社会。历史盛世属于历史，可以赞美，不值得向往；有些经验教训给我们启迪，但不一定适合我们今天。

诚如卜宪群指出："数千年来，中华民族对盛世的理想描绘，以及实践中的不懈追求，推动着中华文明的进步与发展，创造出中华文明的一个个高峰。这份遗产我们今天仍然要继承……不能盲目地虚荣夸大，也不能简单否定。就今天来说，我们更多的是要从国家治理的角度来总结历史盛衰的经验教训，挖掘其核心观念，实现其创造性转化与创新性发展，服务于中华民族伟大复兴的中国梦。"[①]

追问历史盛世的目的，是为了我们追求自己时代新的盛世。

[①]《汉书》，武帝纪6，中华书局1999年版。

中国历史盛世一览表

盛世名称	起止时间	所在朝代及帝王
尧舜盛世	传说时代	尧帝舜帝
少康中兴	半信史时代	夏王少康
盘庚中兴	半信史时代	商世祖盘庚
武丁中兴	半信史时代	商高宗武丁
成康之治	前1042—前996	西周成王姬诵 康王姬钊
宣王中兴	前827—前782	西周宣王姬静
宣威盛世	前369—前329	楚宣王熊良夫 威王熊商
文景之治	前180—前141	西汉文帝刘恒 景帝刘启
汉武盛世	前141—前87	西汉武帝刘彻
昭宣中兴	前87—前49	西汉昭帝刘弗陵 宣帝刘询
光武中兴	25—57	东汉光武帝刘秀
明章之治	57—88	东汉明帝刘庄 章帝刘炟
汉和盛世	88—105	东汉和帝刘肇
太康之治	265—290	西晋武帝司马炎
元嘉之治	424—453	南朝宋文帝 刘义隆
永明之治	482—493	南朝齐武帝萧赜

(续表)

盛世名称	起止时间	所在朝代及帝王
天监之治	502—549	南朝梁武帝萧衍
孝文中兴	471—499	北魏孝文帝拓跋宏
开皇之治	581—604	隋文帝杨坚
贞观之治	626—649	唐太宗李世民
永徽之治	649—683	唐高宗李治
武周之治	683—705	武周则天皇帝武曌
开元盛世	712—755	唐玄宗李隆基
元和中兴	805—820	唐宪宗李纯
会昌中兴	841—846	唐武宗李炎
大中中兴	846—859	唐宣宗李忱
景圣中兴	969—1031	辽景宗耶律贤 圣宗耶律隆绪
长兴之治	926—933	后唐明宗李嗣源
建隆之治	960—976	北宋太祖赵匡胤
咸平之治	997—1022	北宋真宗赵恒
仁宗之治	1022—1063	北宋仁宗赵祯
大定之治	1161—1189	金世宗完颜雍
明昌之治	1189—1208	金章宗完颜璟
建炎中兴	1127—1162	南宋高宗赵构
乾淳之治	1162—1189	南宋孝宗赵昚

（续表）

盛世名称	起止时间	所在朝代及帝王
洪武之治	1368—1398	明太祖朱元璋
永乐之治	1402—1424	明成祖朱棣
仁宣之治	1424—1435	明仁宗朱高炽 宣宗朱瞻基
弘治中兴	1487—1505	明孝宗朱祐樘
隆庆之治	1567—1572	明穆宗朱载垕
万历中兴	1572—1620	明神宗朱翊钧
康乾盛世	1681—1796	清康熙帝玄烨 雍正帝胤禛 乾隆帝弘历
同光中兴	1861—1894	清同治帝载淳 光绪帝载湉